Sebastian Donat

Deskriptive Metrik

**Comparanda**

Literaturwissenschaftliche Studien
zu Antike und Moderne

Herausgegeben von Beate Burtscher-Bechter, Martin Korenjak,
Martin Sexl und Karlheinz Töchterle

**Band 15**

Comparanda – "(Literarische) Gegenstände, die man vergleichen kann und soll."

Literaturwissenschaftliche Grundlagenforschung über Konzepte nationalsprachlicher Literaturen hinaus verbindet Klassische Philologie und Vergleichende Literaturwissenschaft. Die Reihe Comparanda versteht sich als ein fachübergreifendes Forum, das Publikationen aus beiden Disziplinen Raum gibt.

Sebastian Donat

**Deskriptive Metrik**

StudienVerlag
Innsbruck
Wien
Bozen

Gedruckt mit Unterstützung durch das Bundesministerium für Wissenschaft und Forschung in Wien, die Kulturabteilung der Tiroler Landesregierung, das Land Vorarlberg und die Stiftung Jubiläumsfonds der Leopold-Franzens-Universität Innsbruck.

© 2010 by Studienverlag Ges.m.b.H., Erlerstraße 10/2, A-6020 Innsbruck
E-Mail: order@studienverlag.at
Internet: www.studienverlag.at

Satz und Registererstellung: Sebastian Donat
Umschlag: StudienVerlag/Karin Berner

Gedruckt auf umweltfreundlichem, chlor- und säurefrei gebleichtem Papier.

Bibliografische Information Der Deutschen Bibliothek
Die Deutsche Bibliothek verzeichnet diese Publikation in der Deutschen Nationalbibliografie; detaillierte bibliografische Daten sind im Internet über <http://dnb.ddb.de> abrufbar.

ISBN 978-3-7065-4938-7

Alle Rechte vorbehalten. Kein Teil des Werkes darf in irgendeiner Form (Druck, Fotokopie, Mikrofilm oder in einem anderen Verfahren) ohne schriftliche Genehmigung des Verlages reproduziert oder unter Verwendung elektronischer Systeme verarbeitet, vervielfältigt oder verbreitet werden.

# Inhaltsverzeichnis

Einleitung ............................................................................................................. 7
Vorbemerkungen ................................................................................................ 10
   Prosodie .......................................................................................................... 10
   Metrische Notation ....................................................................................... 19
Begriff des Verses ................................................................................................ 22
   Optische vs. akustische Definition ............................................................. 22
   Empirische Proben ........................................................................................ 28
      Klabunds »Harfenjule« und die Grenzen der Akustik ...................... 28
      Helmut Heißenbüttels Vers-Simulationen .......................................... 37
Gebundene und ungebundene Verse ............................................................... 41
Vorliegende Typologien der Versifikation ...................................................... 48
   John Lotz (1960/1972) ................................................................................... 48
   Christian Wagenknecht (1981) ..................................................................... 51
   Christoph Küper (1988) ................................................................................. 54
   Boris Buchštab (1973) .................................................................................... 61
Prinzipien der Versifikation .............................................................................. 66
   Gebundene Verse .......................................................................................... 66
      Konstituenten des Verses ....................................................................... 66
         Silbe und Silbenprominenz ............................................................. 67
         Lautliche Übereinstimmungen – Reim, Alliteration, Assonanz ... 72
         Silbenübergänge – Pausen ............................................................... 76
      Anordnungsprinzipien ........................................................................... 79
         Regulierung der Anzahl ................................................................... 79
            Horizontale Regulierung der Anzahl ...................................... 79
               Silbe ........................................................................................ 79
               Silbenprominenz .................................................................. 81
               Lautliche Übereinstimmungen von Silben oder Silbengruppen .... 82
               Silbenübergänge – Pausen ................................................. 84
               Übersicht zur horizontalen Regulierung der Anzahl ..................... 87
            Vertikale Regulierung der Anzahl ............................................. 89
               Verszeile ................................................................................ 90
               Lautliche Übereinstimmungen von Silben oder Silbengruppen .... 93
               Silbenübergänge – Pausen ................................................. 95
               Übersicht zur vertikalen Regulierung der Anzahl ..................... 97
         Regulierung der Position .................................................................. 98
            Horizontale Regulierung der Position ...................................... 99
               Silbenprominenz .................................................................. 99
               Lautliche Übereinstimmungen von Silben oder Silbengruppen .. 105
               Silbenübergänge – Pausen ............................................... 108
               Übersicht zur horizontalen Regulierung der Position ............... 110
            Vertikale Regulierung der Position ......................................... 112
               Verszeile .............................................................................. 112
               Lautliche Übereinstimmungen von Silben oder Silbengruppen .. 118
               Silbenübergänge – Pausen ............................................... 122
               Übersicht zur vertikalen Regulierung der Position ................... 125
      Deskriptiv-typologische Matrix der gebundenen Verse ................... 128

Ungebundene Verse ........................................................................................ 133
   Fakultative Merkmale: Formen rhythmischer Rekurrenz ............................ 134
      Traditionelle metrische Bausteine ............................................................ 134
         Takt ........................................................................................................ 135
         Klassisch verbürgte Silbenmaße ......................................................... 136
      Variable Rekurrenzformen ....................................................................... 144
         Grade der Füllungsfreiheit: Dol'nik, taktovik, akcentnyj stich .......... 144
         Wechselnde Wiederholungseinheiten ................................................ 146
   Notwendige Konstituente: Pause am Versende ........................................ 151
Literatur ............................................................................................................. 161
Namensregister ................................................................................................. 178

# Einleitung

»Deskriptive Metrik«, der Titel der vorliegenden Arbeit, ist Programm: Was im Folgenden präsentiert wird, versteht sich als ein neuer systematischer Ansatz zur einfachen und gleichzeitig präzisen und differenzierten Beschreibung aller (oder doch zumindest möglichst vieler) Vers- und Gedichtformen. Das Ziel ist dabei, sowohl im Hinblick auf die versifikatorisch relevanten sprachlichen Konstituenten wie auch auf die einschlägigen Anordnungsprinzipien mit möglichst wenigen und möglichst einfachen Kategorien auszukommen.[1]

Am Anfang stehen notwendige Vorüberlegungen zur Prosodie einschließlich eines detaillierten Vorschlags zur wortklassenspezifischen Akzentskalierung im Deutschen. Daran schließt sich mit der Definition des Verses die begriffliche Klärung des Gegenstandsbereichs und mit der Unterscheidung zwischen gebundenen und ungebundenen Versen seine primäre interne Differenzierung an. Es folgt die Vorstellung und Diskussion der Versifikationstypologien von John Lotz, Boris Buchštab, Christian Wagenknecht und Christoph Küper. Darauf aufbauend wird im Hauptteil ein eigenes Modell zu den Konstituenten und Anordnungsprinzipien des Verses vorgelegt und erläutert. Dabei kann für den Bereich der gebundenen Verse ein vollständiges deskriptiv-klassifikatorisches System präsentiert werden, das es erlaubt, jede Gedichtform hinsichtlich ihrer primären rhythmischen Merkmale adäquat zu beschreiben und von anderen Formen abzugrenzen. Für die ungebundenen Verse mit ihrem stets individuellen, prinzipiell unvorhersagbaren Rhythmus ist dies ausgeschlossen. Die entwickelte Systematik erlaubt es jedoch, klar zwischen fakultativen und obligatorischen Merkmalen zu unterscheiden und vorliegende deskriptiv-typologische Ansätze in ihrer Stringenz und Leistungsfähigkeit einzustufen.

In der gesamten Studie spielen Gedichtbeispiele eine wichtige Rolle. Neben der empirischen Überprüfung der vorgelegten Versdefinition dienen sie im Hauptteil der Studie dazu, die verschiedenen Spielarten der rhythmischen Strukturierung besonders prägnant, wenn möglich sogar in isolierter Form, vor Augen zu führen. Die dazu verwendeten Texte stammen aus Gründen der leichteren Nachvollziehbarkeit vorwiegend aus der deutschsprachigen Literatur. Daß daneben auch Gedichte und lyrische Gattungen aus anderen Sprachen (vorwiegend aus dem Englischen und Russischen) berücksichtigt werden, macht die komparatistische Anlage der Arbeit deutlich. Wie unverzichtbar der versgeschichtliche, aber auch der metriktheoretische Blick über die Grenzen der einzelnen Nationalliteratur ist, hat in den vergangenen Jahrzehnten vor allem Michail Gasparov immer wieder eindrucksvoll unter Be-

---

[1] Vgl. Wagenknecht 2003, S. 892.

weis gestellt.² Der vorliegende deskriptive Ansatz liefert hierzu einen Beitrag im Bereich der systematischen Grundlagenforschung. Es liegt auf der Hand, daß die Gemeinsamkeiten und Unterschiede zwischen der Lyrik verschiedener Literaturen um so deutlicher wahrgenommen werden können, je mehr die verwendeten Beschreibungskriterien in der Lage sind, ein vollständiges und präzises Bild der jeweiligen Form zu liefern.

Als Konsequenz aus der deskriptiven Ausrichtung der Studie ergibt sich, daß wichtige Aspekte der Metrik überhaupt nicht oder nur am Rande behandelt werden. Innerhalb der Teildisziplinen, die Burkhard Moennighoff unlängst unterschieden hat,³ betrifft dies insbesondere die historische Metrik als Beschreibung der geschichtlichen Entwicklung, sei es einzelner metrischer Formen oder der Versifikation einer Literatur im Ganzen. Allerdings ist gerade der historische Zweig der Metrik innerhalb der Einzelphilologien traditionell gut entwickelt. Nimmt man die deutschsprachige Literatur als Beispiel, so wurde in den vergangenen Jahrzehnten eine ganze Reihe hochkarätiger Darstellungen mit je unterschiedlicher Perspektivierung und Schwerpunktsetzung vorgelegt: Man denke (um nur einige wichtige herauszugreifen) an die Werke von Albertsen, Arndt, Breuer, Kayser, Moennighoff, Paul/Glier und Wagenknecht.⁴ Es wäre ein erwünschter Nebeneffekt, wenn die vorliegende Arbeit dazu beitragen könnte, die theoretischen Voraussetzungen dieser Historischen Metriken klarer erfassen und vielleicht auch Entwicklungslinien genauer nachvollziehen zu können.

Ein zweiter wichtiger Teilbereich findet hier ebenfalls lediglich punktuell Berücksichtigung: die Angewandte Metrik als Auseinandersetzung mit der Funktion rhythmischer Strukturen im Textganzen. Die vorliegende Studie versteht sich allerdings als eine Vorarbeit für diesen im akademischen wie alltäglichen Umgang mit Lyrik vielleicht relevantesten Aspekt der Verslehre. Denn eine Funktionsbestimmung des Rhythmus setzt die adäquate Beschreibung von konkreten Verstexten und ihren kontrastiven Vergleich mit den zugrundeliegenden metrischen Formen voraus. Auch wenn sich der hier präsentierte deskriptive Ansatz auf die Ebene des abstrakten Metrums konzentriert, soll er doch gleichermaßen anwendbar auf jeden konkreten Einzeltext sein.

\*\*\*

Konzeption, Ausführung und Drucklegung der vorliegenden Arbeit wären nicht möglich gewesen ohne vielfältige Unterstützung. Zu besonderem Dank

---

[2]   Vgl. v.a. Gasparov 1989 u. Gasparov 1999.
[3]   Vgl. Moennighoff 2004, S. 11-13.
[4]   Vgl. Albertsen 1997, Arndt 1990, Breuer 1994, Kayser 1971 u. Kayser 1992, Moennighoff 2004, Paul/Glier 1966 und Wagenknecht 2007.

verpflichtet bin ich Hendrik Birus, Erika Greber und Miloš Sedmidubský für ihr ungemein engagiertes Mentorat, Wolfgang Schindler für intensive und fruchtbringende Gespräche im gemeinsamen Arbeitsfeld von Linguistik und Literaturwissenschaft, Stephan Packard für kontinuierliches Mitdenken und viele wertvolle Einzelhinweise, Young-Ae Chon, Frank Kraushaar und Brigitte Rath für die Einblicke in die Welt der koreanischen, chinesischen und japanischen Lyrik, den Münchener Studierenden einer Reihe einschlägiger Lehrveranstaltungen für ihre Offenheit und Experimentierfreudigkeit sowie den HerausgeberInnen der Innsbrucker Comparanda-Reihe für die Aufnahme dieses Bandes und für die tatkräftige Hilfe bei der Realisierung der Publikation.

*Für U., C. und L.*

# Vorbemerkungen
## *Prosodie*

Die vorliegende Untersuchung enthält eine Vielzahl von Versbeispielen, vorwiegend aus der neueren deutsch- und englischsprachigen sowie russischen Literatur. Dabei ist es trotz der Schwerpunktsetzung der vorliegenden Arbeit notwendig, die verschiedenen Stufen metrischer Abstraktion[5] präsent zu halten. Denn auch wenn man der Maxime der natürlichen Versifikation zustimmt, derzufolge »eine natürliche poetische Metrik [...] lediglich Sprachzüge [stilisiert], die auch der Alltagssprache angehören«,[6] kann daraus keineswegs auf eine weitgehende Deckungsgleichheit von Metrum und konkretem Einzelvers geschlossen werden. Formulierungen, wie »das Metrum legt die Positionen fest, in denen die Silben des Verses betont werden *müssen*«,[7] muten nicht umsonst wie ein Rückfall in den Duktus normativer Metriken an.[8] Mißachtet wird dabei die poetisch besonders relevante Freiheit bei der Realisation des Versrhythmus als vom Dichter (zumindest partiell) gestaltete und verantwortete Strukturierung des Gedichtablaufs in der Zeit im Unterschied zum abstrakten metrischen Schema.[9] Dabei sind verschiedene Konkretisierungs-

---

[5] Vgl. Küper 1988, S. 102-151, Kap. 4: »Ebenen der metrischen Abstraktion. Ein dreistufiges Modell«.
[6] Vennemann 1995, S. 196. – Ohnehin kann diese Maxime sinnvollerweise immer nur für bestimmte Zeitabschnitte der Versgeschichte (und wohl zumeist auch nur für bestimmte Teile des versifikatorischen Repertoires) aufrechterhalten werden. Vgl. Gasparov 1970, S. 141 (mit Bezug auf die Entwicklung des russischen Verssystems): »[...] man kann nicht sagen, daß die Formen des Verses am organischsten und lebensfähigsten wären, die sich am besten in den ›natürlichen‹ Sprachrhythmus einpassen. Für einige Perioden der Geschichte des Verses, insbesondere für die Periode seiner Entstehung, ist vor allem die Abweisung des ›natürlichen‹ Sprachrhythmus charakteristisch, der der Prosa zugrunde liegt.« (Meine Übersetzung.)
[7] Noel Aziz Hanna 2003, S. 95 (meine Hervorhebung).
[8] Vgl. auch die folgende Formulierung in Vennemann 1995, S. 216f.: »Ich zeige an zwei Beispielen, wie das Metrum sich zwangsläufig ergibt, wenn man einen poetischen Text alltagssprachlich – sozusagen als Prosa – liest oder spricht. Ich wähle einen guten Poeten, denn bei einem solchen kann man sich darauf verlassen, daß er seine Leser oder Hörer so schnell wie möglich zu dem von ihm intendierten Metrum führt, anstatt ihn durch eine anfängliche Häufung von Einsilbern im Ungewissen zu lassen.« Bei dem besagten *guten* Poeten handelt es sich um Goethe, der gewiß (und zwar zu recht) kanonisiert ist, allerdings kaum aus dem von Vennemann angeführten Grund: der (insbesondere gedichtinitialen) Übereinstimmung von Einzelvers und Metrum. Unter dieser Perspektive wären fraglos die für ihren häufig metrischen Rhythmus berühmt-berüchtigten August von Platen und Friedrich Schlegel die ›besseren Poeten‹ (vgl. Kayser 1992, S. 104-106), ganz zu schweigen von den anonymen Verfassern von Kinder- und Abzählversen.
[9] Vgl. Jakobson 2007d, S. 180-185, sowie Wagenknecht 1971, S. 5-14. – Eine weitere rhythmische Ebene bildet der Versvortrag, der allerdings nicht mehr im Verantwortungsbereich des Dichters, sondern des Rezitators (ggf. auch des Autors als Vortragendem seiner eigenen Verse) liegt. Jakobson unterscheidet hier wiederum zwei Konkretisierungsstufen: den durch bestimmte, zumeist literarhistorisch verortbare Konventionen regulierten Vortragstyp (*delivery design*) und den konkreten Einzelvortrag (*delivery instance*). – Die Spannung zwischen abstraktem Schema und konkreter sprachlicher Realisierung ist in der linguistisch orientierten Verstheorie unter dem Begriff der ›metrischen Komplexität‹ unter verschiedenen Blickwinkeln untersucht worden. Vgl. das gleichnamige Kapitel in Küper 1988, S. 176-252.

stufen zu unterscheiden, die versstatistisch erfaßt werden können (und vor allem im Rahmen der russischen Verstheorie auch bereits erfaßt worden sind): von der bevorzugten Realisationsform eines Metrums in einer Nationalliteratur innerhalb einer bestimmten Epoche (epochenspezifischer Rhythmustyp)[10] über deren Umsetzung durch einen bestimmten Autor (autorenspezifischer Rhythmustyp) bis hin zum (noch immer statistisch beschreibbaren) Rhythmus eines (umfangreichen) Werks[11] und schließlich dem individuellen Rhythmus eines Einzelverses. Einen Vorschlag zur systematischen Unterscheidung von Rhythmustypen – metrischer, fließender, bauender, gestauter und strömender Rhythmus – hat bereits 1946 Wolfgang Kayser gemacht.[12]

Um die Erkennbarkeit eines Metrums sicherzustellen, bedarf es freilich einer gewissen rhythmischen ›Stilisierung‹;[13] nichtsdestoweniger können konkrete Einzelverse bzw. -gedichte nicht von vornherein als idealtypische Repräsentanten des ihnen zugrundeliegenden Metrums angesehen werden, sondern stellen je singuläre Realisationen mit geringeren oder größeren Abweichungen vom Schema dar. Ihnen ist in der vorliegenden Arbeit daher häufig eine rhythmische Rekonstruktion beigegeben. Welche Regeln dem zugrunde liegen, soll hier kurz dargelegt werden.

In der Metrik des klassischen Griechisch und des klassischen Latein ist aufgrund je unterschiedlicher, in sich komplexer sprachlicher Gegebenheiten eine eindeutige prosodische Differenzierung des Sprachmaterials möglich. Unterschieden werden (prominente) lange und (nicht-prominente) kurze Sil-

---

[10] Vgl. Roman Jakobsons Analyse von Gavrila Deržavins letztem Gedicht »Na tlennost'« (›Auf die Vergänglichkeit‹), in der durch die Bemerkungen zum unterschiedlichen rhythmischen Profil des vierhebigen Jambus und zur damit jeweils verbundenen Charakteristik bzw. Verwendungsweise das Gedicht Deržavins als rhythmisch hybrides Gebilde gekennzeichnet wird, das unterschiedliche, historisch aufeinanderfolgende Gestaltungsmittel der russischen Lyrik des 18. und des 19. Jahrhunderts miteinander verbindet. Der vorherrschende Rhythmustyp, d.h. die dominierende Form der sprachlichen Umsetzung des abstrakten metrischen Schemas, veränderte sich in Rußland vom 18. zum 19. Jahrhundert folgendermaßen: Nach einer (relativ kurzen) Phase, in welcher der aus Deutschland importierte syllabotonische Vers möglichst getreu dem Metrum, d.h. mit kompletter Realisierung aller vier Hebungen, umgesetzt wurde (der von Jakobson für V. 1 und 2 des Gedichts reklamierte ›strenge Skansionsstil‹), fand eine Lockerung der Regeln und eine Anpassung an die ›natürlichen‹ sprachlichen Gegebenheiten statt. Der vierhebige Jambus der zweiten Hälfte des 18. Jahrhunderts und der des 19. Jahrhunderts unterscheiden sich vor allem hinsichtlich der Realisierungshäufigkeit der zweiten im Vergleich zur ersten Hebung. Im 18. Jahrhundert war die zweite in dieser Beziehung der ersten Hebung unter-, im 19. Jahrhundert dagegen übergeordnet. Da während des gesamten Zeitraums die vierte Hebung durchgehend realisiert wurde, vollzog sich insgesamt ein Übergang vom ›rahmenden‹ zum ›alternierenden‹ Rhythmustyp: stark – schwach – schwach – stark → schwach – stark – schwach – stark (»stark« steht für eine hohe, »schwach« für eine geringe Realisierungshäufigkeit der Hebung). Vgl. Jakobson 2007b, S. 50f. – Zur Entwicklung des rhythmischen Profils des vierhebigen Jambus in der russischen Dichtung vgl. Gasparov 2000, S. 58-62 (§§ 21f.), 79-83 (§§ 32f.) u. 138-143 (§§ 64f.); sowie Scherr 1986, S. 44-52.
[11] Vgl. hierzu Chisholm 1981.
[12] Kayser 1992, S. 111-118.
[13] Vgl. Vennemann 1995, S. 216.

ben sowie eine Restklasse von Silben (ancipites), die den jeweiligen metrischen Anforderungen entsprechend als Länge oder Kürze fungieren können.[14]

Im Vergleich zu diesen klaren sprachlichen Prinzipien, aufgrund derer sich die absolute Prominenz einer Silbe aus der Länge des Vokals sowie (bei kurzen Vokalen) der folgenden Konsonanten ergibt (›Naturlänge‹ und ›Positionslänge‹),[15] beruht das prosodische System in der neueren deutschen, englischen und russischen Dichtung auf dem relativen Silbenakzent. Mit Bezug auf das Deutsche hat Christian Wagenknecht im Anschluß an Karl Philipp Moritz' *Versuch einer deutschen Prosodie* von 1786[16] das Prinzip der Silbenprominenz auf die folgende Formel gebracht:

> Im prosodischen Sinne *schwer* ist eine Silbe dann, wenn sie schwerer, und *leicht*, wenn sie leichter ist als im Schnitt die Silben ihrer unmittelbaren Nachbarschaft.[17]

Um den Rhythmus eines konkreten Textabschnittes zu ermitteln, muß also zunächst die Akzentstärke bzw. der Schweregrad jeder einzelnen Silbe bestimmt werden. Im Anschluß wird ihr relatives Gewicht ermittelt, aus dem sich wiederum der ›prominente‹ oder ›nicht-prominente‹ Status einer Silbe ergibt. Die Bestimmung der relativen Akzentstärke ist damit im Vergleich zur Ermittlung der absoluten Silbenlänge in den klassischen Sprachen zwar aufwendiger, kann jedoch nichtsdestoweniger zu klaren Resultaten führen. Allerdings sind im akzentuierenden Verssystem Probleme angelegt, die dies bisweilen verhindern.

Vor allem betrifft dies die Bestimmung des Schweregrads der Silben. Hier konkurrieren in der deutschen literaturwissenschaftlichen Metriktheorie mehrere Modelle, die stark voneinander abweichen. Die Unterschiede beginnen bereits bei der Bestimmung und hierarchischen Anordnung der sprachlichen Faktoren, die für den Akzent ausschlaggebend sind. Franz Saran hat in seiner *Deutschen Verslehre* von 1907 nicht weniger als 14 solcher, aus seiner Sicht relevanter Faktoren angeführt (und jeweils Vorschläge zu ihrer exakten Bestimmung gemacht!): Zeitabstufung; Abstufung der Lautheit; Tonhöhe; Kombination der Laute und Silben; Verschiedenheiten der Artikulation; Pause; Schattierung von Schwere, Zeitdauer und Gruppenbildung; Silbenbindung; Stimmqualität; Tonlage; Klangfülle; Tempo; Wortstellung und die Bedeutungsbeziehungen der Silben und Worte.[18] Allein für den Bereich der Silben-

---

[14] Vgl. die differenzierte Auseinandersetzung mit den linguistischen Grundlagen und der metrischen Relevanz von Silbenquantität und Akzent im Griechischen und Lateinischen in Küper 1988, S. 134-147.
[15] Vgl. Snell 1982, S. 65-68.
[16] Vgl. Moritz 1975.
[17] Wagenknecht 2007, S. 35.
[18] Saran 1907, S. 93-101, § 12.

schwere hat Saran eine achtgliedrige Skala vorgelegt,[19] die er in seiner 1934 posthum erschienenen *Deutschen Verskunst* gar auf 13 Abstufungen erweitert hat[20]:

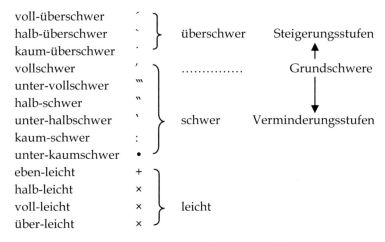

Diese feingliedrige Skala orientiert sich hauptsächlich am »inhaltlichen Bedeutungsgewicht«, d.h. am syntaktischen, kontrastiven und emphatischen Akzent. Die Koppelung bestimmter Akzentstärken an einzelne Wortklassen lehnt Saran dagegen grundsätzlich ab.[21] Dieses System ist von Saran und seinen Schülern für die konkrete Textanalyse verwendet worden,[22] hat sich jedoch nicht durchsetzen können. Dies ist abgesehen von der kaum vorstellbaren Anwendbarkeit im metrisch-rhythmischen ›Alltagsgeschäft‹ vor allem darauf zurückzuführen, daß die Skala »gerade ihrer Differenziertheit wegen dem Gefühl des Interpreten einen zu großen Spielraum gewährt und kaum verbindliche Angaben zuläßt«.[23] Sarans Ansatz wurde hier dennoch präsen-

---

[19] Vgl. Saran 1907, S. 59, § 9.
[20] Saran 1934, S. 159, § 20.
[21] Vgl. Saran 1934, S. 158: »Es ist also falsch, wenn man, wie es noch immer gern geschieht, den Wortklassen an sich eine gewisse feste Schwere zuschreibt, also etwa sagt: die Begriffswörter (Haupt-, Eigenschaftswörter) sind als solche schwer, die Verhältnis- und Fürwörter als solche leicht. Mit dem inhaltlichen Bedeutungsgewicht hat die Schwere nichts zu tun, die Stufenleiter der Schweren bedeutet vielmehr nur Grade der Verbindung und Verschmelzung der gedanklich aufeinanderbezogenen Worte: nicht Bedeutungen, sondern Beziehungen.« – Dieselbe Position vertritt Karl Kraus in seinem (unübersehbar polemischen) Aufsatz »Schicksal der Silbe« aus dem Jahr 1921 (Kraus 1969, S. 272-286, Zitat: S. 277): »Was in einem Vers betont und was unbetont ist, entscheidet nicht das Gewicht der Silbe als solcher, sondern das Gewicht der Anschauung, das ihr in der Zusammensetzung und vollends in der Verbindung der Worte bleibt und vom Gedanken zuerkannt wird; entscheidet Art und Fülle der Vorstellung, die mit ihr übernommen ist; entscheidet das nächste Wort so gut wie das voraufgehende und wie die Luft zwischen den Worten, wie alle Aura, die um dieses, jenes und um alle umgebenden Worte spielt: entscheidet der Gedanke. Da kann es denn wohl geschehen, daß die stärkste Silbe, ja das stärkste Wort völlig tonlos wird, von allem, was sonst leer wäre, übermeistert.«
[22] Vgl. v.a. »Anhang. Durchgeführte Zergliederungen« in Saran 1934, S. 351-398, §§ 51-56.
[23] Schlawe 1971, S. 17.

tiert, um deutlich zu machen, daß eine solche Feinabstufung von einem über mehrere Jahrzehnte hinweg sehr einflußreichen Metriker zumindest versucht worden ist, und daß es sich bei den praktikableren, in erster Linie wortklassenbezogenen Schweregraden um Vereinfachungen handelt, in denen kontextuelle Faktoren, Satzakzent und Emphase gegenüber der tatsächlichen Sprachpraxis unterrepräsentiert sind.[24]

Andreas Heusler, ein weiterer wichtiger Vertreter der am Höreindruck orientierten Metrik im Rahmen der ›Ohrenphilologie‹, hat in der Einführung zu seiner *Deutschen Versgeschichte* ein gegenüber Saran stark reduziertes Modell vorgelegt. Zwar unterscheidet Heusler mit der Dauer, der Stärke, der Stimmhöhe und der Lautform mehrere, in sich weiter differenzierte Faktoren der Schallform der Silben,[25] als eigentlich rhythmusrelevant betrachtet er jedoch nur die Dauer und die Stärke.[26] Dabei räumt Heusler ein, daß »die Stärke nicht nur zwei- oder dreifach abgestuft« ist,[27] und orientiert sich wie Saran bei der Bestimmung der Akzentstärke nicht am Einzelwort bzw. an der Wortart, sondern an größeren syntaktischen Einheiten.[28] Anders als Saran, der detaillierte syntaktische, lexikalische und morphologische Kennzeichen der genau bezeichneten verschiedenen Schweregrade bestimmt,[29] legt Heusler in bemerkenswerter Unverblümtheit den letztlich intuitiven Charakter der Zuordnung offen: »Stärke und Dauer einer Silbe s c h ä t z t man a b im Zusammenhang des ausdrucksvoll gesprochenen Satzes.«[30] An die Stelle einer exakten Bestimmung des Schweregrades der Silben tritt bei ihm denn auch sehr schnell ein funktionaler Ansatz. Mit Blick auf die Verwendbarkeit der Silben im Vers schlägt Heusler vor, sie in drei Kategorien zu unterteilen: »1. hebungsheischende, 2. hebungs- und senkungsfähige, 3. senkungsheischende. Bei 1 und 3 ist der Dichter gebunden, bei 2 ist er frei.«[31] Auch wenn Heusler keine näheren Angaben dazu macht, nach welchen Prinzipien die Silben den einzelnen Klassen zugeordnet werden sollen, ja er selbst dabei offensichtlich wiederum intuitiv vorgeht, erscheint diese Orientierung auf die Einsetzbarkeit doch anschlußfähig. So gehört die Betonbarkeit mit ihrer Unterscheidung von notwendig zu betonenden, betonbaren und unbetonbaren Silben mittler-

---

[24] Vgl. als anschauliches Beispiel die unten, S. 46, vorgeführten unterschiedlichen rhythmischen Interpretationen der Schlußverse von Goethes Gedicht »Grenzen der Menschheit«.
[25] Vgl. Heusler 1956, Bd. 1, S. 16, § 22.
[26] Vgl. Heusler 1956, Bd. 1, S. 22-24, § 30. – Zu dem für Heusler zentralen Taktprinzip vgl. unten S. 66.
[27] Heusler 1956, Bd. 1, S. 56, § 66.
[28] Vgl. Heusler 1956, Bd. 1, S. 54: »[…] der S a t z t o n, umfassender: der S a t z r h y t h m u s, ist für den Metriker die zu beobachtende Wirklichkeit; der W o r t t o n (-rhythmus) ist ein Auszug, eine Zurichtung für besondere Zwecke.«
[29] Vgl. Saran 1907, S. 49-55, § 8.
[30] Heusler 1956, Bd. 1, S. 54, § 64. Die Hervorhebung stammt von Heusler.
[31] Heusler 1956, Bd. 1, S. 58, § 68.

weile zu den etablierten Kriterien der linguistischen Akzentlehre.[32] Sie kann vor allem in der (hier nur am Rande behandelten) Rhythmusanalyse ein nutzbringendes Kriterium zur Beschreibung des Verhältnisses zwischen abstraktem Schema und konkreter sprachlicher Füllung darstellen. Nimmt beispielsweise eine nicht betonbare Silbe eine Hebungsposition im Vers ein, dann liegt eine besonders starke Abweichung vom Metrum vor.[33] Als Bezugspunkt für die Skalierung des Schweregrades der Silben erscheint die Betonbarkeit allein dagegen wenig geeignet. Die Reduktion auf zwei Stärkegrade (betont vs. nicht-betont bzw. strong vs. weak) stellt eine allzu grobe Reduktion der tatsächlichen sprachlichen Verhältnisse dar;[34] zudem besteht die Gefahr, daß die Restgruppe der potentiell betonbaren Silben in vielen Fällen einer exakten Rhythmusanalyse im Wege steht.

So lange keine linguistisch fundierte, auf die Bedürfnisse der literaturwissenschaftlichen Versanalyse abgestimmte moderne Akzentlehre vorliegt,[35] erscheint dagegen der auch hier eingeschlagene Weg am erfolgversprechendsten, die Akzentstärke primär an die Unterscheidung von Wortklassen zu koppeln. Hinzu tritt die wortinterne Differenzierung zwischen Form- und Stammsilben bzw. zwischen unbetonten und Tonsilben. Diese Herangehensweise findet sich bereits bei Karl Philipp Moritz;[36] im Rahmen der literaturwissenschaftlichen Metrik wurde sie u.a. von Roderich Benedix[37] und – bis in die Gegenwart besonders einflußreich – von Christian Wagenknecht gewählt.[38] Es muß nachdrücklich darauf hingewiesen werden, daß es sich hier-

---

[32] Vgl. Schindler 2010 und Zifonun u.a. 1997, Bd. 1, S. 205 u. S. 213f.
[33] Vgl. Chisholm 1981, der – ohne den Begriff der Betonbarkeit zu verwenden – den Grad der Regelverstöße in ausgewählten deutschen Blankversdramen genau danach bemißt, ob und welche »Merkmale, die prominente Positionen des metrischen Schemas fördern und nicht-prominenten Positionen entgegenstehen«, in einer bestimmten Silbe vorliegen. (Zitat S. 143.) – In Noel Aziz Hanna 2003, S. 99f., wird dagegen die These aufgestellt, daß auch Reduktionssilben in gebundener Sprache betonbar seien. Als Beispiel dient u.a. der Beginn der »Zueignung« zu Goethes *Faust*: »Ihr naht euch wieder, schwanken|de Gestalten«, in dem nach Ansicht der Verfasserin die hervorgehobene achte Silbe eine sprachliche Betonung aufweist. Zur Fragwürdigkeit dieser Radikalisierung von Vennemanns ›Maxime der natürlichen Versifikation‹ siehe oben S. 10.
[34] Vgl. dazu auch Küper 1988, S. 192.
[35] Dieses Desideratum vermerkt auch Vennemann 1995, S. 215f., Anm. 30. – Die Arbeit von Wolfgang Schindler verspricht, diese Lücke zu schließen (vgl. Schindler 2010).
[36] Vgl. Moritz 1975, S. 137-193. Moritz entwickelt dort die folgende ›prosodische Rangordnung‹ einsilbiger Wörter in Abhängigkeit von der ›Gedankenfülle‹ der jeweiligen Wortart: Substantiv, Adjektiv, Verb, Interjektion, Adverb, Hilfsverb, Konjunktion, Pronomen, Präposition, Artikel (vgl. S. 143 und die Übersicht S. 185). Im weiteren Verlauf der Abhandlung geht er jedoch auch differenziert auf den Schweregrad unterschiedlicher ›Vorschlagsilben‹ und Suffixe ein (vgl. v.a. S. 206-212).
[37] Vgl. Benedix 1879, S. 20-51, §§ 18-38. Benedix bezieht allerdings unter dem Stichwort »Wirkung der Stellung« ansatzweise auch kontextuelle Faktoren mit ein (vgl. a.a.O., S. 26-28).
[38] Diese Position findet sich auch in der englischen Metriktheorie. Vgl. Beaver 1969, S. 260: »To use [...] lexical stress rules exclusively would be to claim that phrasal stress will not supersede the basic metrical pattern determined lexically. In general this seems to be true [...].«, sowie

bei um eine reduzierte Betrachtungsweise handelt, da kontextuelle Faktoren weitgehend unberücksichtigt bleiben.[39]

Im Kapitel »Grundzüge der deutschen Prosodie« seiner *Deutschen Metrik*[40] hat Wagenknecht eine vierstufige Akzentskala vorgelegt, die hier ergänzt und konkretisiert wird. Dabei sind die Modifikationen durch * gekennzeichnet.[41] (Die Kursivierung und ggf. Unterstreichung in den Beispielen dient zur Hervorhebung der Akzentsilben der jeweils bezeichneten Wortart und *nicht* etwa zur Markierung des Satzakzents.)

Schweregrad 4:
   a) Tonsilben von Substantiven,[42] Adjektiven *(einschließlich der Kardinalzahlen und der anderen Zahladjektive[43]) und Vollverben
   b) *Tonsilben trennbarer Verbpartikeln (z.B. *ab-, herunter-, fest-, stand-*); Beispiel: »Der Preis schreckte die Interessenten *ab*.«[44]
   c) *Tonsilben von demonstrativen Artikelwörtern und Pronomen (*der, die, das; dieser; jener; derjenige; derselbe*); Beispiele: »Mit *dem* Kerl

---

Tarlinskaja 1987, S. 33: »In verse, the role of word stress is considerably greater than in prose, because word stress in verse tends to ›show through‹ the phrase accent […].« Tarlinskaja beruft sich dabei auf die Konzeption der ›rhythmischen Betonung‹ bei Boris Tomaševskij (vgl. Tomaševskij 1970, S. 95f.).

[39] Vgl. Schindler 2010: »Die strukturellen Gegebenheiten (schwere oder zumindest betonbare Silben etc.) stellen gleichsam die potentiellen Akzentstellen zur Verfügung. Bei der Einbettung ins Syntagma wird dieser Akzent realisiert, wenn die Position ins Rhythmusmuster der (weitgehend) isochronisch abfolgenden Hebungen und Senkungen […] passt. Passen Rhythmus und Akzentfolge zugunsten der Einhaltung des Rhythmusmusters verändert, beispielsweise um eine Folge zweier Starkakzente zu vermeiden.« – Auch Wagenknecht weist auf diese Einschränkung hin: »Eine ausgeführte Theorie hätte genauere Bestimmungen – zumal hinsichtlich der pro- und enklitischen Einsilber – zu treffen und dabei auch Erscheinungen wie den ›Satzakzent‹ und den ›rhythmischen Nebenakzent‹ – beide etwa im Sinne Kiparskys – in Betracht zu ziehen.« (Wagenknecht 2007, S. 37.) – Diese Einschränkungen sind notwendig; dennoch wird hier nachdrücklich einer Position widersprochen, die die Möglichkeit einer Akzentanalyse grundsätzlich in Abrede stellt. (Vgl. z.B. Albertsen 1971, S. 68 u.ö.)

[40] Wagenknecht 2007, S. 34-38.

[41] Diese Modifikationen beruhen teilweise auf Vorarbeiten von Wolfgang Schindler (vgl. Schindler 2010). – Die nachfolgende Auflistung erhebt keinen Anspruch auf Vollständigkeit (z.B. besteht Klärungsbedarf im Bereich der Partikeln), sondern versteht sich, wie schon Wagenknechts Vorschlag, als (gewiß korrekturbedürftige) Faustregel. Vgl. Wagenknecht 2007, S. 37.

[42] Zu einer deutlichen kontextuell bedingten Akzentrückstufung kommt es allerdings bei einsilbigen Substantiven in Konstruktionen mit appositivem Nebenkern: als Hauptkern mit determinativer Apposition (z.B. »ein *Fòrd* Mondéo«; vgl. Duden-Grammatik 2005, S. 997, § 1563), als Hauptkern mit explikativer Apposition (z.B. »mein *Frèund* Férdinand«; vgl. Duden-Grammatik 2005, S. 997f., § 1564) und vor allem als Nebenkern in mehrteiligen Eigennamen (z.B. »*Fràu* Schmídt«; vgl. Duden-Grammatik 2005, S. 999-1001, §§ 1566-1574).

[43] Vgl. insbesondere die Verwendung von *ein* als attributive Kardinalzahl: »Wir sitzen in *einem* Boot.« (D.h., wir sitzen in ein und demselben Boot bzw. nicht in mehreren Booten.) Im Kontrast dazu der Gebrauch als indefiniter Artikel: »Wir sitzen in einem Boot.« (D.h. wir sitzen nicht in einem Flugzeug o.ä.) Vgl. Duden-Grammatik 2005, S. 340-344, § 446-455.

[44] Vgl. Duden-Grammatik 2005, S. 49, § 42, u. S. 706f., § 1062-1064.

rede ich nicht mehr!« (demonstratives Artikelwort); »Mit *dem* rede ich nicht mehr!« (Demonstrativpronomen)[45]

d) *Tonsilben bestimmter Adverbien: absolute und phorisch-deiktische Situierungsadverbien (insbesondere in Satzgliedfunktion, z.B. temporal: »Sie sprang g̲e̲stern ins Wasser.«; lokal: »Sie sprang *dort* ins Wasser.«; modal: »Sie sprang u̲n̲versehens ins Wasser.«; kausal: »Sie sprang d̲e̲inetwegen ins Wasser.«),[46] Textadverbien (z.B. e̲r̲stens, e̲i̲nerseits),[47] Konjunktionaladverbien (z.B. »Draußen regnet es in Strömen. Sie hat tr̲o̲tzdem das Fahrrad mitgenommen.«),[48] Kommentaradverbien (z.B. »L̲e̲ider konnten wir nicht kommen.«)[49], al̲l̲ein, selbst, s̲e̲lber als nachgestellte Attribute (z.B. »Peter *selbst* wird das regeln.«)[50]

e) *Tonsilben bestimmter Partikeln: Antwortpartikeln (z.B. »Keiner verläßt den Raum! Ich *schon*.«);[51] Interjektionen (z.B. »*Pfui*, ist das ein schlechtes Wetter!«);[52] die Abtönungspartikeln *bloß* und *ja* in Aufforderungssätzen (z.B. »Fahr *bloß/ja* nach Hause!«)

Schweregrad 3 (die nebentonigen Silben sind jeweils gepunktet unterstrichen):

a) nebentonige Silben in substantivischen und *adjektivischen Komposita, in Präfix- und Partikelverben (z.B. ùnterstéllen – Präfixverb vs. únterstèllen – Partikelverb) sowie in *adverbialen Komposita (z.B. vórgèstern) und Derivaten (z.B. éhemàls)[53]

b) Tonsilben von Hilfs-, *Funktions-,[54] *Kopula- und *Modalverben

c) Tonsilben in Interrogativadverbien (z.B. »*Wann* fährt der Bus?«)[55]

d) Tonsilben in bestimmten mehrsilbigen Adverbien (außer den unter Schweregrad 4d genannten)

e) Tonsilben in interrogativen Artikelwörtern und Pronomen

f) Tonsilben von sonstigen mehrsilbigen *Artikelwörtern und Pronomen (außer den unter Schweregrad 4c genannten), Präpositionen und Konjunktionen

---

[45] Vgl. Duden-Grammatik 2005, S. 288-299, §§ 372-382.
[46] Vgl. die Übersicht in Duden-Grammatik 2005, S. 578, § 845.
[47] Vgl. Duden-Grammatik 2005, S. 579, § 847.
[48] Vgl. Duden-Grammatik 2005, S. 590-592, §§ 864-867.
[49] Vgl. Duden-Grammatik 2005, S. 592-594, §§ 868f.
[50] Vgl. Zifonun u.a. 1997, Bd. 1, S. 213.
[51] Vgl. Duden-Grammatik 2005, S. 603, § 886, sowie Zifonun u.a 1997, Bd. 1, S. 213.
[52] Vgl. Duden-Grammatik 2005, S. 604-606, §§ 887-892.
[53] Vgl. Duden-Grammatik 2005, S. 769-772, §§1158-1162.
[54] Vgl. Duden-Grammatik 2005, S. 424-432, §§ 580-590.
[55] Vgl. Duden-Grammatik 2005, S. 584, § 856.

Schweregrad 2:
- a) *bestimmte einsilbige Adverbien (außer den unter Schweregrad 4d und 3c genannten)
- b) bestimmte einsilbige Funktionswörter: Artikelwörter und Pronomen (außer den unter Schweregrad 4c und 3e genannten), Präpositionen und *Konjunktionen
- c) gewisse Prä- und Suffixe, wie *-miß, -keit* sowie *-bar, -haft, -heit, -ig, -isch, -lich, -ling, -nis, -sal, -sam, -schaft, -tum*[56]

Schweregrad 1:
die noch nicht bestimmten Silben (d.h. weder Haupt- noch Nebentonsilben) in Mehrsilblern, v.a. die Schwa-Silben

Ein zweites im akzentuierenden Verssystem angelegtes Problem betrifft die Bewertung der Silben an den Versrändern: Durch die relationale Bestimmung des Schweregrads ergibt sich hier die Frage, ob die ›unmittelbare Nachbarschaft‹ nur aus der *im jeweiligen Vers* angrenzenden Silbe besteht – oder ob alternativ bei Versanfangssilben die vorausgehende und bei Versendsilben die nachfolgende Silbe der jeweils benachbarten Verse mit einbezogen werden muß. Besonders gut läßt sich dies anhand von Textpassagen verdeutlichen, die durch Synaphie, d.h. durch die Fortführung des alternierenden Metrums über die Versgrenzen hinweg[57] die Abgeschlossenheit der Zeilen überspielen.

Ich wähle als Beispiel das Gedicht »Suleika. Was bedeutet die Bewegung?«[58] aus Goethes *West-östlichem Divan*. Daraus zunächst ein aus dem Kontext herausgelöster Vers mit Zuweisung der Schweregrade:

```
2  2   4   2     4  1   4  1
Die auf Feld und Hügel prangen.
```

Daraus ergibt sich folgende relative Akzentverteilung:

x x x́ x x́ x x́ x

*Feld*, *Hügel* und *prangen* erhalten jeweils einen starken Akzent, das Relativpronomen *Die* bleibt unakzentuiert, da es zusammen mit der nachfolgenden Präposition *auf* den identischen Schweregrad 2 aufweist.

Rückt man den zitierten Vers dagegen in den Strophenkontext, dann verändert sich die Wahrnehmung des Relativpronomens:

---

[56] Vgl. Zifonun u.a. 1997, Bd. 1, S. 205.
[57] Vgl. die Beschreibung in Ciupke 1994, S. 274: »auf eine männliche Kadenz folgt ein Vers mit Auftakt bzw. auf eine weibliche Kadenz ein auftaktloser Vers«. In Goethes *Faust* wird Markus Ciupke zufolge »Synaphie genau wie Enjambement vor allem dort verwendet, wo Erregungszustände auch sprachlich-metrisch dargestellt werden sollen, da mit dem Wegfall der ansonsten obligaten Pause am Versende das Sprechtempo gesteigert wirkt […].«
[58] FA I 3/1, S. 93f. Zitiert werden V. 11f.

```
        4    2    4  1   2   2      4   1
```
　　　Küßt die Reben noch im Fliehen,　　　x́ x x́ x x́ x x́ x
```
        2   2    4   2      4  1   4   1
```
　　　Die auf Feld und Hügel prangen.　　　x́ x x́ x x́ x x́ x

Durch das synaphische Überspielen der Pause am Ende der vorausgehenden Zeile rückt das versinitiale *Die* nun zwischen die Schwa-Silbe am Ende des ersten Verses (Schweregrad 1) und die im zweiten Vers nachfolgende Präposition; somit ergibt sich insgesamt ein (freilich nur schwacher) relativer Akzent. – Letztlich geht es hier um die offene Frage, ob und in welchem Maße die metrische Segmentierung (hier: die Einheit und Abgeschlossenheit der Verszeile) ausschlaggebend für die sprachliche Gliederung ist.

Fazit: Die im weiteren Verlauf präsentierten rhythmischen Analysen deutscher Verstexte folgen den beschriebenen Regeln, sie weisen aus den dargelegten Gründen jedoch auch Unter- bzw. Unbestimmtheitsstellen auf. Dies ist beim gegenwärtigen Stand zumal der aus literaturwissenschaftlicher Perspektive erschließbaren Akzentologie wohl unvermeidlich und stellt angesichts der Fokussierung der Arbeit auf die Ebene des abstrakten Metrum keine grundlegende Beeinträchtigung dar.[59]

## *Metrische Notation*

In der vorliegenden Studie werden in Abhängigkeit vom untersuchten Gegenstand verschiedene Notationssysteme verwendet.[60]

In rein *syllabischen* Verssystemen (hier: dem Japanischen und Koreanischen) bezeichnet ›x‹ eine Silbe. Z.B. das Haiku:

　　　x x x x x
　　　x x x x x x x
　　　x x x x x

Im Bereich der *akzentuierenden* Versifikation (z.B. große Teile der englischen, russischen und deutschen Dichtung) kommen zwei Notationssysteme zum Einsatz:

(1) Auf der Ebene des abstrakten metrischen Schemas bezeichnet ›X‹ eine Hebung und ›x‹ eine Senkung. Hier als Beispiel der fünfhebige Jambus:

　　　x X x X x X x X x X

---

[59] Bei der Analyse der russischen Verstexte orientiere ich mich an den Akzentuierungsregeln in Gasparov/Skulačeva 2004, S. 185-187; für die der englischsprachigen Gedichte an den entsprechenden Ausführungen in Tarlinskaja 1987, S. 31-39; vgl. daneben auch Schipper 1895, S. 162-176.

[60] Vgl. eingehend zu den unterschiedlichen Notationsverfahren Breuer 1994, S. 26-28, Küper 1988, S. 124-127, und Wagenknecht 2007, S. 26-30.

(2) Auf der Ebene des konkreten Einzelverses bezeichnet ›x́‹ eine akzentuierte und ›x‹ eine nicht-akzentuierte Silbe. Hier als Beispiel ein Zweizeiler von Goethe, dem ein fünfhebiger Jambus zugrunde liegt, der jedoch im ersten Vers eine offensichtliche Abweichung von diesem metrischen Schema aufweist:

> Weißt du worin der Spaß des Lebens liegt?
> Sei lustig! – geht es nicht, so sei vergnügt.[61]

x́ x x x́ x x x́ x x́ x
x x x́ x x́ x x x́ x x́

Für die *chronematische* Versifikation (z.B. die klassische griechische und lateinische Dichtung) werden sowohl für die Ebene des abstrakten Metrums als auch für die des konkreten Einzelverses die bekannten Symbole verwendet: ›–‹ bezeichnet eine lange und ›∪‹ eine kurze Silbe; kann eine Position mit einer langen oder kurzen Silbe besetzt werden, so steht ›x‹. Versfußgrenzen können durch senkrechte Striche markiert werden. Auf welche Ebene sich die Notation bezieht, wird jeweils aus dem Kontext deutlich. Hier ein Beispiel für einen konkreten Einzelvers (einen sogenannten leoninischen Hexameter):

> Undique per montes currunt ad flumina fontes.[62]
> – ∪ ∪ | – – | – – | – – | – ∪ ∪ | – ∪

Die Notationsweise für die *tonematische* Versifikation (hier: Chinesisch) wird an der betreffenden Stelle erläutert.[63]

Alternative Realisationsmöglichkeiten eines Versfußes innerhalb eines Metrums werden oberhalb der Grundzeile notiert. Hier als Beispiel die deutsche Nachbildung des Pentameters, bei dem die ersten beiden Daktylen durch Trochäen ersetzt werden können:

```
      x         x
X x x | X x x | X | X x x | X x x | X
```

Bei der Kennzeichnung der Reimbindung stehen Großbuchstaben für männliche (d.h. einsilbige), Kleinbuchstaben für weibliche (d.h. zweisilbige) Endreime am Zeilenende. Waisen (d.h. nicht-reimende Verse) werden mit ›x‹ bezeichnet. Als Beispiel die ersten drei Strophen von Goethes *Divan*-Gedicht »Hatem. Locken! Haltet mich gefangen…«:

> Locken! Haltet mich gefangen          a
> In dem Kreise des Gesichts!           B

---

[61] FA I 2, S. 629.
[62] Lebenwaldt 1685, Nr. 179. Siehe unten S. 84.
[63] Siehe unten S. 69.

| | |
|---|---|
| Euch geliebten braunen Schlangen | a |
| Zu erwiedern hab' ich nichts. | B |
| | |
| Nur dies Herz es ist von Dauer, | c |
| Schwillt in jugendlichstem Flor; | D |
| Unter Schnee und Nebelschauer | c |
| Rast ein Aetna dir hervor. | D |
| | |
| Du beschämst wie Morgenröthe | x |
| Jener Gipfel ernste Wand, | E |
| Und noch einmal fühlet Hatem | x |
| Frühlingshauch und Sommerbrand.[64] | E |

Metrisch geforderte Zäsuren und Diäresen[65] werden ebenso wie ihre Realisation auf der Ebene des Einzelverses, d.h. die verschiedenen Formen pausenheischender Silbenübergänge, durch ›|‹ gekennzeichnet. Als Beispiel hier zwei Zeilen aus Goethes Hexameterepos »Reineke Fuchs«:

Da beschied ihn der König: so geht dann, alle die Klagen
Habt ihr sämtlich gehört, und geht nur weislich zu Werke[66]

$\acute{x}$ x | $\acute{x}$ x x | $\acute{x}$ x | x | $\acute{x}$ x | | $\acute{x}$ x x | $\acute{x}$ x
$\acute{x}$ x | $\acute{x}$ x x | $\acute{x}$ | x | $\acute{x}$ x | $\acute{x}$ x x | $\acute{x}$ x[67]

---

[64] FA I 3/1, S. 87f. – V. 11 gehört zu den bekanntesten Waisen in der deutschen Lyrik. Das Gedicht ist bis auf die ungeraden Verse der dritten Strophe komplett kreuzgereimt; nur »Hatem« (anstelle von »Goethe«) verweigert den Gleichklang mit »Morgenröthe«. Hendrik Birus hat dieses auffällige Verfahren zum ›Verbergen‹ des biographischen Bezugs treffend als ›virtuellen Reim‹ bezeichnet. Vgl. seinen Kommentar in FA I 3/2, S. 1237-1244, hier: S. 1240f.
[65] Zum terminologischen Unterschied siehe unten S. 78.
[66] FA I 8, S. 684, V. 193f.
[67] Zu den verschiedenen Positionen der Zäsur bzw. Diärese im Hexameter siehe unten S. 85.

# Begriff des Verses
## Optische vs. akustische Definition

Versifikation leitet sich von lat. *versum facere* ›Verse machen‹ her. Dabei ist im Rückgriff auf lat. *versus* ›Umwenden (des Pfluges), Furche, Reihe, Linie‹[68] von einer segmentär-optischen Konzeption auszugehen.[69] Verse sind kurze, klar voneinander abgegrenzte und untereinander korrespondierende Abschnitte, die den gesamten in Frage stehenden Text unabhängig von der Syntax gliedern und die optisch als Zeilen repräsentiert werden können. Dabei muß keine entsprechende schriftliche Fassung vorliegen; entscheidend ist allein der Umstand, daß ein Text eindeutige Vorgaben für seine Gliederung in Verse enthält.[70]

Als Hauptunterschiede zwischen Vers und Prosa (von lat. *prorsus* ›vorwärts gerichtet‹, *oratio pro(r)sa* ›nach vorwärts gerichtete Rede, ungebundene Schreibart‹[71]) ergeben sich somit a) die herausgehobene, graphisch repräsentierbare, bewußte *Segmentierung* des Verstextes im Gegensatz zur fortlaufenden Struktur der Prosa (der die Anordnung im Fließtext entspricht), b) die spannungsgeladene *doppelte Gliederung* des Verstextes in syntaktische und versifikatorische Einheiten im Gegensatz zur lediglich syntaktischen Gliederung des Prosatextes und c) die für den Vers zentrale, weil strukturell angelegte regelmäßige und damit voraussagbare Wiederkehr von sprachlichen Elementen (*Prinzip der regelmäßigen Rekurrenz*[72]). Diese zeigt sich am deutlichsten auf den unteren Textebenen: bei den Graphemen (z.B. Akrostichon), den Phonemen und Silben bzw. Silbengruppen (v.a. Metrum, Alliteration und Reim) und natürlich der Zeile (z.B. Zeilenlänge).[73] Wiederholungsstrukturen in Prosatexten – z.B. die Leitmotivtechnik auf der lexikalisch-phraseologischen Ebene oder die häufige Verwendung von parallelen Satzstrukturen auf der syntaktischen und von metrischen Floskeln[74] auf der rhythmischen Ebene[75] – stellen demgegenüber lediglich fakultative Merkmale dar. Sie ergeben sich nicht aus dem Prosacharakter eines Textes, sondern aus der Zugehörigkeit zu einem speziellen Genre oder aus dem individuellen Stil und weisen

---

[68] Vgl. Georges 2003, Bd. 2, Sp. 3436f.
[69] Ähnlich März 2003, S. 761. Vgl. dagegen die abweichende Deutung der Etymologie in Lotz 1972, S. 1.
[70] Wenn im Folgenden von ›graphischer Anordnung‹, ›optischer Gliederung‹ u.ä. die Rede ist, muß diese wichtige Einschränkung mitgedacht werden: Es geht nicht um Repräsentation, sondern um eindeutige Repräsentierbarkeit. Vgl. dazu Greber 2002, S. 89.
[71] Vgl. Georges 2003, Bd. 2, Sp. 2021f.
[72] Vgl. Titzmann 1997, S. 12, und Diller 1978, S. 13.
[73] Die Rekurrenz ist in Versen häufig (aber nicht immer) mit der Festlegung der Position der wiederholten Elemente verbunden. Vgl. Küper 1988, S. 33-36.
[74] Vgl. Knörrich 1992, S. 146.
[75] Die beiden letztgenannten Verfahren sind Hauptkennzeichen der rhythmischen Prosa, wie sie Viktor Žirmunskij herausgearbeitet hat (vgl. Žirmunskij 1975b).

zumeist keine der Lyrik vergleichbare Regelmäßigkeit und Voraussagbarkeit auf.

Segmentär-optische Versdefinitionen wie die hier vorgestellte sind in der literaturwissenschaftlichen Metriktheorie seit Jurij Tynjanovs 1924 erschienenen Studie *Problema stichotvornogo jazyka* (›Das Problem der Verssprache‹) anerkannt und verbreitet.[76]

Gleichwohl ist diese Position keineswegs unumstritten. Häufig wurde und wird der Vers bis heute statt dessen im Rückgriff auf gr. *métron* ›Maß‹ in erster Linie akustisch verstanden: als ›gebundene Rede‹, die durch die regelmäßige Wiederholung bestimmter Elemente des phonetischen Materials gekennzeichnet ist,[77] d.h. je nach Auffassung und untersuchter Literatur durch die »regelmäßige Stellung der betonten Sylben«,[78] »wiederkehrende Zeitspannen«,[79] ›iterative Lautfiguren‹,[80] die ›Ordnung der Betonungsverhältnisse‹,[81] oder auch die »festliegende Zahl der Silben und Tonstellen«.[82]

Wenn hier statt dessen die optische Gliederung herausgestellt wird, dann deswegen, weil allein sie, nicht aber die akustischen Regelmäßigkeit, ein notwendiges Merkmal des Verses darstellt. Die Gründe dafür werden unten dargelegt.

Zugleich trägt diese Definition der aktuellen dichterischen Praxis Rechnung. Denn schließlich sind es die freien, also nicht im obigen Sinne metrisch gebundenen Verse, die in der modernen Lyrik vorherrschen.[83] Diese freien Gedichtformen lassen sich mit einer dominant akustischen Definition des Verses jedoch nur defizitär beschreiben (nach der Art und dem Grad ihrer Abwiechung von den verschiedenen Formen metrischer Bindung).[84]

---

[76] Vgl. Tynjanov 1977, S. 58-72 (zur entsprechenden metriktheoretischen ›Schule‹ bzw. Richtung vgl. Donat 2002, S. 329f. u. 404f.), Groot 1933, S. 69; Groot 1964, S. 299; Albertsen 1971, S. 9f.; Buchštab 1973, S. 110f.; Golomb 1979, S. 1; Lamping 1989, S. 24; Gasparov 2000, S. 7; Fedotov 2002, S. 36f.; Greber 2002, S. 89. Vgl. die differenzierte semiotische Auseinandersetzung mit dieser Grenzziehung zwischen Vers und Prosa in Šapir 1996.
[77] Vgl. Lotz 1972, S. 5. Ähnlich in Wagenknecht 2007, S. 14.
[78] Benedix 1879, S. 13.
[79] Heusler 1956, Bd. 1, S. 17 (§ 23). Vgl. a.a.O., S. 4 (§ 5), die Ablehnung der ›abgebrochenen Zeilen‹ als Unterscheidungsmerkmal zwischen Vers und Prosa. In der Tradition Heuslers steht für die englische Metrik Standop 1989, S. 20-26. – Innerhalb der deutschen metriktheoretischen Schule der ›Ohrenphilologie‹ nimmt Franz Saran im Hinblick auf die Rolle der graphischen Anordnung eine differenziertere Position ein (vgl. Saran 1934, S. 229), hält jedoch grundsätzlich an seiner vom regelmäßigen Rhythmus der Arbeits- und Tanzmusik abgeleiteten ›orchestischen‹ Definition des Verses fest und spricht ausdrücklich Texten in Freien Rhythmen (z.B. Novalis' »Hymnen an die Nacht« und Klopstocks »Frühlingsfeier«) ihren Verscharakter ab (vgl. a.a.O., S. 12-24). – Eine kritische Auseinandersetzung mit der ›Ohrenphilologie‹ und speziell mit Saran findet sich in Tynjanov 1977, S. 47-57.
[80] Vgl. Kloepfer 1971, S. 82.
[81] Vgl. Paul/Glier 1966, S. 11.
[82] Elwert 1961, S. 13.
[83] Vgl. Lamping 1989, S. 26.
[84] Dazu ausführlich unten S. 136ff.

Doch nicht nur die moderne, sondern auch die traditionell gebundene Lyrik kennt Erscheinungen, die mit akustischen Kategorien nicht adäquat erfaßt werden können. Insbesondere sind hier die »Textäquivalente« zu nennen, die Jurij Tynjanov in die verstheoretische Diskussion eingeführt hat:

> Als Äquivalent eines poetischen Textes bezeichne ich alle die außersprachlichen Elemente, die ihn auf die eine oder andere Weise *ersetzen*, d.h. vor allem teilweise Auslassungen, weiter den teilweisen Ersatz durch graphische Elemente usw.
> [...] *das Äquivalent läßt sich akustisch nicht wiedergeben, wiedergeben läßt sich nur die Pause.*[85]

Als Beispiel dienen Tynjanov durch gepunktete Zeilen gekennzeichnete Auslassungen in verschiedenen Gedichten Puškins sowie in dessen Versroman *Evgenij Onegin*. Dabei handelt es sich weder um zensurbedingte Streichungen noch um Lücken in unvollendeten Gedichten:

> [...] ein Hinweis auf die »Unfertigkeit« [erklärt] nur wenig und ist unzulässig bei Dingen, die vom Autor »unfertig« gelassen wurden. Die »Unfertigkeit« wird hier zu einem ästhetischen Faktum, und wir müssen die Pünktchen nicht vom Standpunkt des »Ausgelassenen«, sondern vom Standpunkt der »*Auslassung*« her betrachten.[86]

Anschaulich wird die metrisch-rhythmische Funktion solcher Textäquivalente in Puškins Gedicht »Nedvižnyj straž...« (›Der regungslose Wächter...‹) aus dem Jahr 1823. Es besteht aus 10 heterometrischen sechszeiligen Schweifreimstrophen der folgenden Struktur:

| | |
|---|---|
| x X x X x X x X x X x | a |
| x X x X x X x X x X x | a |
| x X x X x X x X x X | B |
| x X x X x X x X x X x | c |
| x X x X x X x | c |
| x X x X x X x X x X | B |

Textäquivalente spielen in der dritten Strophe eine wichtige Rolle. Denn dort finden sich »in Puškins Reinschrift [...] anstelle von vier fehlenden Zeilen drei Zeilen Pünktchen:

Die Strophe sieht folgendermaßen aus:

> »Sveršilos'«, molvil on. Davno l' narody mira
> Paden'e slavili velikogo kumira

---

[85] Tynjanov 1977, S. 50 u. 53.
[86] Tynjanov 1977, S. 54.

............................................
............................................
............................................[87]

»Es ist geschehen«, sagte er. Haben lang schon die Völker der
                                                                       Welt
Den Fall des großen Abgottes gerühmt
............................................................
............................................................
............................................................

Dabei muß man die Stärke der metrischen Gewohnheit in Betracht ziehen, die dieser kanonischen, komplexen und in sich geschlossenen Strophe eignet, um die Stärke des Äquivalents, die den Automatismus des Metrums zerstört, ermessen zu können.[88]

Es liegt auf der Hand, daß eine rein akustische Versbestimmung solche Textäquivalente weder adäquat beschreiben noch angemessen in ihrer Funktion bestimmen kann.

Entscheidend für die Beantwortung der Frage nach dem Primat der Optik oder der Akustik für die Definition des Verses ist die Identifikation der notwendigen Merkmale des zu Bestimmenden. Harald Fricke hat die beiden konkurrierenden Positionen – die akustische Definition als »zusätzliche *Normierung* der Sprache durch metrische Gesetze« und die optische Definition als »abweichende *Gliederung* der Rede« – einem Bewährungstest unterzogen: »Will man entscheiden, ob die abweichende Segmentierung oder die zusätzliche Regulierung *fundamentaler* für den Vers ist, so muß man für eine solche Belastungsprobe einmal je eines der beiden Prinzipien *außer Kraft* setzen.«[89] Er kommt dabei zu einem klaren Ergebnis:

Es kann [...] *jede* aufgrund einer literarhistorischen oder textinternen Quasi-Norm erwartete metrische Regelmäßigkeit auch entfallen, ohne daß deshalb der durch abweichende Segmentierung gesicherte Verscharakter verlorengehen müßte. Fällt dagegen diese *Gliederung* nach

---

[87] Vgl. Puškin 1912, S. 197-199, hier: S. 197, V. 13-17, sowie den Kommentar, S. 342-349, bes. S. 342. – In der erstmals 1949 erschienenen sowjetischen Akademieausgabe der Werke Puškins, die laut Kommentar den Text ebenfalls nach der sowohl von der 1912er Ausgabe als auch von Tynjanov zugrundegelegten Reinschrift wiedergibt, weist die dritte Strophe allerdings vier gepunktete Zeilen auf (vgl. Puškin 1994, Bd. 1, S. 278f., hier: S. 278, sowie den Kommentar, a.a.O., Bd. 2, S. 1081). Falls die jüngere Edition die Handschrift richtig wiedergibt, wäre zwar das von Tynjanov nachfolgend geäußerte Argument von der ›Zerstörung des Automatismus des Metrums‹ hinfällig, die allgemeine metrisch-rhythmische Funktion der Textäquivalente würde dadurch jedoch keineswegs in Frage gestellt.
[88] Tynjanov 1977, S. 53.
[89] Fricke 1981, S. 168f.

normabweichenden Gesichtspunkten weg, so ist damit automatisch auch die regelmäßige Bauform dahin: sie läßt sich nämlich gar nicht mehr *ausmachen*, wo es z.B. keinerlei Verszäsur in der Gedichtrezitation mehr gibt (sondern nur reguläre Satzpausen) oder z.B. keine verkürzten Verszeilen mehr im Schriftbild (sondern nur reguläre Interpunktation). Wo der je verfügbare Zeilenraum in Prosamanier *beliebig* mit syntaktisch normal segmentierten Sätzen vollgeschrieben wird und auch sonst keinerlei Signale für andersartig abgeteilte Spracheinheiten auftreten, da kann man Ähnlichkeitsbeziehungen wie ›gleiche Hebungs- oder Silbenzahl‹ (nämlich: je Vers!) oder ›Endreim‹ (nämlich: am Versende!) gar nicht mehr identifizieren.[90]

Analog zu dieser ›Bewährungsprobe‹ des Verses kann auch der Prosacharakter eines Textes einer Prüfung unterzogen werden. Da es sich bei der Prosa um die im Vergleich zum Vers merkmallose sprachliche Äußerung handelt,[91] geht es hier nicht um die Eliminierung, sondern um die Hinzufügung von Ordnungsprinzipien. Dabei führt nun die zusätzliche Verwendung von regelmäßigen lautlich-rhythmischen Strukturen wie etwa Alternation oder Reim zwar zu einer erheblichen stilistischen Umgestaltung eines Textes, ändert jedoch nichts an seinem Prosacharakter (wenn auch im Teilbereich der gereimten oder rhythmischen Prosa). Gliedert man einen vorliegenden Prosatext hingegen in offenkundig nicht allein satztechnisch bedingte Zeilen, dann wechselt er seine Gattungszugehörigkeit und wird zum Verstext.[92] – Die Gliederung des Textes in Verszeilen ist damit »das einzige absolute Kennzeichen, das die versifizierte von der nicht-versifizierten Rede unterscheidet.«[93]

Die Identifikation der optischen Segmentierung als ›fundamentales‹ (Fricke) bzw. ›absolutes‹ (Fedotov) versifikatorisches Kennzeichen zieht allerdings keinesfalls die Annahme einer Bedeutungslosigkeit der akustischen Gliederung nach sich. Denn bei der Wahrnehmung von Versen sind Gesichts- und Hörsinn grundsätzlich gemeinsam beteiligt – wenn auch zu je unterschiedlichen Anteilen. John Hollander hat dies in ein anschauliches Bild gebracht:

> [...] if one were to diagram the way in which the two senses cut through poetic language, the ear and the eye would be axes at right

---

[90] Fricke 1981, S. 170.
[91] Vgl. Lotz 1972, S. 1 u. S. 18, Anm. 3.
[92] Lamping 1989, S. 27f., führt als Beispiel für eine solche Transformation Hans Magnus Enzensbergers Gedichtfassung von Uwe Johnsons Prosatext »Ein Brief aus New York« (aus: *Jahrestage*, Bd. 4) im Kursbuch 10 an. – Allerdings existieren auch hybride Mischformen. Vgl. die Ausführungen zu Helmut Heißenbüttels Umgang mit der graphischen Versform (s.u. S. 37ff.).
[93] Fedotov 2002, S. 36f. (Meine Übersetzung).

angles to each other, [...] along which [...] the peculiar identity of poems might be graphed.[94]

Was im Zentrum der akustischen Definition steht, die regelmäßige rhythmische Struktur, ist zwar weder ein notwendiges noch ein hinreichendes Kennzeichen des Verses im allgemeinen; sie stellt gleichwohl für einen großen Teilbereich der Versdichtung das auffälligste und in der Wahrnehmung dominierende Merkmal dar. In solcherart *gebundenen Versen* erscheint die optische Segmentierung in Zeilen gewissermaßen nur als Resultat der periodischen akustischen Gliederung des Textes. Die Deutlichkeit dieser rhythmischen ›Anweisungen‹ für die Plazierung von Zeilen- und Strophengrenzen hängt von der Spezifik des Metrums, d.h. von der Art der periodischen lautlichen Wiederholungen, vom Versrhythmus, d.h. von der rigiden oder freien sprachlichen Umsetzung dieses abstrakten Schemas, und nicht zuletzt von sprachspezifischen Besonderheiten ab.[95] Prinzipiell müßten sich jedoch die meisten gebundenen Verse allein auf der Grundlage einer rein akustischen Präsentation eindeutig schriftlich fixieren lassen. – Dieser fakultative Charakter der schriftlichen Realisierung findet eine literarhistorische oder genauer: mediengeschichtliche Entsprechung in der Entwicklung der Überlieferungstechnik von Gedichten. Denn schließlich wurde Lyrik sogar bis weit nach der Erfindung des Buchdrucks auch (und über weite Strecken bzw. in bestimmten Teilbereichen in erster Linie) mündlich präsentiert, rezipiert und tradiert.[96]

Allerdings sind selbst im Bereich der gebundenen Verse die Grenzen dieser rein oder zumindest primär akustischen Herangehensweise nicht zu übersehen. Denn sie setzt zweierlei voraus: eine entsprechend (durch häufigen

---

[94] Hollander 1975, S. 248.
[95] Vgl. Jiří Levýs Unterscheidung zwischen einerseits Sprachen mit ›stress-timed rhythm‹ (z.B. dem Englischen), in denen die Intervalle zwischen betonten Silben als gleich lang wahrgenommen werden, auch wenn die Zahl der dazwischenliegenden unbetonten Silben variiert, und andererseits Sprachen mit ›syllable-timed rhythm‹ (z.B. dem Tschechischen), in denen alle Silben – betont oder unbetont – als gleich lang wahrgenommen werden. Aus dieser Differenz ergeben sich Konsequenzen für die akustische Wahrnehmbarkeit der Versgrenzen: »As a result of the fact that the tendency to isochronous intervals is common to both English prose and verse, the opposition of verse and prose is less expressive in English than in Czech. Irregular blank verse is indistinguishable from prose, as is well known to students of late Elizabethan and of Jacobean drama [...] [A]n English reader is generally unable to tell where are the limits of the single lines, if they are presented to him written *in continuo* [...]. Segments in irregular blank verse pass unnoticed in a passage of prose and therefore nothing is opposed to their use in any type of prose [...]. In Czech, a segment written in the regular alternating rhythm produces a sharp contrast with the irregular rhythmical background of Czech prose, and therefore is apt to acquire parodistic effects [...].« (Levý 1971, S. 13.)
[96] Zur »Janusköpfigkeit zwischen mündlicher und schriftlicher Realisierung« im Spannungsbereich von scharfer Polarisierung und Vermischung dieser »beiden Aggregatzustände der Poesie« in Goethes später Lyrik, vor allem im *West-östlichen Divan*, vgl. Birus 2008 (Zitate: S. 105 u. 104).

Vortrag von Gedichten und häufiges Zuhören) geschulte Wahrnehmung einerseits und eine hochgradige Erkennbarkeit der metrischen Regulierung andererseits. Letzteres kann sich quantitativ aus der Beschränkung auf eine kleine Anzahl unterschiedlicher metrischer Formen und/oder qualitativ aus der deutlichen Markierung der periodischen rhythmischen Kennzeichen ergeben.[97] Sind diese strengen Voraussetzungen nicht gegeben, dann zeigt die rein rhythmusbezogene, akustische Versbestimmung eine beträchtliche Störanfälligkeit. Bereits geringfügige Abweichungen vom Metrum, wie moderate Schwankungen in der Silbenzahl, ungewöhnliche Reime und vor allem deutliche Enjambements,[98] können, wie Harald Fricke am Beispiel von Rilkes Gedicht »Liebes-Lied« demonstriert hat, zu dem Punkt führen, »an dem die Versstruktur von Gedichten im Sprechen kaum noch hörbar wird«.[99] An diesen Stellen zeigt sich, daß auch im Bereich der gebundenen Verse letztlich nur die Optik, nicht aber die Akustik, die gewünschte Segmentierung des Textes gewährleisten kann.

## *Empirische Proben*
### *Klabunds »Harfenjule« und die Grenzen der Akustik*

Die Grenzen einer rein akustischen Bestimmung des Verses lassen sich besonders gut anhand von Klabunds Gedichtband *Die Harfenjule* demonstrieren. Denn wie im nachfolgenden gezeigt wird, trägt die typographische Präsentation dieser 1927 erschienenen »Zeit-, Streit- und Leidgedichte« (so der Untertitel des Buchs) in den verschiedenen posthumen Ausgaben den Charakter einer Probe aufs Exempel, ob sich aus rein akustischen Merkmalen zuverlässige Vorgaben für die Textsegmentierung ergeben. Damit geht es zugleich um die Frage, ob und inwiefern die akustische Gliederung konstitutiv für Vers und Gedicht ist.

Den Ausgangspunkt dieses nicht nur unter metriktheoretischer Perspektive spannenden Kapitels deutscher Literatur- und Editionsgeschichte bildet Klabunds Entscheidung, seine Gedichte in der *Harfenjule* im Fließtext abdrucken zu lassen. In einem Artikel im *Berliner Tageblatt* mit der programmatischen Überschrift »Das Ende der Lyrik« gab er halb ironisch, halb ernsthaft über die Gründe Auskunft, die ihn zu diesem Schritt bewogen hatten. Am Anfang steht die ernüchterte Feststellung des gesunkenen Marktwerts von Lyrik: »Kein Zweifel kann obwalten: Die Konjunkturkurve der reinen oder unreinen – der Lyrik überhaupt – ist in jähem Fall begriffen. Kein Mensch

---

[97] Hinzutreten können freilich auch semantische oder pragmatische Komponenten: Gemäß den jeweils herrschenden literarischen und kulturellen Gepflogenheiten wird der Zuhörer für bestimmte Inhalte oder in bestimmten Situationen eher Verse oder eher Prosa erwarten.
[98] Dazu ausführlich unten S. 155ff.
[99] Fricke 1981, S. 175f.

kauft, liest, druckt fürder Gedichtbücher [...]«. Um die Frage: »Hat das Gedicht als solches aufgehört, effektiv und moralisch zu existieren?« nicht bejahen zu müssen, findet Klabund den folgenden Ausweg:

> Oder – war es nicht möglich, das noch vorliegende Material (wie ja die Gasanstalten selbst den Koks trefflich zu verwerten gelernt haben) zu verwenden, zu modeln, umzuformen – alter Wein in neue Schläuche – ich meine: die noch auf Lager liegende Lyrik unter falscher Flagge aufs stürmische Meer der Druckerschwärze hinaussegeln zu lassen – die Verse einfach als Prosa zu setzen – kein Aas merkt was – noch ist defte Prosa gefragt – so wird aus lüsternem Gestammel ein lustiges Aperçu, aus einer Ode an den großen Kurfürsten eine beschwingte Annonce kurfürstlichen Magenbitters. Sanfte Töne gehen in kesse Charlestontöne über. Die Jetztzeit wird zur Jazzzeit. Es gab ein Sechsnächtedichten – dann war die Umwandlung sämtlicher Gedichte in prosoide Schlager restlos gelungen, und aus einem lyrischen Gedichtbuch »Das Glockenspiel«, einem Wälzer von 300 Seiten auf echt Japan für 7,50 Mark, der vor dreißig Jahren noch jedes Mädchenherz hätte höher schlagen lassen – wurde im Handumdrehen »Die Harfenjule«, ein ruppiges Heft auf Zeitungspapier mit achtzig der allerneuesten im Adlon und im Obdachlosenasyl gleichbeliebten Schlager [...]. Für nur 50 Pfennig (Selbstkostenpreis) in allen schlechteren Buchhandlungen erhältlich.[100]

Als optisches Gliederungsmittel dienen Klabund zumeist nur Absätze und vergrößerter Durchschuß; lediglich in drei Gedichten wird durch Virgeln im Fließtext eindeutig festgelegt, wo Zeilenumbrüche vorgesehen sind.[101]

Beginnend mit den 1930 erschienenen *Gesammelten Gedichten*[102] wurden diese ›prosoiden Schlager‹ in den posthumen Ausgaben zumeist in Versform abgedruckt.[103] Auch die umfangreichere und wissenschaftlich anspruchsvol-

---

[100] Klabund 1999-2003, Bd. 8, S. 380-382. – Vgl. den Kommentar von Ralf Georg Bogner in Klabund 1999-2003, Bd. 4/2, S. 1014f: »Bereits die äußere Gestaltung des Buches ist als Programm zu verstehen. Die Verwendung eines einfachen, grellroten Pappeinbandes als Umschlag für die schmale Sammlung, ferner der Druck auf billigem Papier und der Satz der Gedichte ohne Zeilenfall an den Versenden verweisen – im Kontrast zu vielen früheren, oft luxuriös ausgestatteten Lyrikpublikationen Klabunds – auf die Absicht von Autor und Verlag, dem Buch einen populären Anstrich zu verleihen, als handele es sich dabei um ein trivialliterarisches Groschenheft, und ihm eine möglichst große Verbreitung zu sichern. Dementsprechend niedrig wurde der Preis mit 50 Pfennig angesetzt.« Vgl. auch Kaulla 1971, S. 181f. u. 50f.

[101] Dabei handelt es sich um »Der Romanschriftsteller«, »Zesener Dreizeiler« und »Ode an Zesen«. Vgl. Klabund 1927, S. 24, 53 u. 53-58, sowie Klabund 1999-2003, Bd. 4/2, S. 923, 962 u. 962-968.

[102] Klabund 1930, S. 235-313.

[103] Im Rahmen der elektronischen Edition *Deutsche Lyrik von Luther bis Rilke* (Bd. 75 der »Digitalen Bibliothek«) werden die Texte aus *Die Harfenjule* komplett wiedergegeben. Die Herausgeber haben die Prosa dabei ohne weitere Kommentierung durchgehend in Verse überführt, obwohl

lere der beiden jüngsten Klabund-Editionen, die Würzburger Ausgabe der *Sämtlichen Werke*,[104] schlägt (im Unterschied zur Heidelberger Ausgabe der *Werke in acht Bänden*, die den Text nach der *Harfenjule*, also in Prosaform, wiedergibt[105]) diesen Weg ein.[106] Zugrunde gelegt wird dabei das Prinzip der *editio princeps*:[107] Ein großer Teil der in der *Harfenjule* zusammengestellten Texte – bis auf wenige Ausnahmen[108] Gedichte in gebundenen Versen – war von Klabund (teilweise unter Pseudonym) bereits zuvor in Gedichtform publiziert worden. Die Prosawiedergabe in der *Harfenjule* führt der Herausgeber Ramazan Şen weniger auf eine konzeptionelle Entscheidung Klabunds als vielmehr auf produktionstechnische Zwänge zurück. Aus diesen Erwägungen heraus betrachtet er den Abdruck in der ursprünglichen Versgliederung als den angemesseneren. Um die Geschlossenheit des Ensembles zu gewährleisten, seien auch die wenigen Texte der *Harfenjule*, für die keine entsprechenden Textzeugen vorlagen, in Versform überführt worden.

Folgt die graphische Präsentation in dieser kritischen Edition dem jeweiligen Erstdruck der einzelnen Texte, so ist über die Anordnungsprinzipien von breitenwirksamen posthumen Leseausgaben[109] nichts näheres bekannt. Der Herausgeber einer unlängst erschienenen Auswahledition, Joseph Kiermeier-Debre, weist zwar auf die Spezifik der *Harfenjule* hin:

> Klabund hat die schnoddrige Sachlichkeit und den unverholen kritischen Gegenwartsbezug noch dadurch zu erhöhen versucht, dass er ihre lyrischen Formen und Strukturen zu verstecken suchte. Er hat die Gedichte ohne Zeilenfall wie Prosa gedruckt. Man sollte von dieser Druckanordnung vielleicht wissen, auch wenn der Herausgeber sich in diesen Fällen aus guten Gründen gegen das Prinzip des Erstdrucks entschieden hat. Die Formsicherheit Klabunds, seine Technik der Reimüberraschung und seine Kunstfertigkeit in Variierung und Registrie-

---

als Quelle ausdrücklich der Erstdruck von 1927 angegeben wird (*Deutsche Lyrik von Luther bis Rilke* 2002, S. 40).

[104] Vgl. Klabund 1998a, T. 2, S. 595-672.
[105] Vgl. Klabund 1999-2003, Bd. 4/2, S. 893-976 u. 1016.
[106] Zur Anlage der Würzburger Ausgabe vgl. den Editionsbericht des Projektleiters Hans-Gert Roloff (Roloff 2001, S. 192-195); ein Vergleich beider Editionen findet sich in Anz 2003. – Innerhalb der Lyrik-Abteilung der Würzburger Ausgabe sind bisher zwei von insgesamt vier Bänden erschienen; zu den noch ausstehenden gehört auch der Band mit den textkritischen Apparaten und Kommentaren. Freundlicherweise hat mich der Herausgeber Ramazan Şen jedoch eingehend über die Editionsprinzipien informiert.
[107] Vgl. Klabund 1998a, T. 2, S. 698: »Die Texte [...] basieren auf den Erstdrucken«.
[108] Zu diesen ungebundenen Ausnahmen gehören »Der rumänische Räuberhauptmann Terente«, »Davoser Elegie«, »Im Spiegel«, »An einen Freund, der wegen einer ungetreuen, eitlen, verschwenderischen Frau Klage führte« und »Heimkehr« (vgl. Klabund 1927, S. 37 u. 59-63, Klabund 1998a, T. 2, S. 643 u. 667-672, sowie Klabund 1999-2003, Bd. 4/2, S. 939 u. 969-975).
[109] Dazu zählen Klabund 1967 (hg. v. Klaus Schuhmann), Klabund 1968 (hg. v. Marianne Kesting), Klabund 1989 (hg. v. Joachim Schreck), Klabund 2003 sowie die bereits erwähnte komplette Wiedergabe in *Deutsche Lyrik von Luther bis Rilke* 2002, S. 62219-62348.

rung seiner Texte nach bekannten Mustern geht durch das nivellierende Druckbild ziemlich verloren.[110]

Allerdings gibt er keinerlei Auskunft darüber, woran er sich bei der Transformation der Prosa in Verse orientiert hat. Ein systematischer Rückbezug auf frühere Drucke (wie in der Würzburger Ausgabe) erscheint unwahrscheinlich, da Kiermeier-Debre *Die Harfenjule* als Erstdruck bezeichnet. Vielmehr kann man hier – wie auch im Fall der anderen angeführten Leseausgaben – davon ausgehen, daß sich der Herausgeber zumindest in vielen Fällen auf seine individuelle Einschätzung der Texte verlassen hat.

In direkter Abhängigkeit davon, welche Formen regelmäßiger lautlich-rhythmischer Rekurrenz in den einzelnen Texten verwendet werden, erscheint diese ›Rückverwandlung‹ der Prosa in Gedichte teils selbstverständlich, teils mehr oder weniger willkürlich. Problemlos ist sie dort, wo gleich mehrere versifikatorisch relevante sprachliche Konstituenten[111] regelmäßige Wiederholungsstrukturen aufweisen und wo keine große Spannung zwischen Metrum und Rhythmus besteht. Beispielsweise in »Ich baumle mit de Beene«, einem der bekanntesten Gedichte Klabunds:

> Meine Mutter liegt im Bette, denn sie kriegt das dritte Kind; meine Schwester geht zur Mette, weil wir so katholisch sind. Manchmal troppt mir eine Träne und im Herzen puppert's schwer; und ich baumle mit de Beene, mit de Beene vor mich her.
>
> Neulich kommt ein Herr gegangen mit 'nem violetten Shawl, und er hat sich eingehangen, und es ging nach Jeschkenthal! Sonntag war's. Er grinste: »Kleene, wa, dein Port'menée is leer?« und ich baumle mit de Beene, mit de Beene vor mich her.
> […][112]

Die regelmäßig wiederkehrenden Reime führen zu einer Segmentierung des Textes, die zunächst durch eine weitere Wiederholungsstruktur gestützt wird: die Silbenzahl (abwechselnd acht und sieben). Die folgende Rekonstruktion der Versgestalt findet sich dementsprechend übereinstimmend in den verschiedensten posthumen Klabund-Ausgaben:

| Meine Mutter liegt im Bette, | x́ x x́ x x́ x x́ x | a |
| Denn sie kriegt das dritte Kind; | x x x́ x x́ x x́ | B |
| Meine Schwester geht zur Mette, | x́ x x́ x x́ x x́ x | a |
| Weil wir so katholisch sind. | x x x́ x x́ x x́ | B |
| Manchmal troppt mir eine Träne | x́ x x́ x x́ x x́ x | c |

---

[110] Kiermeier-Debre 2003, S. 182.
[111] Siehe unten S. 66ff.
[112] Klabund 1927, S. 12f.; vgl. Klabund 1999-2003, Bd. 4/2, S. 907f.

| | | |
|---|---|---|
| Und im Herzen puppert's schwer; | x x x́ x x x́ x́ | D |
| Und ich baumle mit de Beene, | x x x́ x x x́ x x | c |
| Mit de Beene vor mich her. | x́ x x́ x x x x́ | D |
| | | |
| Neulich kommt ein Herr gegangen | x́ x x x x x x́ x | e |
| Mit 'nem violetten Shawl, | x́ x x́ x x x́ x́ | F |
| Und er hat sich eingehangen, | x x x x x x́ x́ x | e |
| Und es ging nach Jeschkenthal! | x x x́ x x x́ x́ | F |
| Sonntag war's. Er grinste: »Kleene, | x́ x x́ x x x́ x́ x | c |
| Wa, dein Port'menée is leer?« | x́ x x́ x x́ x x́ | D |
| Und ich baumle mit de Beene, | x x x́ x x x́ x́ x | c |
| Mit de Beene vor mich her. | x́ x x́ x x x x́ | D |
| [...]¹¹³ | | |

Die Anzahl der akzentuierten Silben schwankt zwar zwischen drei und vier, doch fallen die Akzente stets auf ungerade Positionen. Offensichtlich liegt dem Gedicht das Metrum eines vierhebigen, abwechselnd akatalektischen und katalektischen Trochäus in achtzeiligen kreuzgereimten Strophen mit zweizeiligem Refrain zugrunde. Hinzu tritt die deutliche Übereinstimmung von syntaktischen und metrischen Einheiten. Die rhythmische Segmentierung durch Silbenzahl, paarweise übereinstimmende Kadenzen und vor allem Reim wird damit zusätzlich durch ausgeprägte Sprecheinschnitte hervorgehoben.

Bereits der Wegfall dieses – aus metrischer Perspektive rein fakultativen – Zeilenstils kann überraschenderweise zu erheblichen Irritationen führen, die eine adäquate Transformation vom Fließ- in den Verstext verhindern. Das zeigt sich an dem kurzen, Carola Neher gewidmeten Text »Kukuli«:

> Kleiner Vogel Kukuli, flieh den grauen Norden, flieh, flieg nach Indien, nach Aegypten über Gräber, über Krypten, über Länder, über Meere, kleiner Vogel, laß die schwere Erde unter dir und wiege dich im Himmelsäther – fliege zwischen Monden, zwischen Sternen bis zum Sonnenthron, dem fernen, flieg zum Flammengott der Schmerzen und verbrenn' in seinem Herzen![114]

In der oben erwähnten, unlängst erschienenen Klabund-Auswahlausgabe (aber nicht nur dort) wird dies folgendermaßen in Verse überführt:

---

[113] Klabund 2003, S. 146f., hier: S. 146. Identische Anordnung z.B. auch in Klabund 1930, S. 244f.; Klabund 1967, S. 229f.; Klabund 1968, S. 405f.; Klabund 1989, S. 46f.; Klabund 1998a, T. 2, S. 611 (autorisiert durch einen Textzeugen aus dem Jahre 1921; nach freundlicher Mitteilung von Ramazan Şen), und Klabund 1998b, S. 68.

[114] Klabund 1927, S. 49; vgl. Klabund 1999-2003, Bd. 4/2, S. 956.

| | | |
|---|---|---|
| ₁ Kleiner Vogel Kukuli, | x́ x x́ x x x́ x x́ | A |
| ₂ Flieh den grauen Norden, flieh, | x́ x x́ x x x́ x x́ | A |
| ₃ Flieg nach Indien¹¹⁵, nach Aegypten | x́ x x́ x x́ x x́ x | b |
| ₄ Über Gräber, über Krypten, | x́ x x́ x x́ x x́ x | b |
| ₅ Über Länder, über Meere, | x́ x x x́ x x́ x x | x |
| ₆ Kleiner Vogel, | x́ x x́ x | x |
| ₇ Laß die schwere Erde unter dir | x́ x x́ x x́ x x́ x x́ | x |
| ₈ Und wiege dich im Himmelsäther – | x x́ x x x́ x x́ x x | x |
| ₉ Fliege zwischen Monden, zwischen Sternen | x́ x x́ x x́ x x́ x x́ x | c |
| ₁₀ Bis zum Sonnenthron, dem fernen, | x x x́ x x́ x x́ x | c |
| ₁₁ Flieg zum Flammengott der Schmerzen | x́ x x́ x x́ x x́ x | d |
| ₁₂ Und verbrenn' in seinem Herzen!¹¹⁶ | x x x́ x x́ x x́ x | d |

In dieser Anordnung fallen die Verse 5-9 aufgrund ihrer Reimlosigkeit (V. 5-8) und/oder ihres unregelmäßigen Rhythmus (V. 6f.: trochäisch mit 2 und 5 Hebungen, V. 8: vierhebig jambisch und V. 9: fünfhebig trochäisch) aus dem sonst durchgehenden Metrum (paargereimte vierhebige Trochäen) heraus. Dabei läßt sich der Text auch hier völlig problemlos in regelmäßige Verse transformieren¹¹⁷:

| | | |
|---|---|---|
| ₅ Über Länder, über Meere, | x́ x x́ x x́ x x́ x | c |
| ₆ Kleiner Vogel, laß die schwere | x́ x x́ x x́ x x́ x | c |
| ₇ Erde unter dir und wiege | x́ x x́ x x́ x x́ x | d |
| ₈ Dich im Himmelsäther – fliege | x x x́ x x́ x x́ x | d |
| ₉ Zwischen Monden, zwischen Sternen | x́ x x́ x x́ x x́ x | e |

Offensichtlich haben die drei aufeinanderfolgenden Enjambements in V. 6-9¹¹⁸ des Verstextes seine adäquate Wahrnehmung verhindert – wohlgemerkt: trotz durchgehender Rekurrenz in Rhythmus und Reim.

Bei geringerer Dichte der Wiederholungsstrukturen wird die Transformation vom Fließ- in den Verstext noch problematischer. Als Beispiel hier der Beginn des »Lieds der Zeitfreiwilligen«:

---

[115] Hier zweisilbig gelesen.
[116] Klabund 2003, S. 23. Die identische Versgliederung findet sich in Klabund 1998a, T. 2, S. 659, und in *Deutsche Lyrik von Luther bis Rilke* 2002, S. 62339. In der wichtigen ersten posthumen Ausgabe (Klabund 1930) ist das Gedicht nicht enthalten.
[117] Diese Anordnung mit durchgehenden Endreimen am Versende findet sich auch in Wegner 1996, S. 127f., und Klabund 1998b, S. 86.
[118] Freilich handelt es sich hierbei um ausgeprägte Zeilensprünge: Der Wechsel von V. 6 auf V. 7 trennt Attribut und Bezugswort (also eine Verbindung mit großer syntaktischer Fügungsenge; vgl. unten S. 159); beim Übergang von V. 7 auf V. 8 sowie von V. 8 auf V. 9 werden Klammeröffnung und Mittelfeld getrennt, d.h. der Übergang findet an einer satztopologisch markanten Stelle statt (vgl. Schindler 2010).

> Ich bin ein Zeitfreiwilliger, und stehle dem lieben Gott die Zeit. Es lebt sich billiger, wenn man: Nieder mit den verfluchten Spartakisten schreit. Fuffzehn Märker den Tag. Daneben allens frei. Es ist ein herrliches Leben. Juchhei.
> […][119]

Reime sind erkennbar, Rekurrenzen auf den Ebenen der Silben und der Silbenprominenz fallen jedoch weg. Kiermeier-Debre transformiert dies folgendermaßen in Verse:

| | |
|---|---|
| 1 Ich bin ein Zeitfreiwilliger, | *a*[120] |
| 2 Und stehle dem lieben Gott die Zeit. | B |
| 3 Es lebt sich billiger, | *a* |
| 4 wenn man: Nieder mit den verfluchten Spartakisten schreit. | B |
| 5 Fuffzehn Märker den Tag. | x |
| 6 Daneben allens frei. | C |
| 7 Es ist ein herrliches Leben. | x |
| 8 Juchhei. | C |
| […][121] | |

Die Unterschiede zwischen dem ersten und zweiten Vierzeiler – durchgehender vs. halber Kreuzreim – lassen sich bei anderer Anordnung[122] vermeiden:

| | |
|---|---|
| 5 Fuffzehn Märker den Tag. Daneben | c |
| 6 Allens frei. | D |
| 7 Es ist ein herrliches Leben. | c |
| 8 Juchhei. | D |

In der Anordnung von Kiermeier-Debre dominiert wie schon im Fall von »Kukuli« die normalsprachliche über die metrische Segmentierung. Der Reim *daneben* / *Leben* wird zugunsten der Einheit von Syntax und Verszeile aufgegeben – oder erst gar nicht wahrgenommen.[123]

---

[119] Klabund 1927, S. 29; vgl. Klabund 1999-2003, Bd. 4/2, S. 929f., hier: S. 929.
[120] Die Kursivierung dient hier zur Bezeichnung eines daktylischen Reims.
[121] Klabund 2003, S. 160. In der ersten posthumen Ausgabe (Klabund 1930) ist das Gedicht nicht enthalten.
[122] Diese Anordnung mit durchgehender Bewahrung des Endreims findet sich auch in Klabund 1998a, T. 2, S. 633 (basierend auf dem Abdruck in *Der Revolutionär* 2 [1920], Nr. 24, S. 10; nach freundlicher Mitteilung von Ramazan Şen), und in *Deutsche Lyrik von Luther bis Rilke* 2002, S. 62290.
[123] Noch drastischer fällt die Vernachlässigung des Reims in früheren posthumen Klabund-Ausgaben aus. Die Auswahleditionen von Klaus Schuhmann, Marianne Kesting und Joachim Schreck bringen die Strophe in folgender Anordnung:

| | |
|---|---|
| Ich bin ein Zeitfreiwilliger | x |
| Und stehle dem lieben Gott die Zeit. | A |
| Es lebt sich billiger, wenn man: | x |
| Nieder mit den Spartakisten schreit. | A |

Aus metrischer Perspektive komplementär zum »Lied der Zeitfreiwilligen« ist der kurze Text »Als sie die ihr geschenkte Kristallflasche in der Hand hielt«:

> Brechen sich im Glas die Strahlen, bricht das Glas sich in den Strahlen? Glänzt dein Auge in der Sonne, glänzt die Sonn' in deinem Auge? Liebt dein Herz mich? Herzt mich deine Liebe? Seliges Verdämmern: denn wir sterben unser Leben und wir leben unsren Tod.[124]

Reime fehlen, dafür herrscht jedoch ein regelmäßiger trochäischer Rhythmus. Kiermeier-Debre gliedert den Text folgendermaßen:

| | | |
|---|---|---|
| 1 | Brechen sich im Glas die Strahlen, | x́ x x́ x x́ x x́ x |
| 2 | Bricht das Glas sich in den Strahlen? | x́ x x́ x x x x́ x |
| 3 | Glänzt dein Auge in der Sonne, | x́ x x́ x x́ x x́ x |
| 4 | Glänzt die Sonn' in deinem Auge? | x́ x x́ x x́ x x́ x |
| 5 | Liebt dein Herz mich? | x́ x x́ x |
| 6 | Herzt mich deine Liebe? | x́ x x x x́ x |
| 7 | Seliges Verdämmern: | x́ x x x x́ x |
| 8 | Denn wir sterben unser Leben | x x x́ x x́ x x́ x |
| 9 | Und wir leben unsren Tod.[125] | x x x́ x x́ x x́ |

Das Gedicht besteht in dieser Lesart aus reimlosen trochäischen Versen mit unterschiedlicher Hebungszahl (zwischen zwei und vier), sogenannten ›Freien Trochäen‹.[126] Völlig problemlos lassen sich die vom vierhebigen Grundmaß (V. 1-4 u. 8f.) abweichenden Verse (V. 5-7) jedoch ebenfalls auf dieses zurückführen – allerdings wiederum um den Preis eines ausgeprägten Enjambements.[127] Das Gedichtende liest sich dann wie folgt:

| | | |
|---|---|---|
| 5 | Liebt dein Herz mich? Herzt mich deine | x́ x x́ x x́ x x́ x |
| 6 | Liebe? Seliges Verdämmern: | x́ x x́ x x x x́ x |

---

| | |
|---|---|
| Fuffzehn Märker den Tag. | x |
| Daneben allens frei. | B |
| Es ist ein herrliches Leben. | x |
| Juchhei. | B |

(Klabund 1967, S. 187 – obwohl im Kommentar [S. 384] explizit auf den o.a. Erstdruck und den Wiederabdruck in der *Harfenjule* hingewiesen wird; Klabund 1968, S. 458, und Klabund 1989, S. 106.)

[124] Klabund 1927, S. 50; vgl. Klabund 1999-2003, Bd. 4/2, S. 957.
[125] Klabund 2003, S. 23. Auch dieser Text ist in der ersten posthumen Ausgabe (Klabund 1930) nicht enthalten.
[126] Siehe unten S. 101.
[127] Es handelt sich beim Enjambement von V. 5 auf V. 6 wiederum um eine Trennung von (hier pronominalem) Attribut und Bezugswort, d.h. von einer Verbindung mit großer syntaktischer Fügungsenge.

~~7~~ Denn wir sterben unser Leben  x x x́ x x́ x x́ x
~~8~~ Und wir leben unsren Tod.¹²⁸  x x x x́ x x́ x́

Die anhand weniger Beispiele vorgeführten teilweise erheblich differierenden Transformationen der ›prosoiden‹ Texte Klabunds in ihren vermuteten Urzustand optisch in Verse gegliederter Gedichte lassen sich in zweierlei Hinsicht interpretieren. Geht man davon aus, daß die Texte komplette und eindeutige akustische Informationen für die Gedichtstruktur enthalten, dann ist offensichtlich sogar im Kreis derjenigen, die professionell mit Lyrik zu tun haben, die notwendige Wahrnehmungsfähigkeit hierfür nur eingeschränkt vorhanden. Es ist jedoch auch ein anderer Standpunkt möglich, demzufolge die unterschiedlichen graphischen Anordnungen, wie sie in den posthumen Ausgaben gewählt wurden, untereinander prinzipiell gleichberechtigt sind.¹²⁹ Da der Autor auf die eindeutige graphische Segmentierung verzichtet hat, sind die oben herausgearbeiteten (und dann ›behobenen‹) Abweichungen vom Metrum denkbar, und gewiß könnten die betreffenden Herausgeber Argumente anführen, warum sie ihrer Meinung nach den regelmäßigen Fassungen vorzuziehen sind. – Freilich setzt eine solche egalitäre Herangehensweise den nicht-normativen Umgang mit lyrischen Formen voraus (der im Falle Klabunds im besonderen Maße durch die ausgeprägte formale Flexibilität und Experimentierfreude des Autors gedeckt ist). Doch eine zeitgemäße und allgemeingültige Versdefinition kann ohnehin nur deskriptiven Charakters sein.

Auch in Texten mit erkennbar gleichförmiger akustischer Struktur stellt die graphische Anordnung eine bewußte Entscheidung des Autors dar. Fehlt ein solcher regelmäßiger Rhythmus, dann kommt der Plazierung der Vers- und Versgruppengrenzen ein noch größeres Gewicht zu: Sie wird zum zentralen formalen Gestaltungsmittel.¹³⁰ Ungebundene Verse stehen grundsätz-

---

[128] Diese Anordnung findet sich auch in Klabund 1998a, T. 2, S. 661 (basierend auf dem Abdruck in *Berliner Börsenkurier* Nr. 1 v. 1. 1. 1927, Morgenausgabe, 1. Beilage, S. 5; nach freundlicher Mitteilung von Ramazan Şen), und in *Deutsche Lyrik von Luther bis Rilke* 2002, S. 62343.

[129] Dies gilt selbst dort, wo autorisierte Textzeugen der Harfenjulen-Texte in Versform vorliegen. Schließlich hat Klabund in der Druckfassung durch die Entscheidung für eine Anordnung im Fließtext ganz offensichtlich die letzte Verantwortung für die interne Gliederung an die Leser übertragen.

[130] Die in Klabunds *Harfenjule* enthaltenen Texte ohne regelmäßige rhythmisch-lautliche Rekurrenzen (siehe oben S. 30, Anm. 108), sind sämtlich in der ersten posthumen Gedichtausgabe (Klabund 1930) nicht enthalten, wurden aber in verschiedenen späteren Ausgaben in Versform abgedruckt. Die Herausgeber entschieden sich dabei zumeist für einen mehr oder weniger stark ausgeprägten Zeilenstil; in jedem Fall verzichteten sie auf ausgeprägte Enjambements. – Eine interessante Parallele zu Klabunds *Harfenjule* findet sich in Paul Klees *Gedichten*, die postum größtenteils aus seinen Tagebuchaufzeichnungen herausgegeben wurden. Viele dieser ›Gedichte‹ sind von Paul Klee als Fließtext niedergeschrieben worden; erst die Herausgeber (v.a. Carola Giedion-Welcker und Felix Klee) haben sie in Verse gegliedert. (Anders als bei Klabund liegt hier also keine ›Rückverwandlung‹ in die, wenn auch nicht genau überlieferte, so doch durch den Autor bezeugte ursprüngliche Versform, sondern eine primäre Transformation von Prosa in Verse seitens der Herausgeber vor.) Einen dieser Texte hat Roman Ja-

lich unter dem Verdacht, lediglich in Zeilen umgebrochene Prosa zu sein; und es ist nicht zuletzt die spezifische Form der graphischen Segmentierung, die darüber entscheidet, ob solche Texte als ›echte‹ Gedichte akzeptiert werden.[131] Der editorische Umgang mit den Texten aus der *Harfenjule* bestätigt damit in besonderem Maße die hier vertretene Position eines Primats der Optik über die Akustik bei der Definition aller, auch der gebundenen Verse.

*Helmut Heißenbüttels Vers-Simulationen*

Klabund verwendet in seiner *Harfenjule* die Prosaform camouflierend:[132] Er läßt seine »Lyrik unter falscher Flagge aufs stürmische Meer der Druckerschwärze hinaussegeln«. Als Unterschiede (bzw. verkaufsfördernde Vorzüge), die nach seiner Einschätzung mit der graphischen Anordnung als Prosa statt als Vers verbunden sind, nennt er vor allem die Beschleunigung der Rezeption (»defte Prosa […] ist gefragt«[133]) und die Pointierung (»so wird aus lüsternem Gestammel ein lustiges Aperçu«[134]). Dafür wird eine größere Oberflächlichkeit in Kauf genommen: »Sanfte Töne gehen in kesse Charlestontöne über. Die Jetztzeit wird zur Jazzzeit.«[135]

In gewissem Sinne das Gegenstück dazu, nämlich die Vers-Simulation als Verwendung einer gedichtgemäßen graphischen Anordnung für strukturell lineare, prosaische Texte, findet sich besonders ausgeprägt in Helmut Heißenbüttels *Textbüchern*.[136] Die Präsentationsform dient hier weder zur Sichtbar-

---

kobson einer strukturalistischen Analyse unterzogen – bemerkenswerterweise, ohne den Gedichtcharakter des Textes oder auch seine (von derjenigen Felix Klees abweichende) Zeilengliederung ernsthaft zu hinterfragen. Vgl. Jakobson 2007g, S. 30-39, sowie Donat 2008b. – Zum Problem der graphischen Versgliederung bei Jakobson vgl. Greber 2002, S. 81-93, bes. S. 86-88.

[131] Vgl. Christian Wagenknechts Charakterisierung der »Prosaischen Lyrik«: »Da sich nun jeder beliebige Prosatext versartig setzen (und dabei auch pointieren) läßt, hängt die Erfüllung jenes Anspruchs [der ›prosaischen Lyrik‹ auf eine lyrikspezifisch gesammelte bzw. aufmerksame Lektüre] allemal davon ab, ob sich die angestrengte Lektüre im Einzelfall auch verlohnt. Außerdem sollte die graphische Segmentierung mindestens dann und wann wirklich ›sprechend‹ sein und nicht allein der syntaktischen Gliederung des Textes folgen.« (Wagenknecht 2007, S. 128) – Auch Harald Fricke koppelt (trotz seiner rein systematischen Versdefinition!) den Verscharakter von Texten an die Nachvollziehbarkeit der Segmentierung: »Wo allerdings diese funktionale Bindung völlig *fehlt*, wo sich ausnahmslos jede Versgrenze im Schriftbild ohne Veränderung im internen oder externen Funktionswert auch beliebig *anders* plazieren läßt, da freilich handelt es sich überhaupt nicht mehr um Verse – und wenn sonst nichts dafür spricht, auch gar nicht um Poesie.« (Fricke 1981, S. 180.)

[132] Vgl. Donat 2008a.

[133] Klabund 1999-2003, Bd. 8, S. 381. Vgl. den Kommentar, a.a.O., S. 506: »Tatsächlich hatte Klabund die Texte des Zeitungspapierheftes [*Die Harfenjule*] nicht in Versen, sondern […] absichtsvoll in ›defte‹ (das heißt: flinke, nicht deftige) Prosa gesetzt.« Vgl. engl. *deft*: gewandt, geschickt.

[134] Klabund 1999-2003, Bd. 8, S. 381.

[135] Klabund 1999-2003, Bd. 8, S. 381.

[136] In *Marietta. Ein Liebesroman aus Schwabing* (entstanden 1914, Erstdruck 1920; vgl. Klabund 1999-2003, Bd. 5, S. 287-298) verwendet auch Klabund eine verstypische Anordnung (Gliederung in ›Verse‹ und ›Versgruppen‹) für einen strukturell linearen, prosaischen Text. Aller-

machung im Text angelegter akustischer Rekurrenzstrukturen, noch führt sie in der Art der ungebundenen Verse von Zeile zu Zeile eine planvolle optische Gliederung des Textes in aufeinander beziehbare Segmente durch. Die typographische Anordnung spielt vielmehr die Rolle eines ›rein schematischen Ordnungsprinzips‹ und einer ›visuellen Schablone‹ mit ›textorganisierender Funktion‹.[137] Deutlich wird dies in Heißenbüttels gleichermaßen planvollem wie willkürlichem Anordnungsverfahren. In Ensembles wie »Siebensachen« aus dem *Textbuch 4*[138] macht er einerseits genaue Vorgaben für das äußere Erscheinungsbild: Die Texte sind in eine bestimmte Anzahl von Strophen gegliedert, die wiederum eine festgelegte Zeilenzahl aufweisen. Bei »Siebensachen« basiert diese Ordnung auf der Zahl sieben: Es sind sieben Texte, die aus je sieben Strophen zu vier Zeilen bestehen.[139] Dieser hochgradigen äußeren Symmetrie steht die bewußt einkalkulierte Zufälligkeit bei der Plazierung der Versumbrüche gegenüber. Heißenbüttel hat sich in einem Essay zum ersten Text des Ensembles, dem »Gedicht über Hoffnung«, explizit dazu geäußert:

> Das Gedicht hat sieben Strophen zu je vier Zeilen. Diese Einteilung stammt nicht von mir, sondern vom Hersteller des Walter-Verlages, Herrn Theo Frey. Ich hatte lediglich die Vorstellung eines gedichtartigen typographischen Aussehens. Das heißt, die Zäsuren, die durch diese Einteilung gesetzt werden, sind zufällig oder besser: sie sind nicht auf den Sinn der Wörter und Sätze hin miteingeplant, sondern ein Arrangement des Drucks, hergestellt nach Druckerregeln. […] dem äußeren typographisch hergestellten Gedichtbild steht etwas gegenüber, oder in dies typographische Bild ist gefaßt etwas, das man ganz allgemein als eine Art von Sprachmuster bezeichnen könnte. […] das Sprachmuster des Gedichts [bedeutet] zugleich eine freie Rhythmisierung […].[140]

---

dings ist hier die Segmentierung nicht primär optisch (wie bei Heißenbüttel), sondern syntaktisch motiviert: Die Versgrenzen fallen durchwegs mit den Satzenden zusammen (konsequenter Zeilenstil). Anders als die nachfolgend besprochenen Texte Heißenbüttels erscheint die graphische Präsentation von Klabunds *Marietta* somit nicht als rein äußerlich bzw. künstlich. Der »Liebesroman aus Schwabing« kann aus metriktheoretischer Perspektive unproblematisch als Langgedicht in ungebundenen Versen beschrieben werden. Die Funktion dieser optischen Annäherung an die Versform ist unübersehbar: Die Anordnung Satz für Satz dient hier offensichtlich zur Verlangsamung der Lektüre und zur Aufwertung der *discours*- gegenüber der *histoire*-Ebene.

[137] Vgl. Pätzold 1975, S. 533 u. 535.
[138] Heißenbüttel 1970, S. 229-237; sowie Heißenbüttel 1980, S. 144-153. – Vgl. als weiteres Beispiel »Neue Abhandlungen über den menschlichen Verstand« (*Textbuch 6*), in: Heißenbüttel 1970, S. 245-282, sowie Heißenbüttel 1980, S. 237-286.
[139] In »Neue Abhandlungen über den menschlichen Verstand« sind es sieben Texte, bestehend aus je dreizehn Strophen zu dreizehn Zeilen.
[140] Heißenbüttel 1969, S. 310f. – Vgl. die analoge Äußerung Heißenbüttels zur Anordnung der »Neuen Abhandlungen über den menschlichen Verstand«, zit. in Pätzold 1975, S. 533f.

Das Resultat einer solchermaßen gedichtanalogen, dabei aber rein schematischen, textuellen Anordnung[141] (hier als »zusammenhanglose, asyndetische Reihung bruchstückhafter Erfahrungs- und Erinnerungspartikel«[142]) kann aus metriktheoretischer Perspektive wohl nur als hybride Textsorte bezeichnet werden. Zur Veranschaulichung hier das »Gedicht über Hoffnung«[143]:

> Halluzination großer fremder Städte Stadt
> starrt aus eingefallen Ecke Silberburg-Rosen-
> bergstraße Novembersonne Gerüst Ahnung
> dicht bevor Wiederkehr entgegen Halluzina-
>
> tion letzter Gänge Licht-Schatten-Kolonnen
> täglich rostrot bewischt Gerüst durch Mauer-
> blenden hindurch Koordinaten und spät Re-
> genschieferglanz Fransenstreif abends Ver-
>
> folgung und Angst und Ermatten Erfindung
> und Weglosigkeit hell fremd groß Stadt die
> Städte des Paradieses was zu kommt uns hell
> fremd groß und keine Spur hinterlassen
>
> Spritzfleck endgültig asphalt- und schatten-
> gelackt später Umkehr Aufhebung Geschehen
> Umkehr Geschehen Schattenbild Vorwurf
> Metall rotgelackt dezemberbraun selbst eine
>
> Möve im Binnenland später Kupferhalden
> Dohlen Mastenfeld Regenfächer und kleine
> Figuren auf langhingezognen Prospekten der
> Schrecken der nicht zu erwarten Begegnung
>
> kreiselnder Dohlenfahnen schräg Mengen von
> übereinander gestapelten Bahnsteigen plötz-
> lich stanniolfarben Kalkleuchten Lichterbündel
> Lichtbündelbänder Bandfeld dazwischen end-

---

[141] Vgl. Heißenbüttel 1983 zum Pluralismus von einerseits ›Text‹ als »Versuch, Sprache selbst als Poesie zu lesen« und zwar im Zusammenhang mit dem »dekonstituierten Zustand der aktuellen Literaturpraxis« und dem Eingeständnis, daß Literatur »nie aus ihrem bloß versuchten Status herauszutreten vermag« (S. 19) und andererseits ›Gedicht‹ als Freihalten »von den Regelungen, die […] das Textschreiben vorgab«, und damit als Möglichkeit, »Metren, Reime, Strophen, Metaphern usw.« (S. 21) zu verwenden.
[142] Pätzold, S. 85.
[143] Heißenbüttel 1970, S. 231; identisch in Heißenbüttel 1980, S. 145.

gültig durch Mauerblenden hindurch Doppel-
sinn Wortdinger Schlagholz Sprache verviel-
facht multipel sooft auf der andern entledigt
dessen was äußerst Nachtigall mitten im Winter

Auch Heißenbüttels Experiment macht, freilich ex negativo, die tragende Rolle der eindeutigen und planvollen Zeilengliederung als Wesensmerkmal des Verses deutlich. Es führt vor Augen, daß eine rhythmisch, syntaktisch und semantisch willkürliche Plazierung der Versgrenzen bei aller äußerlichen Symmetrie nicht hinreicht, um einen linear strukturierten Text in sinnvoll aufeinander beziehbare Segmente zu unterteilen.[144]

---

[144] Es ist bezeichnend, daß Dieter Lamping in seiner gattungstheoretischen und -historischen Untersuchung zur modernen deutschen Lyrik den Texten aus dem Zyklus »Siebensachen« den Gedichtcharakter abspricht und sie als Prosatexte einstuft. (Vgl. Lamping 1989, S. 22, Anm. 7.) In der Tat liegt eine große strukturelle Nähe zur Visuellen Poesie vor, deren Gliederungsprinzip Lamping folgendermaßen beschreibt: »Die von normal gesetzter Prosa abweichende Segmentierung des Textes folgt hier keinem rhythmischen, sondern ausschließlich einem graphischen Prinzip: einige Reihen von Wörtern [...] werden so zusammengestellt, daß sie ein Bild ergeben [...].« (A.a.O., S. 35.)

## Gebundene und ungebundene Verse

Die im vorangehenden Kapitel vorgelegte und diskutierte Definition des Verses führt direkt zu einer grundsätzlichen internen Differenzierung des Gegenstandsbereichs der Versifikation. Verse als in Zeilen segmentierte, durch doppelte (syntaktische und versifikatorische) Gliederung sowie regelmäßige Rekurrenz gekennzeichnete Texte gliedern sich in metrisch gebundene Verse und ungebundene Verse. Erstere verfügen über einen regelmäßigen Rhythmus; ihr dominantes Organisationsprinzip ist folglich die Akustik. In ungebundenen Versen hingegen gibt es – abgesehen von der Minimalbedingung des Verses, der Pause am Zeilenende – keine regelmäßig wiederkehrenden Elemente. Damit rückt das fundamentale Unterscheidungsmerkmal zwischen Vers und Prosa in den Vordergrund und wird zum dominanten Organisationsprinzip: die optische Segmentierung des Textes in Verszeilen.[145]

Beide Teilbereiche sind nicht scharf zu trennen. Im Übergangsgebiet finden sich zum einen Mischtexte, die offensichtlich aus einer Kombination von gebundenen und ungebundenen Versen bestehen. Ein Beispiel hierfür ist Goethes Ode »Meine Göttin« (1781). Das insgesamt 78 Zeilen umfassende, durchwegs reimlose Gedicht besteht aus 10 Versgruppen unterschiedlicher Länge. Der Beginn des Gedichts ist weder nach der Anzahl der Silben (4-7) oder der Akzente (2-3), noch durch eine fußmetrische Segmentierung periodisch reguliert; es handelt sich also um ungebundene Verse:

| | | |
|---|---|---|
| 1 | Welcher Unsterblichen | x́ x x x x́ x x |
| 2 | Soll der höchste Preis sein? | x x x́ x x x́ x |
| 3 | Mit niemand streit' ich, | x x́ x x́ x |
| 4 | Aber ich geb' ihn | x́ x x x́ x |
| 5 | Der ewig neuen, | x x́ x x́ x |
| 6 | Seltsamsten Tochter Jovis, | x́ x x x x́ x x |
| 7 | Seinem Schoßkinde, | x́ x x x́ x |
| 8 | Der Phantasie | x x́ x x́ |

Einen anderen Rhythmus zeigt die vierte Versgruppe:

| | | |
|---|---|---|
| 24 | Oder sie mag | x́ x x x́ |
| 25 | Mit fliegendem Haar | x x́ x x x́ |
| 26 | Und düsterm Blicke | x x́ x x́ x |
| 27 | Im Winde sausen | x x́ x x́ x |
| 28 | Um Felsenwände, | x x́ x x́ x |
| 29 | Und tausendfarbig, | x x́ x x́ x |

---

[145] Vgl. Albertsen 1971, S. 166: »Während jede andere Dichtart ein akustischer Ablauf ist, der sich sekundär optisch fixieren läßt, ist das freirhythmische Gedicht daran gebunden, in seiner optischen Fixierung tradiert zu werden, die einzig das dialektische Spiel zwischen Vers und Syntax erkennen läßt.«

    ₃₀ Wie Morgen und Abend,           x x́ x x x́ x
    ₃₁ Immer wechselnd,                x́ x x́ x
    ₃₂ Wie Mondesblicke,              x x́ x x́ x
    ₃₃ Den Sterblichen scheinen.[146]    x x́ x x x́ x

Die Silbenzahl schwankt in geringerem Maße (4-6), vor allem aber liegt die Anzahl der Akzente pro Vers durchgehend bei zwei. Damit besteht dieser Gedichtteil aus gebundenen Versen.

Die Grauzone zwischen gebundenen und ungebundenen Versen resultiert weiterhin aus dem Verhältnis zwischen abstraktem Metrum und konkretem Einzeltext. Der Umfang und Grad der als zulässig eingestuften Abweichungen eines vorliegenden Gedichtes von den Regeln eines Versschemas ist außerhalb des Geltungsbereichs von Regelpoetiken schwankend. Das läßt sich anhand des Mottogedichts zum »Buch Suleika« in Goethes *West-östlichem Divan* veranschaulichen. Der Text, die wortgetreu übernommene Übersetzung eines türkischen Zweizeilers, wurde von Goethe folgendermaßen gegliedert:

    Ich gedachte in der Nacht           x́ x x x́ x x x́
    Daß ich den Mond sähe im Schlaf;   x x x́ x́ x x x x́
    Als ich aber erwachte              x x x x́ x x́ x
    Ging unvermuthet die Sonne auf.[147]   x x́ x x́ x x x x́ x

Das Gedicht ist ungereimt, die Anzahl der Silben pro Zeile schwankt zwischen sieben und neun, die der Akzente zwischen zwei und vier; eine versfußmetrische Segmentierung ist nicht zu erkennen. Es wäre somit zu erwarten, daß der Vierzeiler den ungebundenen Versen zugeordnet wird. Dies geschieht jedoch in einschlägigen Darstellungen nicht: Karin Helm rechnet ihn in ihrer Monographie *Goethes Verskunst im West-östlichen Divan* nicht zur Gruppe der freirhythmischen Gedichte,[148] und auch Hendrik Birus beschreibt den Text in seiner kommentierten Ausgabe des *West-östlichen Divans* vorsichtig als ›metrisch kaum reguliert‹.[149] Wenngleich sich in beiden Fällen keine näheren Hinweise dazu finden, welchem Metrum die Autoren den Text zuordnen, kann jedoch vermutet werden, daß seine Geschlossenheit dabei eine wichtige Rolle spielt. Sie beruht hier allerdings nicht auf primären, sondern auf sekundären versifikatorischen Merkmalen: seiner Kürze, der geringen Schwankungsbreite in der Verslänge, dem konsequenten Zusammenfallen von syntaktischen Einheiten (hier: Teilsätzen) und Versen sowie der engen

---

[146] FA I 1, S. 319-321.
[147] FA I, 3/1, S. 73.
[148] Vgl. Helm 1955, S. 129.
[149] FA I, 3/2, S. 1172. – Vgl. die äußerst großzügige Zuordnung des epischen Gedichts *The Book of Urizen* (1794) von William Blake zum dreihebigen akzentuierenden Vers in Ostriker 1965, S. 164-168. Bei Anlegung strengerer Kriterien müßten weite Teile des *Urizen* fraglos den ungebundenen Versen zugerechnet werden.

lautlichen Verknüpfung der Versenden, insbesondere von V. 1 und 3 (Nacht – erwachte).

Freilich müssen die zugelassenen Regelabweichungen in einem vernünftigen Rahmen bleiben, d.h. das abstrakte metrische Schema muß im konkreten Text deutlich erkennbar sein. Christian Wagenknecht hat mehrere Beispiele für metrische ›Rekonstruktionen‹ angeführt, die diesem Kriterium offensichtlich nicht genügen.[150] Besonders anschaulich ist die offenkundig willkürliche Einstufung von Hölderlins Gedicht »Hälfte des Lebens« als »Skizze zu einer Ode« durch Rudolf Borchardt.[151] Um aus Hölderlins freien Versen – nach Borchardts Einschätzung in ihrer Form nur auf fehlerhafte Überlieferung zurückzuführen – alkäische Odenstrophen zu formen, muß er durch seine ›kritische Herstellung‹[152] nicht nur die Anzahl und Grenzen der Zeilen und Versgruppen verändern (aus zwei Siebenzeilern werden vier vierzeilige Strophen), sondern zudem eine Vielzahl von rhythmischen Platzhaltern einsetzen, deren Umfang von zwei Silben bis zu einem ganzen Vers reicht. Zur Veranschaulichung hier zunächst der Originaltext Hölderlins:

> Mit gelben Birnen hänget
> Und voll mit wilden Rosen
> Das Land in den See,
> Ihr holden Schwäne,
> Und trunken von Küssen
> Tunkt ihr das Haupt
> Ins heilignüchterne Wasser.
>
> Weh mir, wo nehm' ich, wenn
> Es Winter ist, die Blumen, und wo
> Den Sonnenschein,
> Und Schatten der Erde?
> Die Mauern stehn
> Sprachlos und kalt, im Winde
> Klirren die Fahnen.[153]

und hier die ›Rekonstruktion‹ durch Rudolf Borchardt:

---

[150] Vgl. Wagenknecht 2007, S. 121f.
[151] Vgl. Borchardt 1926, S. 354, sowie Wagenknecht 1997, S. 138-141.
[152] Vgl. Borchardt 1926, S. 486: »Die Gedichte [Auflistung verschiedener Texte, darunter auch »Hälfte des Lebens«] sind in allen Handschriften und ältern wie neuern Drucken mehr oder minder fehlerhaft überliefert und erscheinen hier zum ersten Male in kritischen Herstellungen, für die durchweg auf das gesamte geschichtliche Material zurückgegangen ist, und für die der Herausgeber die wissenschaftliche Verantwortung trägt.«
[153] Hölderlin 1998, Bd. 1, S. 445.

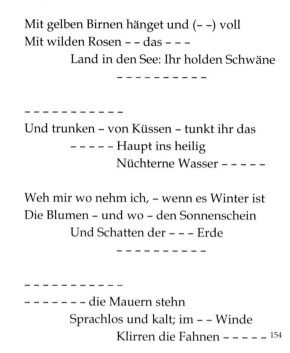

Es liegt auf der Hand, daß Borchardt den offensichtlich ungebundenen Versen erhebliche Gewalt antun muß, um sie auf das im Hinblick auf Hölderlins vorheriges Schaffen favorisierte Metrum der alkäischen Strophe zurückzuführen.[155]

Ein Spielraum für die Zuordnung eines Gedichtes zu den ungebundenen oder gebundenen Versen kann sich schließlich auch aus der Rekonstruktion seiner rhythmischen Gestalt ergeben. Denn in vielen Sprachen ist die hierfür relevante natürliche bzw. Prosaintonation nicht eindeutig festgelegt.

Dies kann schon den Wortakzent betreffen.[156] So weist beispielsweise im Deutschen eine Reihe von Adjektiven mit den Präfixen *un-*, *in-* und *all-* eine doppelte Akzentstruktur auf, bei der die Position von Haupt- und Nebenakzent wechseln kann: *unhéimlich – únheimlich, unstíllbar – únstillbar* usw.[157] In gebundenen Versen bereiten diese prosodischen Mehrdeutigkeiten keine Pro-

---

[154] Borchardt 1926, S. 354.
[155] Allerdings hat Winfried Menninghaus jüngst geltend gemacht, daß »Borchardts verfremdender Abdruck eine wichtige Einsicht in Hölderlins Gedicht« enthält, denn in »›Hälfte des Lebens‹ können in der Tat Versatzstücke der alkäischen Ode identifiziert werden. [...] Es ist charakteristisch für Hölderlins Gewinnung neuer Formen aus einer *bricolage* zerstreuter alter Formen, daß fast nie ganze Verse, sondern meist nur Gruppen von 5 bis 8 Silben aus den antiken Strophenmaßen übernommen werden. [...] Borchardts Projektion von Hölderlins Gedicht auf die *integrale* alkäische Strophe verfehlt also das durchaus konstruktive Prinzip ihrer disseminierenden Zitation.« (Menninghaus 2005, S. 69.)
[156] Vgl. Schindler 1994, S. 355f.
[157] Vgl. Kiparsky 1966, S. 75-79.

bleme: Die entsprechenden Wörter werden nach Maßgabe des metrischen Schemas je unterschiedlich betont, wie in den beiden folgenden Auszügen aus Gedichten von Emanuel Geibel:

| | |
|---|---|
| Klimmt mit únheimlicher Schnelle | x x x́ x x́ x x́ x |
| Hügelan aus jeder Schluft, | x́ x x x́ x x́ x́ |
| Haucht von jeder sumpf'gen Stelle | x́ x x́ x x́ x x́ x |
| Seinen Brodem in die Luft. | x́ x x́ x x́ x x́ |
| (aus: »Regenzeit«)[158] | |

Der regelmäßige vierhebige Trochäus fordert hier den Wortakzent auf der Vorsilbe. Anders im jambischen Gedicht »Ins Lager nun zum Kampf geschmückt« aus dem Kantatenfragment »Deutsches Aufgebot«,[159] wo die Stammsilbe betont wird:

| | |
|---|---|
| Da wühlt und wimmelt Hauf an Hauf, | x x́ x x́ x x́ x x́ |
| Vieltausend Feuer flackern auf, | x x́ x x́ x x́ x x́ |
| Unhéimlich durch den roten Dampf | x x́ x x́ x x́ x x́ |
| Dröhnt Erzgeklirr und Hufgestampf.[160] | x́ x x́ x x́ x x́ |

Unentscheidbar ist dagegen die Plazierung des Wortakzents in folgendem Auszug aus Leopold Jacobys Gedicht »Aber eine innere Stimme…« (1871):

> Es ist finster um mich her und die Blitze zucken,
> Und unheimlich der Donner rollt.[161]

Weist man der Vorsilbe den Wortakzent zu, dann sind die Zeilen fast durchgehend alternierend[162] und tendieren somit zu den gebundenen Versen:

x x́ x x́ x x́ x x́ x x́ x x́ x
x x́ x x x x́ x x́

---

[158] Geibel 1918, Bd. 2, S. 280f., hier: S. 280 (V. 17-20).
[159] Geibel 1918, Bd. 2, S. 378-382.
[160] Geibel 1918, Bd. 2, S. 380f, hier: S. 380 (V. 76-80). – In seiner *Deutschen Verslehre* führt Erwin Arndt ein weiteres anschauliches Beispiel für die doppelte Akzentstruktur in gebundenen Versen an: Johannes R. Bechers »Die grüne Wiese«, in der sich folgende Zeilen finden: »Oft denke ich: Es war einmal ein Glück… | Ein warmer Wind – ich habe bloße Füße –, | Es wird auf einmal grün vor meinem Blick […]«. Durch das fünfhebige jambische Metrum liegt der Wortakzent von *einmal* im ersten zitierten Vers auf der zweiten, im dritten dagegen auf der ersten Silbe. (Arndt 1990, S. 70.)
[161] Jacoby 1893, S. 101-105, hier: S. 104.
[162] Alle drei Abweichungen vom alternierenden Metrum können als geringfügig eingestuft werden: Die beiden nicht realisierten Hebungen (erste Silbe des ersten und vierte Silbe des zweiten zitierten Verses) werden durch die sich unmittelbar anschließenden realisierten Senkungen aufgefangen, damit wird das rhythmische Gleichgewicht wieder hergestellt. Auch die überzählige Senkung (achte Silbe) im ersten Vers führt nicht zu einer starken Störung der Alternation, da sie sich unmittelbar an eine syntaktische Pause anschließt und somit der Versrhythmus neu anhebt.

Bei der Betonung *unhéimlich* dagegen lassen sie sich eher den ungebundenen Versen zurechnen:

x x x́ x x x́ x x x x́ x x x́ x
x x x́ x x x x́ x x́

Bisweilen erstrecken sich die Probleme bei der prosodischen Analyse sogar auf ganze Wortklassen; im Deutschen betrifft dies die einsilbigen Funktionswörter.[163]

Schwierigkeiten bei der Zuordnung zu den gebundenen oder ungebundenen Versen können sich aber auch dort ergeben, wo der Satzakzent nicht zweifelsfrei festliegt. Ein prominentes Beispiel hierfür ist die letzte Versgruppe von Goethes Gedicht »Grenzen der Menschheit«:

> 37 Ein kleiner Ring
> 38 Begrenzt unser Leben,
> 39 Und viele Geschlechter
> 40 Reihen sich dauernd
> 41 An ihres Daseins
> 42 Unendliche Kette.[164]

Eine grammatische Ambivalenz mit beträchtlichen Folgen für das Verständnis des Gedichts stellt das nicht eindeutig zuordenbare Possessivpronomen »ihres« in V. 41 dar. Je nach Auffassung bezieht sich die ›unendliche Kette des Daseins‹, die im letzten Vers aufgerufen wird, auf die menschlichen Geschlechter oder die Götter. In der zweiten, wahrscheinlicheren Version

> [...] wird bei allen Unterwürfigkeitsgesten des Menschen gegenüber den Göttern eine Abhängigkeit der Götter von den Menschen angedeutet. Das göttliche Dasein mag zwar die menschliche Existenz übergreifen und überdauern, es bleibt gleichwohl auf sie angewiesen, muß sich eben als Kette aus den Ringen konstituieren.[165]

Die beiden unterschiedlichen Interpretationen finden ihren direkten Niederschlag in einer unterschiedlichen Plazierung der Akzente. Bezieht man die ›unendliche Kette des Daseins‹ auf die Götter, dann ergibt sich im Anschluß an die Frage in V. 29f. »Was unterscheidet | Götter von Menschen?« eine kontrastive Struktur: »*unser* Leben« (V. 38) ↔ »*ihres* Daseins | Unendliche Kette«

---

[163] Vgl. Christian Wagenknechts »Grundzüge der deutschen Prosodie« (in: Wagenknecht 2007, S. 34-38), wo er diese Gruppe sehr vorsichtig aufteilt in »gewisse Einsilber etwa hilfsverbaler (oder auch adverbialer) Art« mit dem Schweregrad 3 sowie »Einsilber präpositionaler und pronominaler Art« mit dem Schweregrad 2. (Vgl. meine Präzisierungsvorschläge oben S. 16ff.) – Für das Russische vgl. Jakobson 1979a.
[164] FA I 1, S. 332f. Vgl. den Kommentar von Karl Eibl a.a.O., S. 1046, sowie Donat 2003.
[165] Reed 1996, S. 201.

(V. 41f.).[166] Die Stammsilben der beiden Possessivpronomina werden zu Trägern des syntaktischen Akzents (hier durch Unterstreichung hervorgehoben):

| | | |
|---|---|---|
| 37 | Ein kleiner Ring | x x́ x x́ |
| 38 | Begrenzt <u>un</u>ser Leben, | x x x́ x x x́ |
| 39 | Und viele Geschlechter | x x́ x x x́ x |
| 40 | Reihen sich dauernd | x́ x x x x́ x |
| 41 | An <u>ih</u>res Daseins | x x́ x x x́ x |
| 42 | Unendliche Kette. | x x́ x x x́ x |

Ordnet man hingegen die ›unendliche Kette des Daseins‹ den Menschen bzw. Menschengeschlechtern zu,[167] dann fällt dieser Kontrast weg; die Possessivpronomina treten gegenüber dem zweihebigen, zumeist auf dem Adoneus (X x x X x) beruhenden rhythmischen Grundmuster des gesamten Gedichts[168] zurück:

| | | |
|---|---|---|
| 37 | Ein kleiner Ring | x x́ x x́ |
| 38 | Begrenzt unser Leben, | x x́ x x x́ x |
| 39 | Und viele Geschlechter | x x́ x x x́ x |
| 40 | Reihen sich dauernd | x́ x x x́ x |
| 41 | An ihres Daseins | x́ x x x x́[169] |
| 42 | Unendliche Kette. | x x́ x x x́ x |

Im ersten Fall tendiert die Versgruppe zu den ungebundenen, im zweiten Fall zu den gebundenen Versen.

---

166 Zum Problem des kontrastiven Akzents vgl. generell Beaver 1969.
167 Noch komplexer wird das Problem durch eine signifikante Differenz zwischen Handschrift und Druckfassung. In ersterer lautet V. 40: »Reihen *sie* dauernd« (Hervorhebung von mir). Vgl. die Kommentare von Erich Trunz in HA 1, S. 558, und von Karl Eibl in FA I 1, S. 1046.
168 Vgl. Menninghaus 2005, S. 30f.
169 Hier folgt die rhythmische Rekonstruktion bewußt dem vom Adoneus ausgehenden metrischen Impuls.

## Vorliegende Typologien der Versifikation

In den vergangenen Jahrzehnten wurden mehrere Modelle zur Typologie und Deskription der verschiedenen Formen des Verses vorgelegt. Sie beruhen auf teils identischen, teils differierenden Konstituenten und Anordnungsprinzipien. Aus deren isoliertem oder kombiniertem Auftreten resultieren dann je nach Modell unterschiedliche Versifikationstypen. Vier dieser Entwürfe werden im folgenden kurz vorgestellt und im Hinblick auf ihre Stärken und Schwächen untersucht. Im Anschluß wird ein neuer Ansatz präsentiert, der Anregungen der skizzierten Typologien aufnimmt, jedoch eine gleichermaßen präzisere wie umfassendere Beschreibungsgrundlage bietet.

### *John Lotz (1960/1972)*

In dem 1960 von Thomas Sebeok herausgegebenen Sammelband *Style in Language* findet sich mit John Lotz' Aufsatz »Metric Typology«[170] der für die jüngere westeuropäische und nordamerikanische Beschäftigung mit metrischer Typologie wohl wichtigste Bezugstext. Lotz entwickelt dort ein Schema, das hier in der geringfügig überarbeiteten Version von 1972[171] präsentiert wird:

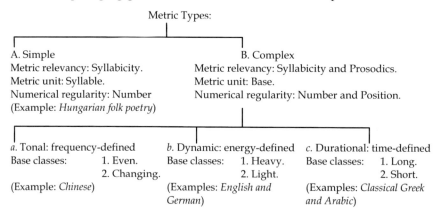

In dieser Typologie konzentriert sich Lotz innerhalb der linguistischen Konstituenten des Verses ausschließlich auf die Untergruppe der *phonological constituents*. Hier wiederum berücksichtigt er nur die notwendigen Merkmale *jedes* metrisch gebundenen Textes: 1. die Silbenhaftigkeit der Sprache und 2. die (ggf. versifikatorisch relevante) binäre prosodische Differenzierung der Silben. Dabei wird unterschieden der tonale Typ (eben vs. nicht-eben), der dynamische Typ (schwer vs. leicht) und der quantitierende Typ (lang vs. kurz). Reim und Alliteration (Stabreim) werden als fakultative, das eigentliche Metrum lediglich unterstützende Phänomene aus der Typologie ausge-

---

[170] Vgl. Lotz 1960.
[171] Lotz 1972, S. 16; vgl. Lotz 1960, S. 142.

schlossen.[172] Unberücksichtigt bleiben in der Übersicht auch die metrisch relevanten syntaktischen Gliederungseinheiten, als welche Lotz im selben Aufsatz Wort, Kolon und Satz bestimmt.[173] Dies ist umso bemerkenswerter, als Lotz ausdrücklich auf die Bedeutung insbesondere der Kolongrenzen in einer Vielzahl von Metren hinweist.

Das Modell von Lotz erscheint damit bereits im Hinblick auf die versifikatorisch relevanten Konstituenten unvollständig: Sowohl Endreim, Stabreim und Assonanz als nicht-binäre, sondern (in prinzipiell unendlicher Anzahl) gruppenbildende phonetische Übereinstimmungen wie auch Wort-, Kolon- und Satzgrenzen als (teilweise nur potentielle) Artikulationspausen bleiben unberücksichtigt, obwohl beides bekanntermaßen in den verschiedensten Sprachen und lyrischen Gattungen eine beträchtliche Rolle spielt.

Lotz' Argument, daß der Reim allein nicht metrumbildend sei, läßt sich durch Gegenbeispiele wie den freien Knittelvers im Deutschen, den *raëšnyj stich* im Russischen und den *sceltonic* im Englischen eindeutig widerlegen.[174] Das zweite Ausschlußargument – Reimbindung sei kein rein versgebundenes Phänomen, sondern begegne auch in (Reim-)Prosa, – macht einen Exklusivitätsanspruch geltend, der auch für die von Lotz als grundlegend eingestuften Konstituenten nicht haltbar ist. Denn offensichtlich spielen (analog zum Reim) auch binäre prosodische Differenzierungen *außerhalb des Verses* eine wichtige Rolle. Dies zeigt sich in den verschiedenen Formen rhythmischer und metrischer Prosa von den Klauseln der antiken Kunstprosa bis zur metrisierten ornamentalen Prosa in der russischen Moderne, z.B. bei Andrej Belyj.[175]

Silbenübergänge bzw. Pausen müssen in einer metrischen Typologie deshalb berücksichtigt werden, weil sie sowohl notwendige als auch hinreichende Verskonstituenten darstellen. Als notwendig ist die Pause deshalb einzustufen, weil sie in der Position am Zeilenende die Differenz zur Prosa gewährleistet. In der schriftlichen Fixierung zumindest seit der Verbreitung des Buchdrucks in der Regel durch Zeilenumbruch markiert, ist sie es, die die allein für Versrede spezifische doppelte Gliederung des Textes in syntaktische und versifikatorische Einheiten bewirkt. Sie stellt damit auch das einzige notwendige Merkmal der ungebundenen Verse dar. Diese finden dementsprechend in Lotz' Typologie keinen Platz, ja er stellt ihren Verscharakter prinzipiell in Frage.[176] – Doch zusätzlich zu dieser Minimalrealisierung am Zeilenende sind auch Pausen im Versinneren in gebundenen Versen von großer metrischer Relevanz. Ja, sie können sogar zum einzigen Prinzip regelmä-

---

[172] Vgl. Lotz 1972, S. 12.
[173] Vgl. Lotz 1972, S. 10-12.
[174] Siehe unten S. 75.
[175] Siehe unten S. 102f.
[176] Vgl. Lotz 1972, S. 15.

ßig wiederholter rhythmischer Gliederung werden, wie dies in einer der wichtigsten Gattungen der klassischen koreanischen Lyrik, dem *Kasa*, der Fall ist. Hier beruht die Regelmäßigkeit bei variabler Silben- und Hebungszahl und dem Fehlen von Reimbindung allein auf der Anzahl der Pausen im Versinneren, die auf drei festgelegt ist, sowie auf der Position der letzten dieser Pausen, die immer vor der viertletzten Silbe plaziert ist.[177]

Zusätzlich zu diesen beträchtlichen Lücken auf der Konstituentenebene weist die Typologie von John Lotz eine grundsätzliche Unschärfe in bezug auf die ›metric superstructure‹, d.h. die Anordnung dieser Konstituenten, auf. Darauf hat schon Christoph Küper hingewiesen:

> Zwar hat Lotz darin recht, daß der Akzent im Großteil der deutschen und englischen Dichtung eine wichtige Rolle spielt, aber wenn wir davon ausgehen, daß die metrische Organisation auch immer eine numerische Organisation impliziert […], und die Frage stellen, worauf sich diese numerische Organisation bezieht, erhalten wir für verschiedene Arten innerhalb der deutschen (wie auch innerhalb der englischen) Dichtung unterschiedliche Antworten: Bei einem Versifikationstyp sind es allein die Hebungen/betonte Silben, bei einem anderen Hebungen und Senkungen/betonte und unbetonte Silben – hier ist also die Gesamtsilbenzahl relevant, die beim anderen Typ keine Rolle spielt. Unterschiede dieser Art müssen in einer Versifikationstypologie zum Ausdruck gebracht werden.[178]

In der Tat verbergen sich hinter der im Schema enthaltenen lapidaren Angabe zur numerischen Regulierung des zweiten, syllabisch-prosodischen metrischen Typs: »Numerical regularity: Number and Position« vielgestaltige und z.T. in sich höchst komplexe Realisationsformen. Die von Küper eingeforderte Differenzierung betrifft dabei nur das vergleichsweise simple Anordnungsprinzip der horizontalen *Anzahl*. Doch auch die verschiedenen hochkomplexen Gliederungsmöglichkeiten, die sich aus dem Prinzip der *Position* ergeben, finden in der Typologie keinen Niederschlag. Und das, obgleich John Lotz sich der Vielgestaltigkeit dieses Gliederungsprinzips (zumindest in bezug auf seine horizontale Spielart, d.h. innerhalb der Verszeile) durchaus bewußt ist:

> Positions which have to be filled out by a definite class are called fixed. Other positions, those which allow variations, are called free. […] Free positions may be filled by either of the two base classes (anceps). Or there may be more complex substitutions. In a hexameter certain positions can be filled either by one long base or by two short bases. In

---

[177] Siehe unten S. 87.
[178] Küper 1988, S. 254.

Corinna's anaclasis the scheme allows four choices: (- -), (- ∪), (∪ -) or (∪ ∪ ∪). In this case, no position is fixed; groups of syllabics (feet) have internal compensations.[179]

Die vertikale Anordnungsdimension, d.h. die Organisation eines Verstextes nach Kriterien wie Zeilenzahl, Strophengliederung oder globaler Form, wird von Lotz zwar außerhalb der Typologie erwähnt,[180] sie bleibt jedoch im Unterschied zur versinternen Anordnung in seiner weiteren Argumentation unberücksichtigt. Es ist deshalb kaum davon auszugehen, daß Lotz die Ordnungskriterien »Numerical regularity: Number and Position« auch auf die vertikale Anordnung bezogen wissen möchte. In jedem Fall wird ihr nicht der Status eines eigenständigen typologischen Kriteriums beigemessen. Damit liegen Texte, deren Regelmäßigkeit allein auf der Anzahl und/oder der Position bestimmter Konstituenten im vertikalen Gedichtverlauf beruht (z.B. Reinhard Döhls Dreizeiler[181] oder Christian Morgensterns strophisch gegliedertes Gedicht »Botschaft des Kaisers Julian an sein Volk«[182]), außerhalb des Bereichs, der mit dem Lotzschen Modell erfaßt und beschrieben werden kann.

Fazit: Die Typologie von John Lotz gewährleistet durch ihre Konzentration auf bestimmte phonologische Konstituenten – die Silbenhaftigkeit und die verschiedenen Formen binärer Differenzierungen in prominente und nichtprominente Silben – einen allgemeinen Überblick über wichtige Formen der Versifikation. Ihre Anschaulichkeit wird allerdings durch zwei grundsätzliche Einschränkungen erkauft: (1) ihre Unvollständigkeit auf der Konstituentenebene, d.h. die fehlende Berücksichtigung von lautlichen Übereinstimmungen, wie Reim, Alliteration und Assonanz, sowie von Silbenübergängen bzw. Pausen und (2) ihre nur ansatzweise Berücksichtigung der verschiedenen Anordnungsprinzipien. Sie reicht damit als Grundlage für eine adäquate und trennscharfe Beschreibung konkreter Versifikationstypen nicht aus.

## *Christian Wagenknecht (1981)*

In seiner erstmals 1981 erschienenen *Deutschen Metrik* hat Christian Wagenknecht eine Typologie vorgelegt, die Klassikerstatus erlangt hat und nicht nur in germanistischen literaturwissenschaftlichen Einführungsseminaren als Grundlagenwissen gelehrt wird.[183] Wichtige Gründe dafür sind die nachvollziehbare Herleitung aus der Prosodie, die klare und übersichtliche Struktur der Kreuzklassifikation und die praktische Veranschaulichung mittels typischer Gedichtbeispiele.

---

[179] Lotz 1972, S. 15.
[180] Vgl. Lotz 1972, S. 13.
[181] Siehe unten S. 93.
[182] Siehe unten S. 123.
[183] Vgl. die Übernahme der Wagenknechtschen Typologie in Moennighoff 2004, S. 20-24.

In seiner Unterscheidung zwischen den »sprachlichen Konstituenten« und den »Regeln der *Versifikation* über die Anordnung der prosodisch bestimmten Konstituenten« schließt Wagenknecht explizit an die Differenzierung zwischen ›linguistic constituents‹ und ›metric superstructure‹ bei John Lotz an.[184] Im Aufbau seiner Typologie weicht Wagenknecht jedoch erheblich von John Lotz ab. Zunächst betrifft dies den Umfang der linguistischen Konstituenten. Hier berücksichtigt Wagenknecht neben der Silbenhaftigkeit und der Unterscheidung prominenter und nicht-prominenter Silben auch die »Tauglichkeit der Wörter zum Reim«[185]: »Die Silben können [...] aufgrund ›inhärenter‹ (oder außerdem ›prosodischer‹) Merkmale in Äquivalenzklassen eingeteilt werden – die füglich als ›Reimgruppen‹ zu bezeichnen sind.«[186] Mit der Einbeziehung des Reims wird ein wesentlicher Mißstand der Lotzschen Typologie behoben. – Nicht zu den primären Verskonstituenten rechnet Wagenknecht dagegen (wie schon Lotz) die Art der Silbenübergänge bzw. Pausen.[187] Da es sich hierbei, wie oben dargelegt, um eine sowohl notwendige als auch hinreichende versifikatorische Konstituente handelt, bleibt auch diese Typologie unvollständig.

Die zweite grundlegende Modifikation gegenüber Lotz betrifft das Verständnis der ›sprachlichen Konstituente‹. Wagenknecht legt seiner Typologie nicht mehr rein linguistische Kategorien wie Silbenhaftigkeit oder prosodische Merkmale (Silbenlänge usw.) zugrunde, sondern berücksichtigt die sprachlichen Einheiten *in ihrer Funktion als versifikatorische Konstituenten*.[188] Die basalen »Arten der Versifikation«[189] sind somit jeweils als feste Kombination einer sprachlichen Einheit mit bestimmten Anordnungsprinzipien konzipiert: Typ (1) »nach Silben gezählt« kombiniert die Silbenhaftigkeit mit dem Prinzip der Anzahl, Typ (2) »nach Größen geordnet« kombiniert die Differenzierung in prominente und nicht-prominente Silben mit deren Anordnung nach den Prinzipien der »Anzahl und Abfolge«, Typ (3) »nach Reimen gebunden« kombiniert die lautliche Übereinstimmung (Tauglichkeit zum Reim) mit der »Stellung entsprechender Elemente im Vers«. Jede dieser grundlegenden Versifikationsarten kann sowohl allein als auch in Kombination mit den anderen

---

[184] Wagenknecht 2007, S. 17. Vgl. Lotz 1972, S. 9.
[185] Wagenknecht 2007, S. 17.
[186] Wagenknecht 2007, S. 20.
[187] Allerdings wird die Zäsur als ›Besonderheit der internen Gliederung des Verses‹ berücksichtigt. (Vgl. Wagenknecht 2007, S. 23.)
[188] Vgl. die Formulierung »Die Prosodie einer Metrik teilt [...] die Silben der entsprechenden Sprache (oft schon im Hinblick auf Kontextverhältnisse in der Rede) in gewisse Äquivalenzklassen ein und stellt sie, dergestalt geordnet, für die metrische Versifikation bereit.« (Wagenknecht 2007, S. 18.)
[189] Vgl. Wagenknecht 2007, S. 20.

Arten auftreten. Nach dem Prinzip der dreidimensionalen Kreuzklassifikation ergeben sich somit insgesamt sieben Metrik-Typen:[190]

|     | nach Silben gezählt | nach Größen geordnet | nach Reimen gebunden |
|-----|---|---|---|
| (1) | + | − | − |
| (2) | − | + | − |
| (3) | − | − | + |
| (4) | + | + | − |
| (5) | + | − | + |
| (6) | − | + | + |
| (7) | + | + | + |

Diese Typologie ist – zusätzlich zu der bereits angemerkten Vernachlässigung der Pausen – aufgrund der Konzeption zweier ihrer Basiskategorien, Typ (2) und Typ (3), problematisch.

Bei der Reimbindung geht Wagenknecht davon aus, daß hier allein die »Stellung entsprechender Elemente im Vers«, d.h. ihre horizontale Position, relevant ist. Damit ist wohl in erster Linie der Endreim am Zeilenende gemeint. Vernachlässigt werden sowohl die für den Endreim nahezu unverzichtbare vertikale Position (d.h. die Reimstellung, wie Paar-, Kreuz- oder Blockreim) als auch die Anzahl der Elemente. Zunächst muß dabei unterschieden werden zwischen den *Reimgliedern* (für den Endreim am Zeilenende im Deutschen: sämtliche Wörter in Versendposition, deren Lautung ab dem letzten betonten Vokal bis zum Wortende im Textverlauf mindestens einmal an anderer Stelle, und zwar ebenfalls in Versendposition, identisch wiederholt wird) und den *Reimgruppen*, die jeweils alle Reimglieder mit identischer Lautung ab dem letzten betonten Vokal umfassen. In einer Vielzahl von Strophen- und Gedichtformen ist sowohl die vertikale Position der Reimglieder (z.B. pauschal: Kreuzreim), als auch die Anzahl der Reimgruppen sowie der in ihnen enthaltenen Reimglieder festgelegt. Als Beispiel kann das Shakespeare-Sonett dienen, das durchgehenden Endreim am Versende aufweist (horizontale Position), aus drei kreuzgereimten Quartetten und einem paargereimten couplet besteht (vertikale Position) und dabei auf sieben unterschiedliche Reimgruppen mit je zwei Reimgliedern (Anzahl) festgelegt ist.

Ein komplexeres Problem tut sich bei Wagenknechts Typ (2), der ›Ordnung nach Größen‹, auf. Hier wird die Anordnung der Silben, die »nach ›prosodischen‹ Merkmalen klassifiziert« sind, im Hinblick auf gleich zwei Prinzipien, nämlich »Anzahl und Abfolge«, reguliert.[191] Dieser Typ vereinigt damit zwei basale ›Arten der Versifikation‹ in sich, die in der Typologie eigentlich einen jeweils einzelnen Platz beanspruchen. Zunächst die Regulierung der

---

[190] Wagenknecht 2007, S. 30f.
[191] Wagenknecht 2007, S. 20. Wagenknecht schließt damit unmittelbar an Lotz an (siehe oben S. 50).

*Anzahl* der prominenten Silben, das Ordnungsprinzip akzentuierender Verse, wie beispielsweise Goethes »Gesang der Geister über den Wassern«.[192] Daneben jedoch auch die Regulierung der *Position* der prominenten Silben, bei der wiederum zwischen der absoluten und der relativen Stellung im Vers unterschieden werden muß. Ein Beispiel für die erstgenannte Form sind die Verse der antiken Odenstrophen, beispielsweise der sapphische und der adonische Vers, in denen die Plazierung prominenter und nicht-prominenter Silben genau festgelegt ist.[193] Hiervon ist die Regulierung der relativen Position prominenter Silben zu unterscheiden, die auch als alleiniges versifikatorisches Prinzip fungieren kann. Im Formenvorrat der deutschen Dichtung trifft dies beispielsweise auf die unstrophischen und ungereimten Madrigalverse zu, die aus einer wechselnden Anzahl von Jamben pro Vers bestehen. Goethe hat diese Form wiederholt verwendet, z.B. in seinem Gedicht »Der Adler und die Taube«.[194]

Die vertikale Gedichtdimension wird von Wagenknecht nur außerhalb der Typologie berücksichtigt. Wie schon bei Lotz fallen damit Texte mit ausschließlich vertikalen Rekurrenzformen aus dem erfaßbaren Bereich heraus. Allerdings trägt Wagenknecht der Relevanz der fortlaufenden Anordnung Rechnung, indem er »innerhalb und oberhalb der drei Arten der Versifikation [...] drei Stufen metrischer Regulierung«[195] unterscheidet: die ›stichische‹, die ›strophische‹ und die ›globale‹ Ordnung von Verstexten.

Fazit: Wagenknechts Typologie stellt – anders als das Modell von John Lotz – einen leistungsfähigen Ansatz zur Unterscheidung und Beschreibung verschiedener Versformen zumal der deutschen Lyrik dar, der sich seit einem Vierteljahrhundert bewährt hat. Gleichwohl erfaßt auch er nicht alle für eine vollständige Typologie notwendigen Verskonstituenten und Anordnungsprinzipien. Zudem sind zwei der drei basalen Arten der Versifikation zu eng (die Bindung nach Reimen) bzw. zu weit gefaßt (die Ordnung nach Größen).

## *Christoph Küper (1988)*

Christoph Küper hat seiner linguistisch perspektivierten Monographie *Sprache und Metrum* einen knapp 30seitigen Anhang »Versifikationstypen im Deutschen und Englischen« beigefügt.[196] Dort unterbreitet er auf der Basis einer kritischen Bestandsaufnahme der Modelle von Lotz und Wagenknecht einen eigenen typologischen Entwurf.

---

[192] Siehe unten S. 81f.
[193] Siehe unten S. 99.
[194] Siehe unten S. 100.
[195] Wagenknecht 2007, S. 23.
[196] Vgl. Küper 1988, S. 253-281.

Küper trennt zunächst zwischen der Konstituentenebene, der seines Erachtens die alleinige typologische Relevanz zukommt, und der Anordnungsebene, die in einem zweiten Schritt »für die exakte Klassifizierung eines gegebenen metrisch organisierten Textes, jedoch nicht für die Bestimmung seines Versifikationstyps«[197] zu berücksichtigen sei. Dabei faßt er die Anordnungsebene analog zu Lotz sehr allgemein als ›numerische Organisation der jeweils verwendeten metrischen Einheiten‹.[198] Wie schon in den beiden bisher betrachteten Modellen liegt damit auch hier eine systematische Blindstelle vor: Ausschließlich auf der regelmäßigen vertikalen Anordnung, d.h. der Anzahl oder der Position von Verszeilen, Reimen oder Pausen beruhende Gedichtformen können in Küpers Typologie nicht erfaßt, geschweige denn adäquat beschrieben werden.

Küper geht von nur zwei metrisch relevanten sprachlichen Konstituenten aus: der Silbe und der Silbenqualität. Wie schon bei Wagenknecht und Lotz bleibt die Art der Silbenübergänge bzw. Pausen als notwendige und hinreichende Konstituente unberücksichtigt.[199] Dem Reim mißt er (in expliziter Absetzung von Wagenknecht) zusammen mit den verschiedenen Anordnungsformen lediglich sekundäre versifikatorische Bedeutung zu. Um dies zu begründen, führt Küper einerseits ein von Lotz her bekanntes Argument an: Reim existiere auch außerhalb metrisch gebundener Rede und sei deswegen eine selbständige, in Versdichtung aber lediglich fakultative poetische Struktur.[200] Dieser Exklusivitätsanspruch wurde bereits oben mit Hinweis auf die Existenz rhythmischer bzw. metrischer Prosa als unhaltbar abgewiesen.[201] Der zweite, zentrale Grund für den Ausschluß des Reims liegt in Küpers Konzeption der ›elementaren metrischen Grundeinheit‹: Ihr zufolge besitzen nur solche sprachliche Größen primäre versifikationstypologische Relevanz, die »durch Addition eine lineare Folge, eben ein bestimmtes metrisches Schema«,[202] ergeben. Nach Küper sind dies nur die Silbe und die Silbenprominenz, d.h. die Unterscheidung von Hebung und Senkung. Lautliche Übereinstimmungen wie Alliteration und Reim stuft er dagegen als eine lediglich sekundäre poetische Struktur ein, »die auf metrischen Einheiten operiert«.[203] Anders formuliert: Klangwiederholungen setzen eine zielgerichtete Auswahl aus dem Silbenmaterial voraus, um strukturbildend wirken zu können. Häufig sind zudem bestimmte Positionen im Vers einzuhalten. Eine bloße Addition

---

[197] Küper 1988, S. 255f.
[198] Vgl. Küper 1988, S. 255.
[199] Als hinreichende Verskonstituente wird die Pause allerdings nur außerhalb der deutschen und englischen Dichtung relevant, d.h. jenseits des Geltungsbereichs, auf den Küper seine Typologie beschränkt.
[200] Vgl. Küper 1988, S. 255.
[201] Siehe oben S. 49.
[202] Küper 1988, S. 258.
[203] Küper 1988, S. 258.

beliebiger Elemente reicht hier also offensichtlich nicht aus, um regelmäßige Rekurrenzen zu bilden.

Das ist zwar zweifellos richtig, doch unterscheiden sich Alliteration und Reim in dieser Beziehung nur graduell vom gleichfalls qualitativen Merkmal der prosodischen Prominenz. Auch hier ergibt sich ein metrisches Schema nicht aus der Aneinanderreihung beliebiger Silben, sondern erfordert die Auswahl bestimmter Silben und häufig zusätzlich ihre genaue Plazierung im Vers. Addition ohne Auswahl (und ggf. Plazierung) bildet nur dort ein metrisches Schema, wo die Silbenqualität irrelevant ist: im rein syllabischen Vers, dessen regelmäßige rhythmische Rekurrenz allein auf der Silbenzahl beruht. Bei konsequenter Auslegung des Additionskriteriums kann damit nur die unspezifizierte Silbe als ›elementare metrische Grundeinheit‹ im Küperschen Sinne gelten.

Das hat zwei offensichtliche Konsequenzen. Zum einen liegt kein kategorialer Unterschied zwischen Silbenprominenz und lautlicher Übereinstimmung vor. Somit ist auch das zweite Argument für den Ausschluß des Reims aus der Gruppe der metrisch konstitutiven Faktoren hinfällig. Küpers Typologie ist – wie das Modell von John Lotz – durch die Ausklammerung der lautlichen Wiederholung auf der Konstituentenebene unvollständig. Zum anderen hat sich gezeigt, daß das Küpersche ›Bausteinprinzip‹ nur dann für eine Differenzierung der verschiedenen metrischen Formen jenseits des reinen Syllabismus geeignet sein kann, wenn zusammen mit der Anzahl der Elemente auch ihre Qualität und Position berücksichtigt wird.

Genau diesen Weg beschreitet Küper beim Aufbau seiner Typologie, wenn er vier verschiedene, zum Teil intern strukturierte ›metrische Einheiten‹ bzw. ›metrische Größen‹ unterscheidet. Zwei dieser Elemente sind einfach: die *Position*, die im Vers in der Regel[204] durch eine (beliebige) Silbe besetzt wird, sowie die *Hebung* und die *Senkung*, die normalerweise durch eine betonte bzw. eine unbetonte Silbe realisiert werden. Die beiden anderen ›metrischen Einheiten‹ sind komplexer Natur: zunächst der *Versfuß* als »Kombination von mindestens zwei Elementen, die wiederum aus zwei verschiedenen Klassen stammen können«, und schließlich der auf Isochronie beruhende *Takt*, der »normalerweise eine Hebung und alles Folgende ausschließlich der nächsten Hebung« umfaßt und »auch durch Pausen realisiert sein« kann.[205]

---

[204] Küper trennt klar zwischen einerseits sprachlichen Größen (hier: der Silbe) und andererseits metrischen Größen (hier: der Position), die ihrerseits Versmaße konstituieren. Diese Unterscheidung ist im Rahmen von Küpers Ansatz, der bestimmte lizenzierte Abweichungen als metrumkonform einstuft (beispielsweise den umgekehrten Versfuß am Beginn des englischen Blankverses), sinnvoll und notwendig. Sie spielt im vorliegenden Zusammenhang jedoch nur eine untergeordnete Rolle.

[205] Küper 1988, S. 256f.

Position, Hebung, Fuß und Takt können in bestimmten Kombinationen auftreten und konstituieren laut Küper im Deutschen und Englischen fünf Versifikationstypen: syllabisch, syllabotonisch, fußmessend, akzentuierend und taktierend:[206]

| Versifikationstypen | metrisch (numerisch) relevante Einheiten | | | |
|---|---|---|---|---|
| | einfach | komplex | | |
| | Position | Hebung | Fuß | Takt |
| syllabisch | + | – | – | – |
| syllabotonisch | + | + | + | – |
| fußmessend | – | – | + | – |
| akzentuierend | – | + | – | – |
| taktierend | – | – | – | + |

Äußerlich erinnert Küpers Typologie zunächst an Wagenknechts Kreuzklassifikation. Ihre Funktionsweise ist jedoch offensichtlich eine andere, denn in Küpers Modell ist nur eine geringe Zahl von Kombinationen jeweils gleichzeitig relevanter ›Einheiten‹ möglich. Dieser Umstand weist zugleich auf den Hauptunterschied zwischen beiden Typologien hin: Im Gegensatz zu Wagenknechts Kategorien (Silbe, Prominenz, Reim) handelt es sich bei Küpers ›metrischen Einheiten‹ nicht durchgehend um basale, versifikatorisch relevante *Äquivalenzklassen*, die allein oder in beliebiger Kombination rhythmisch rekurrenzbildend werden können. Vielmehr unterscheidet Küper gemäß seinem Prinzip der ›Addition in linearer Folge‹ verschiedene metrisch relevante *Bausteine*: Silben, betonte/unbetonte Silben, konventionalisierte Kombinationen von Hebungen und Senkungen in festgelegter Anzahl und Anordnung sowie schließlich gleichlange Zeitabschnitte im Versvortrag, die sich üblicherweise aus einer prominenten und unterschiedlich vielen nicht-prominenten Silben zusammensetzen, aber auch teilweise oder gänzlich aus Sprechpausen bestehen können.

Als Anordnungsprinzip dieser verschiedenen Bausteine berücksichtigt Küper lediglich ihre Anzahl pro Verszeile. Er versucht also, die fünf Versifikationstypen darauf zurückzuführen, ob in ihnen die Anzahl der Silben, prominenten Silben, Versfüße und/oder Takte metrisch relevant ist. Damit ist seine Typologie außerstande, solche (vor allem für die deutsche Dichtung einschlägigen) Versformen zu erfassen, die aus unterschiedlich vielen identischen Versfüßen pro Zeile bestehen. Denn hier ist das Prinzip der Anzahl, kombiniert mit dem der Position, lediglich für die interne Struktur des ›Bausteins‹ relevant (z.B. Daktylus: eine prominente und zwei nicht-prominente Silben in der Anordnung X x x); die Verszeile ist dagegen nur hinsichtlich der relativen Position der prominenten Silben reguliert.[207]

---

[206] Küper 1988, S. 257.
[207] Ausführlich dazu unten S. 100f.

Doch auch in bezug auf die ›Bausteine‹ ist diese Typologie in mehrfacher Hinsicht problematisch. Um mit dem Offensichtlichsten zu beginnen: Mit der Einbeziehung des Takts vollzieht Küper (eingestandenermaßen[208]) einen Ebenenwechsel. Denn letztlich ausschlaggebend für das Vorliegen einer Taktgliederung ist nicht die sprachliche Verfaßtheit eines Textes, sondern die Relevanz oder Irrelevanz einer bestimmten Vortragskonvention sowie der entsprechenden rhythmischen Erwartung beim Leser.[209] Die Einstufung des Taktes als gleichberechtigte ›metrische Einheit‹ vermag aus diesem kategorialen Grund nicht zu überzeugen, zumal Küper keinen Versuch unternimmt, den Ebenenwechsel zu motivieren. Hinzu kommt, daß der Takt nicht in die Typologie eingebunden, sondern als isolierter Fremdkörper behandelt wird – und das, obwohl er in bestimmten Formen zumal syllabotonischer Dichtung als historisch belegbare Vortragskonvention besonders einschlägig wäre.[210]

Auch die zweite komplexe ›metrische Einheit‹, der Versfuß, wirft in der Art, wie Küper sie in seiner Typologie behandelt, Probleme auf. Denn er reserviert den ›eigentlich fußmessenden Versifikationstyp‹ zunächst für die deutschen und englischen Nachbildungen solcher antiker Versformen, in denen »Ersetzungsmöglichkeiten eines Fußes durch einen anderen an bestimmten Stellen im Vers«[211] im metrischen Schema vorgesehen sind, d.h. zum Beispiel für den Hexameter. Die regelmäßige Abfolge von prominenten und nicht-prominenten Silben (d.h. die strenge Alternation) ordnet er dagegen einem anderen, dem syllabotonischen Verstyp, zu, in dem aus seiner Sicht das Versfußprinzip bestenfalls nebenher Anwendung findet.[212] In Küpers erster Verwendungsweise des Begriffs ist damit nicht mehr die festgelegte Anordnung prominenter und nicht-prominenter Silben das entscheidende Merkmal des Versfußes, sondern seine Austauschbarkeit. Dieses Verständnis steht in so offensichtlichem Widerspruch zum Gebrauch von ›Versfuß‹ in der sonstigen Metriktheorie (und in der Alltagssprache), daß hier zunächst eine erhebliche terminologische Schwierigkeit konstatiert werden muß.

---

[208] Vgl. Küper 1988, S. 256: »Gegenüber den übrigen [...] Typen, die alle sprachlich fundiert waren, gelangt hier [beim Takt] ein außersprachliches Prinzip zur Anwendung, nämlich das aus der Musik stammende ›Denken in vier plus vier Takten‹.«
[209] Ausführlicher dazu unten S. 66.
[210] Vgl. Leif Ludwig Albertsen (Küpers zentrale Autorität für das Taktprinzip), der die »alternierenden Viertaktverse (von denen wir in dieser Darstellung ausgehen, um das einfachste und häufigste Muster der klassischen deutschen Lyrik gebührend hervorzuheben)« an den Anfang seines Kapitels zum »Denken in vier plus vier Takten« stellt und das »perfekte Alternieren und die regelmäßige [...] Strophe mit guten Reimen« als typische Realisationsform des Taktprinzips im Kirchenlied, in der Aufklärung und in auf Memorierbarkeit angelegten Texten festhält. (Albertsen 1997, S. 51 u. 69.)
[211] Küper 1988, S. 264.
[212] Vgl. Küper 1988, S. 259: »Statistische Befunde ergeben, daß der Fuß hier [d.h. in regelmäßig alternierenden Versen] als metrische Einheit tendenziell immer noch respektiert wird [...]; insofern kann man auch den Fußbegriff auf diesen [d.h. den syllabotonischen] Versifikationstyp anwenden.«

Küpers Rede von der ›Ersetzung eines Fußes durch einen anderen‹ ist zugleich ein Indiz für ein konzeptionelles Problem – nämlich dafür, daß in den akzentprosodischen Nachbildungen eine grundsätzlich andere Struktur der Einheit ›Versfuß‹ vorliegt als in den quantitätsprosodischen antiken Vorbildern. In der klassischen griechischen Dichtung ist der Versfuß nicht nur durch die Anzahl und Position langer und kurzer Silben bestimmt, sondern zugleich durch die Summe der Zeiteinheiten (›Moren‹).[213] »Daher ist es in dieser Sprache an kanonisierten Stellen bestimmter abstrakter metrischer Schemata, wie z.B. dem Hexameter, möglich, wahlweise eine lange Silbe oder zwei kurze Silben sprachlich zu realisieren.«[214] Um beim Beispiel des Hexameters zu bleiben: Die im metrischen Schema vorgesehene Ersetzung der zwei kurzen Silben in den ersten fünf Daktylen durch jeweils eine lange Silbe ändert nichts an der Länge der einzelnen Versfüße (2 + 1 + 1 Moren = 2 + 2 Moren). Faktisch treten zwar Spondäen an die Stelle der Daktylen, doch die Isochronie der Füße bleibt gewahrt. Bezeichnenderweise ist in Darstellungen zur griechischen Metrik denn auch nicht die Rede von der ›Ersetzung eines Fußes durch einen anderen‹, sondern davon, daß z.B. »im Daktylos statt Doppelkürze auch Länge« stehen kann.[215] Diese Ersetzungsmöglichkeiten existieren ohnehin nur in den *kata metron* gebauten, d.h. aus einer festen Anzahl identischer Füße bestehenden Versmaßen. Unter diesem Blickwinkel bleibt damit auch nach der Ersetzung der zwei kurzen durch eine lange Silbe der Daktylus als (wenn auch abweichend gebildeter) Versfuß erhalten.

In den Nachbildungen der griechischen Versfüße in nicht-quantitierenden Sprachen findet dagegen in der Tat ein ›vollwertiger‹ Austausch der Versfüße statt. An die Stelle der Längen und Kürzen treten so in akzentuierenden Verssystemen betonte und nicht-betonte Silben. Und da die Aufeinanderfolge von zwei betonten Silben sprachlich nur schwer zu realisieren ist (und zudem häufiger Hebungsprall zu einem unschönen, gestauten Versrhythmus führt), werden die Daktylen zumeist nicht durch Spondäen, sondern durch Trochäen ersetzt.[216] Hexameter sind dann nicht mehr durchgehend daktylische Verse (mit gewissen Ersetzungsmöglichkeiten innerhalb der Versfüße), sondern nicht *kata metron* gebildete, prinzipiell unvorhersagbare Kombinationen von Daktylen und Trochäen. Die einzige Regelmäßigkeit (abgesehen vom festgelegten markanten Hexameter-Schluß: X x x X x) besteht in der Anzahl der He-

---

[213] Vgl. Barsch 1991, S. 142, Anm. 65: »Einer langen Silbe im klassischen Griechisch entsprechen zwei Moren, eine kurze Silbe entspricht einer More.« – Vgl. auch West 1987, S. 6f.
[214] Barsch 1991, S. 142.
[215] Snell 1982, S. 8. – West 1987, S. 6, spricht von ›resolution‹ und ›contraction‹, operiert also ebenfalls auf der Ebene der Silben und nicht des Versfußes.
[216] Zu den beiden deutschen ›Hexameterschulen‹, der quantitätsprosodischen (v.a. J. H. Voß) und der akzentprosodischen (Klopstock, Goethe, Schiller, Hölderlin, Brecht u.v.a.m.), vgl. Wagenknecht 2007, S. 104-106.

bungen, die auf sechs pro Vers festgelegt ist.[217] Damit handelt es sich bei den Nachbildungen des Hexameters und weiterer Versmaße, die die von Küper bei seiner ersten Verwendungsweise des Begriffs ›Versfuß‹ ins Auge gefaßte Ersetzungsmöglichkeit vorsehen (z.B. des jambischen Trimeters) faktisch um akzentuierende Verse mit festgelegtem Versbeginn, bei denen die Anzahl der unbetonten Silben zwischen den Hebungen auf 1-2 beschränkt ist (in der russischen Terminologie entspricht dies dem *dol'nik*).[218]

Als »weitere Realisationsform des fußmessenden Typs« führt Küper Gedichte wie Stefan Georges »Wenn einst dies geschlecht sich...« an, bei denen die Einheit der – wohlgemerkt: durchgehend identischen (hier: amphibrachischen) – Versfüße durch die Konvergenz der Fußgrenzen mit Wort- und Phrasengrenzen hervorgehoben wird.[219] Diese Verwendungsweise von ›Versfuß‹ ist nicht nur mit der ersten unvereinbar (für die ja gerade das Kriterium der Austauschbarkeit entscheidend war), sie ist zudem in der von Küper vorgestellten Form gewiß nicht typbildend auf der Ebene des abstrakten Metrums. Es handelt sich vielmehr um einen interessanten *Rhythmus*typ innerhalb der syllabotonischen Versifikation, denn sowohl die Silbenzahl als auch die Anzahl und Position der Hebungen sind genau festgelegt.

Insgesamt erweist sich der fußmessende Versifikationstyp somit als konzeptionell widersprüchlich und letztlich überflüssig.

Die drei Kombinationsmöglichkeiten der einfachen metrischen Einheiten ›Position‹ und ›Hebung‹ – der rein silbenzählende syllabische, der rein hebungszählende akzentuierende und der silben- und hebungszählende sowie positionsregulierte syllabotonische Versifikationstyp – stellen dagegen fraglos grundlegende Metriktypen dar.

Fazit: Christoph Küpers Entwurf einer Typologie nach dem Baustein-Prinzip, bei dem die Relevanz der Anzahl der vier ›metrischen Einheiten‹ Position, Hebung, Versfuß und Takt in bestimmten Kombinationen insgesamt fünf Versifikationstypen konstituiert, stellt einen interessanten Alternativentwurf zur konstituentenbezogenen Kreuzklassifikation à la Wagenknecht dar. Allerdings vermag er in der Ausführung nur streckenweise zu überzeugen. Die Typologie bleibt trotz des explizit eingeschränkten Geltungsbereichs (deutsche und englische Lyrik) durch die Reduktion der Anordnungsebene auf das Prinzip der horizontalen Anzahl sowie aufgrund des Ausschlusses von Reim und Pausen als notwendigen und hinreichenden Verskonstituenten unvollständig. Hinzu tritt die problematische Konzeption der beiden komple-

---

[217] Hinzu kommt mindestens eine Zäsur bzw. Diärese pro Vers. Dies ist jedoch im vorliegenden Zusammenhang nicht von Interesse.
[218] Siehe unten S. 144.
[219] Küper 1988, S. 267.

xen metrischen Bausteine ›Versfuß‹ und ›Takt‹ und der eigens für sie eingerichteten Versifikationstypen.

## Boris Buchštab (1973)

Im Jahre 1973, also deutlich vor den Darstellungen Wagenknechts und Küpers, erschien Boris Buchštabs Aufsatz »Ob osnovach i tipach russkogo sticha« (›Über die Grundlagen und Typen des russischen Verses‹). Er wird aus zwei Gründen hier an letzter Stelle angeführt. Zunächst gehört Buchštabs Modell in einen anderen Diskussionszusammenhang als die bisher behandelten Typologien. Denn obwohl Lotz, Wagenknecht und Küper – teils durch die unmittelbare Zusammenarbeit (Lotz), teils durch die Perspektivierung ihrer Arbeiten (Wagenknecht und Küper) – eine unverkennbare Beziehung zu Roman Jakobsons literatur- und verstheoretischen Studien erkennen lassen, spielt die russische Verstradition zumal in ihren typologischen Entwürfen keine erkennbare Rolle. Dies hängt nicht zuletzt mit der jeweiligen philologischen Orientierung und natürlich auch mit der sprachlichen Erschließbarkeit zusammen. Letzteres betrifft selbstverständlich nicht nur die Primärtexte, sondern auch die Forschungsliteratur: Es kann davon ausgegangen werden, daß die chronologisch *nach* Buchštab vorgelegten Typologien von Wagenknecht und Küper faktisch *parallel zu* Buchštab, d.h. unabhängig von seinem Entwurf, konzipiert wurden. – Buchštab schließt seinerseits zwar punktuell an Jakobson und weitere außerhalb der Sowjetunion wirkende russische bzw. slavische Verstheoretiker an,[220] schlägt jedoch nicht den dort vorgezeichneten Weg der vergleichenden Metrik ein. Sowohl durch die explizite Beschränkung auf den russischen Vers[221] als auch durch die detaillierte kritische Bestandsaufnahme ausschließlich der russischen Verstheorie (v.a. Žirmunskij, Tomaševskij, Jarcho, Timofeev, Kolmogorov, Prochorov und Gasparov) positioniert er sich klar innerhalb der russischen Diskussion.

Der zweite Grund für die Plazierung von Buchštabs Modell am Ende dieses Kapitels besteht darin, daß es trotz (oder vielleicht gerade wegen) dieser Fokussierung auf nur eine Nationalliteratur und (freilich auf diesem Gebiet besonders hochkarätige) Forschungstradition zumindest in einigen Aspekten eine größere Trennschärfe als die Vorschläge von Lotz, Wagenknecht und Küper erreicht. Bewußt anachronistisch formuliert: Buchštab schließt mit seinem Vorschlag Lücken der anderen betrachteten Typologien.

---

[220] Vgl. Buchštab 1973, S. 107.
[221] Vgl. den programmatischen Beginn des Aufsatzes: »Es gibt kaum einen Zweifel daran, daß eine der ersten Aufgaben jeder beliebigen nationalen Verswissenschaft darin besteht, die Grundlagen zu bestimmen, auf denen diese Versifikation beruht. Doch die russische Verswissenschaft (eine andere Versifikation und Verswissenschaft werde ich nicht berühren) hat diese Aufgabe bisher nicht erfüllt.« Buchštab 1973, S. 96 (meine Übersetzung).

Sein Ansatz fußt auf der Unterscheidung grundlegender ›Prinzipien‹ der Versifikation. In dieser Kategorie faßt Buchštab (ähnlich wie Wagenknecht in seinen ›Arten der Versifikation‹) von vornherein bestimmte sprachliche Konstituenten und spezifische Formen ihrer Anordnung im Vers zu festen Kombinationen zusammen und geht von folgenden Grundeinheiten aus:

(1) Dem *syllabischen* Prinzip der regelmäßigen Anzahl der Silben im Vers;
(2) Dem *akzentuierenden* Prinzip der regelmäßigen Anzahl der Betonungen (oder Hauptbetonungen) im Vers;
(3) Dem *tonischen* Prinzip der regelmäßigen Verteilung der starken und schwachen Silben im Vers.[222]

Unter der ›geregelten Anzahl‹ versteht Buchštab dabei »die gleiche Anzahl entweder in jedem Vers oder in Versen, die miteinander verbunden sind: in korrespondierenden Versen von Strophen, in Versen, die zu ein und derselben Gruppe polymetrischer Kompositionen gehören u.ä.«[223]

Analysiert man Buchštabs ›Prinzipien‹ im Hinblick auf die Konstituentenebene, dann wird klar, daß nur die Silbenhaftigkeit und die Silbenprominenz berücksichtigt werden. Mit der Art der Silbenübergänge und den lautlichen Übereinstimmungen fallen somit gleich zwei für die Versifikation grundlegende sprachliche Einheiten aus der Betrachtung heraus. Diese erhebliche Einschränkung läßt sich nur zum Teil auf die Perspektivierung von Buchštabs Aufsatz zurückführen. Denn zwar bildet die unbefriedigende metrische Beschreibung des in erster Linie versfußmetrisch gebundenen ›klassischen russischen Verses‹ des 18. und 19. Jahrhunderts den Ausgangspunkt,[224] doch Buchštab erweitert im Verlauf der Untersuchung sein Blickfeld einerseits historisch auch auf die vor- und nach-›klassischen‹ Etappen der russischen Lyrik und andererseits systematisch auch auf die volkstümliche Dichtung. Damit gehören prinzipiell auch vorwiegend bzw. ausschließlich auf Reim (der *raëšnyj stich*[225]) und/oder versfinaler Pause beruhende Formen (ungebundene Verse) mit zum Einzugsbereich seines typologischen Ansatzes. Dieser erweist sich in dieser Beziehung als ebenso unvollständig wie die Modelle von Lotz und Küper.

---

[222] Buchštab 1973, S. 104 (meine Übersetzung).
[223] Buchštab 1973, S. 104 (meine Übersetzung).
[224] Vgl. Buchštab 1973, S. 96: »Es gibt keine einheitliche Meinung darüber, auf welchen Prinzipien der russische Vers gründet; mehr noch: unter ein und denselben Bezeichnungen verstehen verschiedene Forscher unterschiedliche Prinzipien. Und das betrifft nicht nur solche verhältnismäßig neue und komplizierte Typen des russischen Verses, wie den dol'nik, den Akzentvers oder den Freien Vers, sondern vor allem den Haupttyp der russischen Versifikation, den klassischen russischen Vers« (meine Übersetzung).
[225] Siehe unten S. 75.

Auch bei näherer Betrachtung der von Buchštab berücksichtigen Anordnungsprinzipien fällt zunächst ein Defizit ins Auge. Denn die vertikale Gedichtdimension spielt nur insofern eine Rolle, als Buchštab das Prinzip der identischen horizontalen Anzahl (bei ihm: der Silben und Hebungen) nicht nur auf isometrische Texte anwendet, sondern mittels der Kategorie der ›korrespondierenden Verse‹ auch regelmäßige heterometrische Formen berücksichtigt. Verstexte, deren Regelmäßigkeit ausschließlich auf der regelmäßigen vertikalen Anordnung, d.h. der Anzahl oder der Position von Verszeilen, Reimen oder Pausen beruht, liegen allerdings – wie bei den anderen drei Modellen – außerhalb des Bereichs, der mit Buchštabs Ansatz erfaßt werden kann.

Diesen offensichtlichen Einschränkungen der Leistungsfähigkeit von Buchštabs Vorschlag steht ein wichtiger Vorzug gegenüber den Typologien von Lotz, Wagenknecht und Küper gegenüber. Er liegt in dem dritten von ihm angeführten, ›tonischen‹ Prinzip. Unter der dafür einschlägigen ›regelmäßigen Verteilung‹ der starken und schwachen Silben versteht Buchštab deren gleichbleibende Abfolge: Zwischen zwei Hebungen findet sich stets eine festgelegte und gleichbleibende Zahl von Senkungen. Buchštab arbeitet damit eine grundlegende Form der horizontalen Anordnung heraus: die relative Position prominenter Silben. Sie ist unter versifikationstypologischer Perspektive deshalb so wichtig, weil sie allein metrumbildend sein kann: In Gedichtformen wie den ungereimten und unstrophischen Madrigalversen der deutschen Lyrik mit ihrer wechselnden Zahl von Jamben pro Vers beruht die Regelmäßigkeit in der Tat nur darauf, welcher Versfuß als festgelegte Abfolge von Hebungen und Senkungen verwendet wird.[226]

Wenn Buchštab im letzten Teil seines Aufsatzes vor der typologischen Einordnung des Logaöds als Versform mit festgelegter Silben- und Hebungszahl bei wechselnder, sich allerdings in jeder Zeile identisch wiederholender Zahl der Senkungen zwischen den Hebungen kapituliert,[227] dann nur deswegen, weil er den eingeschlagenen Weg der Isolierung basaler Anordnungsformen nicht zu Ende geht. Denn in diesen (wie auch in vielen anderen) Versformen zeigt sich lediglich, daß die horizontale Position der prominenten Silben nicht nur relativ, sondern auch absolut geordnet sein kann.

Methodisch analog zu Wagenknecht baut Buchštab auf seinen genannten drei versifikatorisch relevanten Prinzipien – dem akzentuierenden (A), dem syllabischen (S) und dem tonischen (T) – mittels einer Kreuzklassifikation eine metrische Typologie auf. Sie enthält folgende sieben Systemstellen:

A  Akzentvers
S  Syllabischer Vers

---

[226] Siehe unten S. 100f.
[227] Vgl. Buchštab 1973, S. 116f. – Zum Logaöd vgl. Gasparov 2001c.

T   Freier Vers[228]
AT  Komplett betonter Vers mit variierendem Auftakt
[AS Gleichhebiger syllabischer Vers]
ST  Regulierter nicht komplett betonter Vers
AST Regulierter komplett betonter Vers[229]

Diese Typologie hat gegenüber den bisher vorgestellten Entwürfen den bereits herausgestellten Vorteil, daß die relative horizontale Position prominenter Silben als eigenständiges Prinzip berücksichtigt wird. Entsprechende Gedichte, wie Goethes »Der Adler und die Taube«, können bei Wagenknecht nicht trennscharf eingeordnet werden, sondern finden sich gemeinsam mit offenkundig anders organisierten Formen wie dem Hexameter in ein und derselben Klasse. In den Entwürfen von Lotz und Küper ist der Umgang mit dieser Gedichtform nicht nur unbefriedigend, sondern unmöglich: Hier ist eine Erfassung innerhalb der Typologie völlig ausgeschlossen.

Als entscheidende Schwäche von Buchštabs Modell muß – zusätzlich zu den bereits angeführten Lücken auf der Konstituenten- und Anordnungsebene – die Behandlung des ›akzentuierenden Prinzips‹ angesehen werden. Ganz offenbar vollzieht Buchštab hier innerhalb der Typologie einen unzulässigen Wechsel auf die Ebene des konkreten Gedichts oder zumindest des Rhythmustyps. Eine Differenzierung zwischen ›komplett betonten Versen‹ und ›nicht komplett betonten Versen‹ ist zweifellos notwendig und wichtig, allerdings nicht auf der Ebene des metrischen Schemas. Denn dort ist die Anzahl der prominenten Silben pro Vers entweder festgelegt oder variabel; eine weitere Alternative gibt es nicht.

Deutlich wird diese interne Widersprüchlichkeit auch am Beispiel der ›Freien Verse‹, d.h. der Kombination aus identischen Versfüßen in unterschiedlicher Anzahl pro Zeile. Sie sind in Buchštabs Typologie allein durch das ›tonische Prinzip‹ geregelt. Durch die Behandlung des ›akzentuierenden Prinzips‹ wird nun zwangsläufig die Frage aufgeworfen, warum nicht auch bei den ›Freien Versen‹ in Abhängigkeit von der Realisierungshäufigkeit der Hebungen komplett und nicht-komplett betonten Formen unterschieden werden. Das ist jedoch in Buchštabs Typologie nicht möglich. Und zwar aus gutem Grund: Denn natürlich gibt es diese unterschiedlichen Realisationsweisen des ›rein tonischen Verses‹, allerdings lassen sie sich sinnvoll nur auf der Ebene des Rhythmus, nicht aber des abstrakten Metrums beschreiben.

---

[228] Hier gemäß der russischen Terminologie verstanden als Kombination von identischen Versfüßen in unterschiedlicher Anzahl pro Zeile. Siehe unten S. 101.
[229] Buchštab 1973, S. 109 (meine Übersetzung). Die Kombination AS (gleichhebiger syllabischer Vers) klammert Buchštab deshalb aus, weil sie in der russischen Lyrik nie in nennenswertem Umfang verwendet wurde. Unter systematischer Perspektive stellt sie freilich trotzdem ein gleichberechtigtes Element der Typologie dar.

Fazit: Buchštabs Typologie ist in bezug auf die notwendige Differenzierung horizontaler Anordnungsprinzipien präziser als die anderen Modelle. Gleichwohl weist sie sowohl hier (Vernachlässigung der absoluten Position prominenter Silben) als auch bei den vertikalen Gliederungsformen sowie auf der Konstituentenebene (Ausklammerung von Reim und Pausen) beträchtliche Lücken auf. Zudem vollzieht Buchštab bei der Anwendung seiner Typologie einen unzulässigen Ebenenwechsel vom abstrakten Metrum zum konkreten Gedichtrhythmus bzw. Rhythmustyp. Der Entwurf ist damit an einer Stelle wegweisend, in der vorliegenden Form jedoch korrektur- und ergänzungsbedürftig.

## Prinzipien der Versifikation

Die Prinzipien der Versifikation geben Auskunft über die Verwendung von bestimmten sprachlichen Einheiten zum Aufbau von Versen. Im Anschluß an die Resultate des vorangegangenen Kapitels gilt es dabei, sowohl im Hinblick auf die versifikatorisch relevanten sprachlichen Konstituenten wie auch auf die einschlägigen Anordnungsprinzipien alle notwendigen Elemente zu berücksichtigen und dabei zugleich mit möglichst wenigen und möglichst einfachen Kategorien auszukommen. Ziel ist es, alle (oder doch möglichst viele und ganz sicher alle wichtigen) Vers- und Gedichtformen einfach und gleichzeitig präzise bestimmen zu können.

Um dabei zu adäquaten Resultaten zu gelangen, ist es notwendig, die getroffene Unterscheidung zwischen gebundenen und ungebundenen Versen präsent zu halten. Denn beide Teilbereiche differieren hier grundsätzlich: Zentrale Konstituenten der gebundenen Verse sind für die ungebundenen nur von zweitrangiger Bedeutung und umgekehrt.

### *Gebundene Verse*
#### *Konstituenten des Verses*

Folgende sprachliche Einheiten bzw. Größen besitzen in den gebundenen Versen besondere versifikatorische Relevanz:
1. die Silbe als kleinste rhythmische Einheit,
2. die Prominenz bzw. der Charakter der Silbe, d.h. die Differenzierung verschiedener Silbentypen auf der Basis unterschiedlicher prosodischer Merkmale,
3. lautliche Übereinstimmungen von Silben oder Silbengruppen,
4. die Art der Übergänge zwischen den Silben.

Diese Liste ist in zweierlei Hinsicht nicht selbstverständlich. Zum einen wird hier die Art der Silbenübergänge (Wortgrenze, Zäsur, Diärese) zu den grundsätzlichen Verskonstituenten gerechnet. Anhand der vorgestellten Versifikationstypologien ist deutlich geworden, daß man in metrischen Darstellungen dieser Form der Gliederung dagegen üblicherweise lediglich sekundäre Bedeutung beimißt.[230] Warum hier eine andere Einstufung vorgenommen wird, ist unten ausführlich dargelegt.[231]

Zum anderen wird mit dem Takt eine Größe nicht zu den Verskonstituenten gerechnet, die im Anschluß an Andreas Heuslers *Deutsche Versgeschichte*[232] über viele Jahrzehnte, ja z.T. bis hinein in die Metrik der jüngsten Zeit als basal angesehen wurde und wird.[233] In der Begründung für diesen Ausschluß

---

[230] Vgl. außerdem z.B. Paul/Glier 1966, S. 15f., § 7.
[231] Siehe unten S. 76ff.
[232] Vgl. Heusler 1956, Bd. 1, S. 1-85, §§ 1-103.
[233] Vgl. insbes. Arndt 1990, bes. S. 78-99.

folge ich zum einen Christian Wagenknecht, der die Isochronie von Verssegmenten, die dem Taktprinzip zugrunde liegt, der Ebene des Versvortrags zugeordnet hat,[234] die außerhalb des Gegenstandsbereichs auch der vorliegenden Darstellung liegt. Zum anderen ist Heuslers Fokussierung auf den gleichmäßigen ›Zeitfall‹, d.h. die »geregelten Zeitspannen von Iktus zu Iktus«[235] als Grundprinzip fast der gesamten deutschen Dichtung wiederholt als unhaltbare ›Vermischung von musikalischen und literarischen Verhältnissen‹ zurückgewiesen worden.[236] Doch auch die weitaus überzeugendere, literarhistorisch, regional und gattungsbezogen fokussierte Anwendung des Taktprinzips durch Leif Ludwig Albertsen als »Denken in vier plus vier Takten«[237] im Sinne einer rhythmischen »Vorerwartung«, die sich im 18. und 19. Jahrhundert, also für eine »kurze Zeitspanne und den Raum in und um Deutschland als [...] dominant ansetzen läßt«,[238] betrifft letztlich die Frage einer adäquaten Rezitation der betreffenden Verse. In den von Roman Jakobson eingeführten Kategorien geht es bei der von Albertsen und anderen behaupteten Isochronie der ›Takte‹ und der Zeilen (einschließlich sogenannter ›pausierter Hebungen‹[239]) nicht um das (hier vornehmlich interessierende) textbezogene *verse design*, sondern um ein bestimmtes vortragsbezogenes *delivery design*.[240]

**Silbe und Silbenprominenz**

Von den angeführten vier Konstituenten erscheint die an erster Stelle genannte Silbe unter versifikatorischer Perspektive als unproblematisch.[241] Die Relevanz dieser Einheit steht heute[242] ebenso außer Frage wie ihre Identifizierbarkeit.

---

[234] Vgl. Wagenknecht 2007, S. 14f.
[235] Heusler 1956, Bd. 1, S. 24, § 32.
[236] Vgl. die gleichermaßen knappe wie differenzierte Auseinandersetzung mit Heuslers Taktprinzip in Schlawe 1972, S. 38-42 (mit weiterführenden Literaturhinweisen); vgl. daneben auch Paul/Glier 1966, S. 20f., § 12, sowie Beißner 1964, bes. S. 33-40.
[237] Vgl. Albertsen 1997, S. 43-69 (»Kapitel 4: Das Denken in vier plus vier Takten«). – Aufgegriffen von Christoph Küper (Küper 1988, S. 274-280: »Der taktierende Versifikationstyp«, siehe oben S. 58).
[238] Albertsen 1997, S. 43.
[239] Vgl. die charakteristische Formulierung in Vennemann 1995, S. 203, der zur ›Pausierbarkeit des letzten Taktes‹ im neuhochdeutschen Viertakter anmerkt: »Bei richtigem Vortrag ›hört‹ man geradezu, wie das Gedicht noch weitergeht, nachdem der Text bereits zu Ende gesprochen ist.«
[240] Vgl. Jakobson 2007d, S. 183-185.
[241] Eine Skizze der nicht unbeträchtlichen linguistischen Probleme im Zusammenhang mit der (metriktheoretisch irrelevanten) Silbenabgrenzung findet sich in Lotz 1972, S. 19f., Anm. 18.
[242] Selbst Andreas Heusler, für den die Dauer der Verssegmente, ihr »Zeitfall« (vgl. Heusler 1956, Bd. 1, S. 6, § 8) zusammen mit den Stärkestufen der Silben im Vordergrund steht, bezeichnet die »Silbenzählerei« zwar einerseits als »Hemmschuh« für die Metriktheorie, räumt jedoch andererseits ein, daß »für viele Versstile das Silbenzählen, d.h. die Festlegung der Silbensumme« wichtig ist (a.a.O., Bd. 1, S. 9, § 12).

Auch die Unterscheidung verschiedener Silbentypen – John Lotz nennt sie »bases«, Christian Wagenknecht »Größen«[243] – ist metriktheoretisches Gemeingut. In der neueren Verslehre geht man davon aus, daß sich dort, wo diese Differenzierung von versifikatorischer Relevanz ist, die Silben im Hinblick auf bestimmte phonetische Eigenschaften in zwei Klassen unterteilen lassen. Deren Elemente übernehmen im Versbau eine prominente bzw. nicht-prominente Funktion. Unterschieden werden:
- das chronematische Prinzip, basierend auf der Dauer: lange vs. kurze Silben (z.B. im klassischen Griechisch und Latein),
- das akzentuierende Prinzip, basierend auf dem dynamischen Akzent: akzentuierte vs. nicht-akzentuierte Silben (z.B. im Deutschen und Englischen), und
- das tonematische Prinzip, basierend auf dem Tonverlauf: ebene vs. schiefe Silben (z.B. im Chinesischen) bzw. auf der Tonhöhe: hohe vs. tiefe Silben (z.B. im nigerianischen Efik[244]).

Wenn hier einzelne Sprachen als typische Beispiele für die unterschiedlichen Differenzierungsprinzipien angeführt wurden, so darf dies nicht mißverstanden werden. Die relevanten phonetischen Merkmale sind zwar in den verschiedenen Sprechergemeinschaften unterschiedlich stark ausgeprägt (bzw. werden unterschiedlich deutlich wahrgenommen), doch bedeutet dies nicht, daß die Dichtung einer Sprache nur von einer Spielart der Silbenprominenz Gebrauch machen kann.

Zum einen kann sich durch sprachgeschichtliche Entwicklungen eine Verschiebung der Hauptopposition ergeben. Ein Beispiel hierfür ist der Verfall der Vokalquantitäten im Mittellateinischen, der in der Dichtung zum Übergang vom chronematischen zum akzentuierenden System geführt hat.[245] Doch es kann auch seitens der Dichter ein vom Sprachsystem her stabiles phonetisches Prinzip in Frage gestellt oder um ein weiteres ergänzt werden. Häufig ist dies mit Übersetzungen verbunden, wie in der deutschen Dichtung beim Versuch einer möglichst originalgetreuen, d.h. quantitierenden Nachbildung des griechischen Hexameters durch Johann Heinrich Voß.[246] Schließlich können innerhalb der Dichtung einer Sprache aber auch verschiedene phonetische Prinzipien gleichzeitig zur Anwendung gelangen. Dieser Umstand ist in der Verstheorie bisher wenig berücksichtigt worden,[247] darf aber keineswegs

---

[243] Lotz 1972, S. 10: »A more complex metric system is one in which, besides syllabicity, a prosodic feature is relevant. Here we have to differentiate between various types of syllabic materials, which we may call bases.« – Vgl. Wagenknecht 2007, S. 19f.
[244] Vgl. Jakobson 2007d, S. 175f.
[245] Vgl. Klopsch 1991.
[246] Vgl. Voß 1802; Kelletat 1949, S. 12-16 u. 40-81; Kelletat 1964, bes. S. 60-65, Häntzschel 1977, S. 53-63, und Noel Aziz Hanna 2003, S. 88-92.
[247] Vgl. die knappen Hinweise von John Lotz zu den ›mixed metric types‹ in Lotz 1960, S. 141, Punkt (2), 4.

vernachlässigt werden. So hat beispielsweise Roman Jakobson das spannungsgeladene Neben- und Miteinander von akzentuierendem und chronematischem Prinzip in der tschechischen Dichtung der 1920er Jahre anhand der Äußerungen von Dichtern und Schauspielern dokumentiert.[248] Geht es hier eher um die Dominanz des einen oder anderen Prinzips in unterschiedlichen lyrischen Gattungen, so findet sich im chinesischen *lü-shih*, einer der wichtigsten Gedichtformen der T'ang Dynastie (618-907), laut François Cheng ein gleichberechtigtes Nebeneinander von akzentuierendem und tonematischem Prinzip.[249] Das *lü-shih* besteht in der Regel aus zwei Vierzeilern, die sich aus je zwei Verspaaren zusammensetzen. Die Verse sind entweder fünf- oder siebensilbig mit einer Zäsur vor der drittletzten Silbe; dabei ist folgendes Akzentmuster obligatorisch:

    x X I X x X bzw.
    x X x X I X x X

Gleichzeitig ist das *lü-shih* metrisch aber auch durch die Verteilung der ebenen und schiefen Töne reguliert, wobei die Vierzeiler nach unterschiedlichen Schemata gebaut sein können. So existieren für die fünfsilbige Variante des *lü-shih* die folgenden vier Formen (– steht für ebene, / für schiefe Töne):

    / / – – /
    – – / / –
    – – – / /
    / / / – –

    / / / – –
    – – / / –
    – – – / /
    / / / – –

    – – – / /
    / / / – –
    / / – – /
    – – / / –

    – – / / –
    / / / – –

---

[248] Jakobson 1974, S. 5-17.
[249] Vgl. Cheng 1982, S. 43-65. – Auch in der estnischen Dichtung findet sich (zumindest im 20. Jahrhundert) ein Neben- und Miteinander zweier Prinzipien, hier: des quantitierenden und akzentuierenden Prinzips. (Vgl. Pyl'dmjaè 1970.)

/ / – – /
– – / / –²⁵⁰

In ähnlicher Weise findet sich auch in der neueren deutschen Dichtung²⁵¹ ein zumindest ansatzweises Miteinander von akzentuierendem und chronematischem Prinzip, denn die Regeln für den reinen Endreim schließen auch die Identität der Vokalquantität der Reimglieder²⁵² ein. Sind also Verse durch die Anzahl und/oder Anordnung akzentuierter und nicht akzentuierter Silben metrisch reguliert und liegt gleichzeitig Endreim vor, so sind automatisch auch je paarweise identische Vokalquantitäten ab der letzten akzentuierten Silbe vorgeschrieben.²⁵³ Dabei ist die Ordnung nach dem akzentuierenden Prinzip absolut – das Vorkommen eines konkreten Silbentyps, nämlich des prominenten, d.h. akzentuierten, ist nach Anzahl und/oder Position geregelt –, die nach dem chronematischen Prinzip hingegen zumeist relativ.

Nimmt man als Beispiel die beliebteste deutsche Form der Schweifreimstrophe,²⁵⁴ so ergibt sich folgendes metrisches Schema:

a) akzentuierend:

x X x X x X x X
x X x X x X x X

---

[250] Formale Strukturbeschreibungen des *lü-shih* – allerdings ohne Berücksichtigung der akzentuierenden Ebene des Metrums – finden sich in Lotz 1960, S. 144, sowie, unter Berücksichtigung der verschiedenen Symmetrieformen, in Jakobson 1979b.

[251] Für das Althochdeutsche reklamiert Lehmann im Anschluß an Eduard Sievers eine Kombination von akzentuierendem und quantitierendem Prinzip. Vgl. Lehmann 1972.

[252] Vgl. Wagenknecht 2007, S. 41: »Als besonders unrein erscheint die Verbindung von kurzem und langem Vokal: ›stillt‹ : ›spielt‹, ›rennt‹ : ›wähnt‹.« Eine ähnliche Einstufung findet sich in Knörrich 1992, S. 245: »[...] qualitativ unreine Reime akzeptieren wir viel eher als qualitativ reine, aber quantitativ unreine Reime, d.h. Reimbindungen zwischen langen und kurzen Vokalen wie Rat / hat, Luft / ruft, büßen / müssen. In Beispielen wie Liebe / Lippe ist es weniger die konsonantische Ungleichheit, die stört, als die der Silbenquantität.« – An anderer Stelle ordnet Knörrich die Verbindung von Lang- und Kurzvokal in Reimwörtern sogar dem »Augenreim« zu: »Beim Augenreim fehlt der volle Gleichklang der Reimwörter; sie stimmen nur in ihrem Schriftbild überein, haben jedoch verschiedene Aussprache. Er kommt vor allem in der englischen Dichtung vor, so wenn z.B. move (u:), strove (ou) und love (a) reimen. Im Deutschen ist vor allem die Reimung eines langen Vokals mit dem entsprechenden kurzen eigentlich nur ein Augenreim. Vergleichbare Fälle neben Grab / herab sind z.B. Roß / groß und Luft / ruft.« (Knörrich 1992, S. 18). – Einschränkend muß allerdings darauf hingewiesen werden, daß nicht automatisch von der Vokalquantität auf die Silbenlänge geschlossen werden kann. Vgl. dazu schon Saran 1907, S. 62-77.

[253] Freilich bezieht sich das auf die Ebene des abstrakten Metrums. Im konkreten Gedicht muß dies nicht eingehalten werden – dies gehört zum (von den jeweiligen poetologischen Rahmenbedingungen abhängigen) formalen Gestaltungsspielraum des Dichters. Trotz der angeführten erheblichen wahrnehmungsseitigen Beeinträchtigung der lautlichen Übereinstimmung (siehe Anm. 252) werden Reime mit unterschiedlicher Quantität der Reimvokale zu den ›unreinen Reimen‹ und damit zu den lizenzierten Abweichungen gerechnet. (Vgl. dazu detailliert aus linguistischer Perspektive Primus 2002, bes. S. 283-286.) Doch auch Lizenzen sind – wenngleich in bestimmtem Umfang konventionalisierte – Verletzungen einer poetischen *Norm*. (Vgl. Wagenknecht 2007, S. 24-26: »Zum Begriff der metrischen Lizenz«.)

[254] Vgl. Frank 1993, S. 447-451 (6.19).

```
x X x X x X x
x X x X x X x X
x X x X x X x X
x X x X x X x
```

b) chronematisch; in bezug auf die Vokalqualität steht ∪ für kurze, – für lange, ∪̲ für entweder kurze oder lange (Quantität paarweise relevant, aber nicht absolut festgelegt) und x für beliebige Silben (Quantität irrelevant); die durch Schweifklammer verbundenen Verse müssen hinsichtlich der Vokalquantität identische Kadenzen haben:

```
x x x x x x x ∪̲  ⎫
x x x x x x x ∪̲  ⎬
x x x x x ∪̲ ∪      ⎤
x x x x x x x ∪̲  ⎫ ⎬
x x x x x x x ∪̲  ⎬ ⎥
x x x x x ∪̲ ∪      ⎦
```

Von dieser zusätzlichen Regulierung durch das chronematische Prinzip gehen rhythmische Impulse aus, die gewiß der Akzentstruktur und Reimbindung nachzuordnen sind. Inwiefern sie dennoch spürbar und relevant sind, mag man anhand von Joseph von Eichendorffs »Der Einsiedler«, einem der bekanntesten Gedichte in der genannten Strophenform, überprüfen. Die Buchstaben am Zeilenende stehen für die Reimordnung (Großbuchstaben für männliche, Kleinbuchstaben für weibliche Reime), darauf folgt in Klammern die Vokalquantität der Reimsilben:

Der Einsiedler

1 Komm', Trost der Welt, du stille Nacht!     A (∪)
2 Wie steigst du von den Bergen sacht,     A (∪)
3 Die Lüfte alle schlafen,     b (– ∪)
4 Ein Schiffer nur noch, wandermüd,     C (–)
5 Singt über's Meer sein Abendlied     C (–)
6 Zu Gottes Lob im Hafen.     b (– ∪)

7 Die Jahre wie die Wolken gehn     D (–)
8 Und lassen mich hier einsam stehn,     D (–)
9 Die Welt hat mich vergessen,     e (∪ ∪)
10 Da tratst du wunderbar zu mir,     F (–)
11 Wenn ich beim Waldesrauschen hier     F (–)
12 Gedankenvoll gesessen.     e (∪ ∪)

₁₃ O Trost der Welt, du stille Nacht!     A (∪)
₁₄ Der Tag hat mich so müd gemacht,     A (∪)
₁₅ Das weite Meer schon dunkelt,     g (∪∪)
₁₆ Laß' ausruhn mich von Lust und Not,     H (–)
₁₇ Bis daß das ew'ge Morgenrot     H (–)
₁₈ Den stillen Wald durchfunkelt.[255]     g (∪∪)

Die konkrete Realisierung der chronematischen Elemente des Metrums, d.h. der paarweise identischen Vokalquantität der Reimsilben, zeigt in diesem Gedicht eine deutliche Struktur. Strophe 1 und 3 sind ähnlich gebaut: In beiden Fällen folgt auf ein Reimpaar mit kurzen Vokalen eines mit langen Vokalen: 1/2 vs. 4/5 sowie 13/14 vs. 16/17.[256] Die Strophen weisen damit eine Kontraststruktur auf: vordere vs. hintere Strophenhälfte. Anders in der Mittelstrophe. Hier verfügen die Glieder beider Reimpaare über lange Vokale (V. 7/8 und 10/11), der weibliche Schweifreim hingegen ist durchgehend kurz (V. 9/12). Die Strophe wirkt homogener; gleichzeitig wird der auf den Ebenen von Akzent und Reim etablierte Kontrast zwischen den jeweils ersten beiden Versen und dem jeweils dritten Vers (zwei akatalektische jambische Vierheber vs. ein hyperkatalektischer jambischer Dreiheber sowie männlicher Paarreim vs. weiblicher Schweifreim) durch die Vokalquantität verstärkt.[257]

**Lautliche Übereinstimmungen – Reim, Alliteration, Assonanz**

Lautliche Übereinstimmungen zwischen Silben und Silbengruppen werden in einschlägigen metriktheoretischen Darstellungen häufig nicht zu den primären Konstituenten des Verses gerechnet.[258] Charakteristisch für diese Position ist der folgende Auszug aus der *Deutschen Metrik* von Otto Paul und Ingeborg Glier:

> Reim und Stabreim gehören nicht eigentlich in die Metrik. Sie beziehen sich nur mittelbar auf die Betonungsordnung des Verses, werden vielmehr durch den Klang bestimmt und definiert, und gerade der Stabreim (oder die Alliteration) taucht auch außerhalb der gebundenen Dichtung häufig als rhetorisches Element auf. Nach ihrer Verwendung werden jedoch Reim und Stabreim als Gliederungsprinzipien für die

---

[255] Eichendorff 1987, S. 322.
[256] Die parallele Struktur wird jenseits der Ebene der Vokalquantität durch den gemeinsamen Reim im jeweils ersten Verspaar (V. 1/2 u. 13/14) und die Identität des jeweils ersten Reimwortes *Nacht* (V. 1 u. 13) weiter gestützt.
[257] Vgl. Roman Jakobsons Analyse des Gedichts »Starý človek« (›Alter Mann‹) von Janko Kráľ, einem der wichtigsten Dichter der slowakischen Romantik. Dort wird die letzte Strophe auf Übereinstimmungen und Spannungen zwischen dem akzentuierenden und dem chronematischen Rhythmus untersucht. (Jakobson 2007c, S. 345.)
[258] Vgl. Lotz 1960, S. 139f.; Lehmann 1972, S. 125 u. 129; Küper 1988, S. 255; Standop 1989, S. 20 u. 63, sowie Buchštab 1973.

Verskunst in zweifacher Hinsicht bedeutsam: einmal unterscheiden und benennen wir nach diesen beiden Begriffen historisch und formal verschiedene große Gruppen von Gedichten (Stabreim-, Reim- und reimlose Dichtung). Zum anderen sind Reim und Stabreim – wenn auch nicht sie allein – im einzelnen Vers Anhaltspunkte für die metrisch-rhythmische Gliederung im engeren Sinne.[259]

Erkennbar ist hier zunächst eine deutliche Einschränkung der Metrik auf die Betonungsordnung bzw. allgemeiner auf die Anordnung prominenter und nicht-prominenter Silben im Vers. Daß damit genaugenommen auch sämtliche Gedichte aus dem Gegenstandsbereich der Metrik ausgeschlossen werden, die allein auf der regelmäßigen Anzahl von Silben im Vers beruhen, sei hier nur am Rande erwähnt.[260]

Als erstes Argument für die sekundäre Rolle des Reims in der Versifikation weisen Paul und Glier darauf hin, daß es sich dabei um kein Betonungs-, sondern um ein Klangphänomen handelt. In der Tat ergibt sich aus dem Reim im Unterschied zur prosodischen Prominenz keine binäre Differenzierung der Silben. Es existiert je nach Sprache zumeist eine mindestens zweistellige Anzahl unterschiedlicher stab- bzw. endreimbildender Phonemgruppen; unter prosodischer Perspektive lassen sich die Silben demgegenüber in nur je zwei Klassen unterteilen: akzentuierte vs. nicht-akzentuierte, lange vs. kurze, ebenvs. schieftonige oder hoch- vs. tieftonige. Reimbindung ist damit im Vergleich zur Silbenzahl und -prominenz gewiß das variabelste Ordnungsprinzip. Allenfalls die Position der Reimpartner (z.B. bei der gekreuzten und umschließenden Alliteration[261] oder bei festgelegten vertikalen Anordnungen des Endreims) und beim Endreim der Umfang der lautlichen Übereinstimmung (weiblicher, männlicher Reim) unterliegen bestimmten Regelungen. Die verwendeten reimbildenden Phonemgruppen selbst sind jedoch prinzipiell unvorhersagbar.

Diese äußerste Freiheit ist jedoch mit einer im Vergleich zur Silbenprominenz ungleich strengeren Restriktion verbunden. Denn sobald das erste Reimglied gewählt ist, findet auch hier eine binäre Differenzierung des Sprach-

---

[259] Paul/Glier 1966, S. 24.
[260] Hier zeigt sich die spezifisch germanistische Perspektive von Paul/Glier: Sieht man von den Nachbildungen des japanischen Haiku ab (die beide Autoren offenbar nicht im Blick hatten), konnten sich in der deutschen Dichtung rein syllabische Verse keinen festen Platz erobern. Anderen angeführten Vertretern dieser Richtung, die dem Reim lediglich sekundäre versifikatorische Relevanz beimißt, John Lotz, Boris Buchštab und Christoph Küper, unterläuft diese unzulässige Einschränkung nicht, da sie ein breiteres bzw. andersartiges Gedichtcorpus im Blick haben.
[261] Vgl. Diller 1978, S. 35.

materials statt, nämlich in reimende und nicht reimende Wörter.[262] Der Reimpartner muß dann natürlich aus der ersten Teilklasse stammen, die häufig von verschwindend kleinem Umfang ist.[263] Die Wahlfreiheit ist damit radikal eingeschränkt, die Vorhersagbarkeit im Gegenzug aufs äußerste angewachsen.[264] Ein allbekannter Beleg dafür sind klischeehafte Endreime, die sich in jeder Sprache finden: Im Deutschen beispielsweise *Herz-Schmerz* und *Liebe-Triebe*.[265] – Für die Reimbindung ist mithin ein ständiger Wechsel von Freiheit und Restriktion, von Unvorhersagbarkeit des ersten und Absehbarkeit des zweiten Reimglieds charakteristisch: ein gewiß variables, aber gleichzeitig stabiles und, wie die Lyrik der Welt zeigt, höchst attraktives Ordnungsprinzip des Verses.

Gegen die primäre versifikatorische Relevanz des (Stab-)Reims spricht aus der Sicht von Paul/Glier weiterhin seine Verwendung außerhalb der gebundenen Dichtung. Damit wird ein Exklusivitätsanspruch erhoben, der weder begründet noch haltbar ist. Anläßlich der Diskussion des typologischen Modells von John Lotz wurde gezeigt, daß diesem rigorosen Ansatz zusammen mit dem Reim auch die regelmäßige Anordnung prominenter und nicht-prominenter Silben zum Opfer fallen würde, die ebenfalls nicht auf Versdichtung beschränkt ist, sondern sich gleichermaßen in rhythmischer Prosa findet.[266] – Insgesamt räumen Paul/Glier dem Reim eine lediglich unterstützende und differenzierende Funktion in bezug auf die metrisch-rhythmische Gliederung ein.

Christian Wagenknecht hat in seiner *Deutschen Metrik* demgegenüber geltend gemacht, daß der Reim zu den versifikatorischen Grundkonstituenten zu

---

[262] Das ist die Perspektive des Dichters. Auf der Rezipientenseite stellt sich das Bewußtsein des ›Reimzwangs‹ natürlich erst dann ein, wenn dieses Ordnungsprinzip als solches erkannt wurde. Wann dies geschieht, hängt vom literarhistorisch bedingten Erwartungshorizont ab.
[263] Die Anzahl möglicher Reimpartner ist in Abhängigkeit von den jeweils gültigen literarischen Quasi-Normen Schwankungen unterworfen. In erster Linie betrifft dies die Ablehnung oder Zulassung von unreinen Reimen sowie von *eye-rhymes*.
[264] Bis zum Extrem gesteigert ist dies im Falle des Endreims in einer beliebten Spielart des Ghasels, bei der sich in allen ungeraden Versen an den ohnehin obligatorischen Monoreim ein identisches Wort bzw. eine identische Wortgruppe, das sogenannte Radif, anschließt. Hier besteht 100%ige Voraussagbarkeit. Vgl. das folgende Ghasel von Hugo von Hofmannsthal (Monoreim unterstrichen, Radif kursiviert):
    In der ärmsten kleinen Geige liegt die Harmonie des Alls *verborgen*
    Liegt ekstatisch tiefstes Stöhnen, Jauchzen süssen Schalls *verborgen*;
    In dem Stein am Wege liegt der Funke, der die Welt entzündet,
    Liegt die Wucht des fürchterlichen, blitzesgleichen Pralls *verborgen*.
    In dem Wort, dem abgegriff'nen, liegt, was mancher sinnend suchet:
    Eine Wahrheit, mit der Klarheit leuchtenden Krystalls *verborgen*..
    Lockt die Töne, sucht die Wahrheit, werft den Stein mit Riesenkräften!:
    Unsern Blicken ist Vollkommnes seit dem Tag des Sündenfalls *verborgen*.
(Hofmannsthal 1988, S. 44.)
[265] Vgl. Rühmkorf 1985, S. 157-160.
[266] Siehe oben S. 49.

rechnen ist. Er greift dafür auf seine Definition des Verses zurück: Verse sind Texte, deren phonetisches Material einer periodischen Ordnung unterworfen ist und die aufgrund dieser in metrische Segmente unterteilt sind.[267] Die Reimbindung (v.a. der Endreim am Zeilenende) rechnet er zu den zentralen Realisationsformen einer solchen periodischen Ordnung.[268]

Noch größer, ja geradezu zentral ist die versifikatorische Rolle, die dem Stab- und Endreim in Hans-Jürgen Dillers anglistisch ausgerichteter *Metrik und Verslehre* zugewiesen wird. Denn er geht in seiner historischen Untersuchung der verschiedenen Versformen nicht von rekurrenten Binnenstrukturen (Silbenzahl, Alternanz von prominenten und nicht-prominenten Silben usw.) aus, sondern von besonderen »Mitteln, um die Einheit des Verses zu verdeutlichen. Diese markieren entweder die Gipfelpunkte oder die Grenzen des Verses. Wir unterscheiden deshalb zwischen Kulminativvers und Deliminativvers.«[269] Das zentrale Markierungsmittel des Kulminativverses ist der Stabreim, das des Deliminativverses der Endreim.

Besonders deutlich wird die primäre versifikatorische Relevanz des Reims natürlich dort, wo er isoliert auftritt. Es gibt in vielen Literaturen Gedichtformen, deren periodische Bindung bei freier Variation der Silbenzahl sowie der Anzahl und Position der prominenten Silben und Verseinschnitte allein auf dem Endreim beruht. Im Deutschen ist dies beispielsweise der Freie Knittelvers,[270] im Englischen der *Sceltonic* und der Vers des »Everyman«, den T. S. Eliot in »Murder in the Cathedral« (1935) aufgriff,[271] und im Russischen der volkstümliche *raëšnyj stich* (etwa ›Guckkastenvers‹), von Aleksandr Puškin verwendet in seiner 1830 entstandenen »Skazka o pope i o rabotnike ego Balde« (›Märchen über den Popen und seinen Arbeiter Balda‹). Vgl. den folgenden Ausschnitt (die betonten Vokale sind durch Akzentzeichen hervorgehoben):

<sub>9</sub> Póp emú v otvét: »Núžen mne rabótnik: x x x́ x x́ x́ x x x x́ x
<sub>10</sub> Póvar, kónjuch i plótnik. x x x́ x x x́ x
<sub>11</sub> A gde najtí mne takógo x x x x́ x x x́ x

---

[267] Vgl. Wagenknecht 2007, S. 14. Die Allgemeingültigkeit dieser Definition wurde oben (vgl. S. 23, Anm. 77) aufgrund ihrer tendenziell akustischen Ausrichtung angezweifelt; für die hier interessierenden *gebundenen Verse* ist sie dagegen zweifellos zutreffend.

[268] Vgl. Wagenknecht 2007, S. 21. – Interessanterweise hat bereits Andreas Heusler, der im Unterschied zu Wagenknecht vom sprachlich realisierten, ›hörbaren‹ Gedicht ausgeht, den Reim mit ähnlichen Argumenten zu den relevanten Verskonstituenten gezählt: »Nur da fällt die Lautform in den Bereich der Verslehre, wo sie den Vers planvoll von der Prosa abhebt: die verschiedenen Arten des Reims.« (Heusler 1956, Bd. 1, S. 5.) Allerdings schränkt Heusler die metrische Bedeutung des Reims im Verlauf seiner *Deutschen Versgeschichte* bald darauf stark ein: »Daß auch die Reime nicht den Vers m a c h e n, leuchtet ein; gibt es doch stabende und reimende Prosa so gut wie stab- und reimlose Verse.« (A.a.O., Bd. 1, S. 16.)

[269] Diller 1978, S. 34.

[270] Vgl. Wagenknecht 2007, S. 62-64.

[271] Vgl. Standop 1989, S. 92-96.

₁₂ Služítelja ne slíškom dorogógo?«   x x́ x x x x x́ x x x x x́ x
₁₃ Baldá govorít: »Búdu služít' tebe slávno,   x x́ x x x x́ x x x x́ x x x x́ x
₁₄ Usérdno i óčen' isprávno,   x x́ x x x́ x x x x́ x
₁₅ V gód za trí ščelká tebe pó lbu,   x́ x x́ x x x́ x x x́ x
₁₆ Ést' že mne daváj várenuju pólbu«.²⁷²   x́ x x x x x́ x́ x x x x́ x

Die Anzahl der Silben schwankt zwischen sieben und dreizehn, die der Akzente zwischen zwei und fünf; eine regelmäßige Abfolge betonter und unbetonter Silben ist nicht zu erkennen. Umso deutlicher tritt der Endreim hervor, der im gesamten Märchen als Paarreim realisiert ist.

**Silbenübergänge – Pausen**

Eine primäre versifikatorische Relevanz kommt schließlich auch der Art der Silbenübergänge zu. Sie entscheidet darüber, ob an einer bestimmten Stelle Pausen im Artikulationsvorgang notwendig, möglich oder ausgeschlossen sind.²⁷³ Für die gebundenen Verse ist dabei zunächst die Unterscheidung zwischen nicht-pausenfähigen Übergängen im Wortinneren und pausenfähigen Übergängen an der Wortgrenze relevant.²⁷⁴ Innerhalb der zweiten Teilklasse sind dann weiterhin die pausenheischenden Silbenübergänge am Satz- oder Kolonende von besonderer Bedeutung.²⁷⁵

Pausen gehören zu den notwendigen Bestandteilen des Verses, denn sie realisieren sich in der Minimalform als Wortgrenze am Zeilenende.²⁷⁶ Bereits der Verzicht auf starke Pausen, d.h. auf das Zusammenfallen von Kolon- und Zeilengrenzen, wird als Enjambement deutlich wahrgenommen.²⁷⁷ Um so auffälliger ist die radikale Verletzung dieser Regel, nämlich das Auseinanderfal-

---

²⁷² Puškin 1995, Bd. 1, S. 497-502, hier: S. 497. – Übersetzung: ›Der Pope gab ihm zur Antwort: »Ich brauche einen Arbeiter: | Einen Koch, Pferdeknecht und Zimmermann. | Aber wo finde ich einen solchen | Diener, der nicht zu teuer ist?« | Balda spricht: »Ich werde dir gut dienen, | Fleißig und sehr gewissenhaft, | Für drei Stüber auf die Stirn pro Jahr, | Zu essen aber gib mir gekochten Dinkel.«

²⁷³ Eine detaillierte linguistische Untersuchung der Sprechpausen jenseits ihrer (hier allein interessierenden) versifikatorisch relevanten Funktion bietet Drommel 1974.

²⁷⁴ Ausnahmen von dieser Regel finden sich in der griechischen Dichtung. Sie begegnen vor allem in den Singversen (der sogenannten Melik), und zwar sowohl in der Lyrik (z.B. bei Sappho) als auch im Drama (im Chorlied). Vgl. Snell 1982, S. 7 (v.a. zur Trennbarkeit von Eigennamen an Versgrenzen) und S. 68 (zum ›Wortbild‹, d.h. zum Unterschied zwischen graphischer und rhythmischer Worteinheit im Hinblick auf Pro- und Enklitika) sowie West 1982, S. 35 (zum gelegentlichen rhythmischen Überspielen der Versgrenzen durch Worttrennung bei Sappho). – Grundsätzlich fungiert jedoch auch hier die Pause als primäres Segmentierungssignal. (Vgl. Snell 1982, S. 7, und West 1987, S. 3f.)

²⁷⁵ Diese grobe Unterteilung der Silbenübergänge (nicht-pausenfähig, pausenfähig und pausenheischend) ist auf die metrischen Gegebenheiten zugeschnitten. Bei einer genauen Rhythmusanalyse können differenziertere Abstufungen bzw. Gliederungen zum Einsatz kommen, wie sie beispielsweise von Roman Jakobson (Jakobson 1966a, S. 452f.) und Franz Saran (Saran 1907, S. 77-93, § 11) vorgelegt worden sind.

²⁷⁶ Vgl. die Einschränkung für die altgriechische Dichtung (siehe Anm. 274).

²⁷⁷ Vgl. Fónagy 1960 mit einer Vielzahl von Beispielen.

len von Wort- und Versgrenzen. In Kombination mit dem Endreim wirkt dieser Normbruch fast zwangsläufig komisch,[278] wie im nachfolgenden Gedicht von Christian Morgenstern:

>Das ästhetische Wiesel
>
>Ein Wiesel
>saß auf einem Kiesel
>inmitten Bachgeriesel.
>
>Wißt ihr
>weshalb?
>
>Das Mondkalb
>verriet es mir
>im Stillen:
>
>Das raffinier-
>te Tier
>tat's um des Reimes willen.[279]

Der gebrochene Reim *raffinier- | te Tier* ist die formale Pointe des Gedichts. Auf der semantisch-pragmatischen Ebene wird die idyllische Naturszenerie der Eingangsverse zunächst durch die Hinwendung zu den fiktiven Lesern und durch den herbeigezogenen ›Experten‹ (das zum Personal der *Galgenlieder* gehörende Mondkalb) komisiert. Dessen Insiderinformation – das Wiesel posiert um des Reimes willen – enthüllt vollends den Spielcharakter des Gedichts, in dem unter weitgehender Hintansetzung des Gegenstands lediglich originelle Reimwörter kombiniert werden. Der besagte gebrochene Reim dagegen bringt diese humoristisch-anspruchslose Interpretation zum Kippen: Die banale Abfolge der Reimwörter wird durch einen groben Regelverstoß unterbrochen, der sich seinerseits als hochgradig semantisch fundiert erweist. Denn die extravagante Form des Reims entspricht fraglos der Bedeutung des Reimworts *raffiniert*. »Das ästhetische Wiesel« wird damit zum autoreflexiven Gedicht, das auslotet, inwiefern eine Engführung verschiedener Textebenen –

---

[278] Taranovski 1963, S. 86f., und Fowler 1970, S. 89, führen allerdings einige nicht-humoristische Beispiele an (u.a. aus Texten von Majakovskij, Cvetaeva, Dylan Thomas, Hopkins und Donne).
[279] Morgenstern 1990, S. 69. – Vgl. als weiteres prominentes Beispiel für einen gebrochenen Reim die folgende Passage aus dem fünften Streich in Wilhelm Buschs *Max und Moritz*:
>Jeder weiß, was so ein Mai-
>Käfer für ein Vogel sei.
>In den Bäumen hin und her
>Fliegt und kriecht und krabbelt er.

(Busch 1962, S. 23.)

hier der rhythmisch-lautlichen und der semantischen – erreicht werden kann. Der Art der Silbenübergänge kommt dabei eine Schlüsselfunktion zu. Denn erst durch die Mißachtung der literarischen Quasi-Norm, derzufolge Vers- und noch viel mehr Reimenden mit Wortgrenzen zusammenfallen müssen, wird der Reim raffiniert – und zwar weitaus raffinierter als der Protagonist des Gedichts.

Die Plazierung von Wortgrenzen am Versende ist eng mit dem Wesensprinzip des Verses verbunden: der bewußten Segmentierung des Textes in abgeschlossene, aufeinander beziehbare Zeilen. Diese Regulierung durch finale Pausen gehört somit zu den Minimalbedingungen eines jeden Verstextes und wird deshalb nur im Fall ihrer Untererfüllung bzw. Mißachtung (wie in Morgensterns Gedicht) oder Übererfüllung, d.h. bei ausgeprägtem Zeilenstil, wahrgenommen.

Wortgrenzen können aber nicht nur am Ende, sondern auch an bestimmten Positionen innerhalb des Verses metrisch vorgeschrieben sein. Bisweilen ist auch das Fehlen von Wortgrenzen reguliert (in der altphilologischen Metrik als *Zeugma* bezeichnet[280]). Roman Jakobson hat dies in seinen Untersuchungen über den serbischen *deseterac*, den epischen Zehnsilber, herausgearbeitet. Danach ist für diesen Vers zusätzlich zur Wortgrenze am Versende sowohl eine Wortgrenze vor der fünften Silbe als auch das Fehlen von Wortgrenzen am Ende beider Kola, also zwischen der dritten und vierten sowie zwischen der neunten und zehnten Silbe, vorgeschrieben.[281]

In besonders vertrauter Weise äußert sich die versifikatorische Relevanz der Silbenübergänge in der Form des Verseinschnitts, der Zäsur. Sie bezeichnet zunächst unspezifisch das Vorkommen eines pausenheischenden Silbenübergangs, d.h. einer Satz- oder Kolongrenze, im Versinneren und wäre damit nur zu den sekundären, weil fakultativen und ungeregelten rhythmischen Phänomenen zu rechnen.[282] Ist die Position solcher Pausen hingegen durch das metrische Schema vorgeschrieben, dann erlangt sie primäre versifikatorische Bedeutung. So werden im Französischen abhängig von der Position der Pause drei Subgenres des Zehnsilblers mit z.T. stark differierendem Ausdruckscharakter unterschieden: mit Pause nach der 4., 5. und 6. Silbe.[283] In fußmetrisch organisierten Gedichten wird zwischen Pausen im Versfußinneren (*Zäsuren*) und Pausen am Versfußende (*Diäresen*) unterschieden.

---

[280] Vgl. Jakobson 1966a, S. 418, Anm. 10. – Snell 1982, S. 11, bezeichnet die Stellen, an denen das Wortende gemieden wird, als ›Brücken‹. Als Beispiel nennt er u.a. die sogenannte ›Hermannsche Brücke‹ im griechischen Hexameter, die ein Wortende nach der ersten Kürze im vierten Metrum verhindert. (Vgl. a.a.O., S. 13f.)
[281] Vgl. Jakobson 1966a, S. 417-420, sowie Jakobson 1966b.
[282] Vgl. Paul/Glier 1966, S. 15f.
[283] Vgl. Elwert 1961, S. 66 u. 114-116.

Daß pausenfähige bzw. -heischende Silbenübergänge zu den vollwertigen versifikatorischen Konstituenten zu zählen sind, wird eindrucksvoll durch die Tatsache unterstrichen, daß es Gedichtformen gibt, deren rhythmische Regelmäßigkeit ausschließlich auf den Pausen beruht. Als Beispiel kann das koreanische *Sijo* dienen, dessen Verse allein durch die Anzahl der (relativ variabel zu plazierenden) internen Pausen bestimmt sind.[284]

## *Anordnungsprinzipien*

Bei der Ermittlung der Regeln, nach denen die im voranstehenden Kapitel herausgearbeiteten versifikatorischen Konstituenten in den verschiedenen Gedichtformen angeordnet sind, muß zunächst zwischen der *horizontalen* und der *vertikalen* Erstreckungsachse unterschieden werden.

Prosatexte sind in der Regel nicht horizontal, d.h. entlang der Druckzeilen,[285] sondern nur vertikal gegliedert: in Absätze, Kapitel, Bücher u.ä., deren Beginn und Ende durch Zeilenumbruch und Einrückung, Leerzeilen, Seitenumbruch usw. markiert sind. Diese Gruppierung folgt üblicherweise ausschließlich inhaltlichen Kriterien und typographischen Konventionen (z.B. bei der Kennzeichnung der Redewiedergabe durch Absatz und Spiegelstrich); offensichtliche formale Regelmäßigkeiten bilden die Ausnahme.

Gedichte in gebundenen Versen verfügen dagegen über einen regelmäßigen Rhythmus. Dabei heißt ›regelmäßig‹: identisch entweder für alle oder für korrespondierende metrische Einheiten, wie z.B. Versfuß, Vers oder Strophe. Die periodische, d.h. voraussagbare Wiederkehr bestimmter versifikatorischer Konstituenten ist innerhalb der Verszeilen (horizontal) oder in deren Abfolge (vertikal) reguliert. Horizontale und vertikale Regulierung können einzeln oder in Kombination auftreten.

Die Anordnung der Verskonstituenten – der Silben, die gegebenenfalls nach Prominenz unterschieden werden, des Reims und der Pausen – ist nach zwei Prinzipien geregelt: *Anzahl* und *Position*.[286]

### Regulierung der Anzahl
*Horizontale Regulierung der Anzahl*
Silbe

Die horizontale Regulierung nach der Silbenzahl pro Zeile liegt einem großen Teilbereich der gebundenen Verse zugrunde – allerdings zumeist in Kombination mit weiteren periodischen Wiederholungen. Dies ist vermutlich darauf

---

[284] Siehe unten S. 85.
[285] Ein Beispiel für horizontale Gliederung in einem Prosatext (allerdings auch hier nur in Verbindung mit vertikaler Gruppierung) wären die treppenförmig angeordneten Zeilenumbrüche in Andrej Belyjs Roman *Maski* (›Masken‹). Siehe unten S. 102f.
[286] Vgl. Lotz 1960, S. 141.

zurückzuführen, daß sich in vielen Sprachen bei dominant akustischer Realisation allein aus der identischen Silbenzahl keine ausreichende Voraussagbarkeit des Zeilenendes ergibt und damit die Versgliederung als solche auf dem Spiel steht.[287] Die identische Silbenzahl pro Zeile wird deshalb häufig zumindest durch zusätzliche Vorschriften für die Silbenprominenz und/oder klangliche Übereinstimmungen am Versende ergänzt.[288] Hinzu kommt bei längeren Versen die interne Gliederung durch festgelegte Pausen.[289]

Doch es gibt auch Versifikationstypen, in denen innerhalb der Zeile tatsächlich nur die Silbe metrische Relevanz besitzt.[290] Hierzu zählen große Teile der japanischen Lyrik bis zum Beginn des 20. Jahrhunderts, beispielsweise die Hauptform der japanischen Lyrik, das fünfzeilige *Tanka* mit dem Schema 5 | 7 | 5 | 7 | 7,[291] oder das daraus hervorgegangene dreizeilige *Haiku*,[292] das in Europa intensiv rezipiert und nachgebildet wurde. Hier ein Beispiel für die zuletzt genannte Form:

> In voller Blüte
> Der Berg nun alle Tage
> Bei Tagesanbruch!
> (Matsuo Bashō, übs. v. Jan Ulenbrook)[293]

John Lotz hat diese Gedichtform lakonisch als »metrically simple, but culturally intricate« charakterisiert.[294] Doch tritt auch hier die horizontale Regulierung nach der Silbenzahl nicht isoliert auf. Denn im Schema des *Haiku* (x x x x x | x x x x x x x | x x x x x) ist außerdem die Gesamtzahl der Verse (3) und

---

[287] Vgl. Gasparov 1989, S. 14-16 (§3).
[288] Gasparov zufolge gelten in verschiedenen primär syllabisch regulierten Versifikationstypen zusätzliche Vorschriften für die Silbenlängen am Versende, z.B. in der litauischen und lettischen Volksdichtung und in der gemein- und südslawischen Syllabik. Vgl. Gasparov 1989, S. 17 (§ 4) u. S. 20 (§ 5). – Vgl. die folgenden Ausführungen in Lotz 1972, S. 14: »Besides these ›pure‹ types, intermediate or mixed [...] can be found. For example, French meter is basically ›pure‹ syllabic, but the final syllabic in a segment, other than a final *e-muet*, must be stressed; in early Byzantine hexameter, when quantity was disappearing in the spoken language, the prefinal syllabic had to be accented [...].«
[289] Diese kombinierte horizontale Regulierung nach Silbenzahl und Position von Wortgrenzen, teilweise ergänzt um Reimbindung, liegt auch dem mordwinischen Volkslied zugrunde, das durch Jakobson/Lotz 1979, Lotz 1960, S. 143f.; Lotz 1972, S. 8f. u. 14 und Wagenknecht 2007, S. 31 zum Paradebeispiel für rein syllabische Versifikation geworden ist. (Vgl. Paasonen 1910 und Trubetzkoy 1933.) In den typologischen Entwürfen von Lotz und Wagenknecht gehört die Art der Silbenübergänge allerdings nicht zu den primären Verskonstituenten. Auch die Reimbindung schließt Lotz (vgl. Lotz 1960, S. 139f.) (anders als Wagenknecht!) aus dieser Gruppe aus.
[290] Neben der Silbenzahl ist freilich auch die feste Position einer Wortgrenze am Versende vorgeschrieben. Diese ›Minimalregulierung‹ (siehe oben S. 76) ist hier und im Folgenden mitzudenken, wird aber nicht immer eigens erwähnt.
[291] Zum *Tanka* siehe unten S. 124.
[292] Vgl. Brower 1972.
[293] Ulenbrook 1985, S. 31.
[294] Lotz 1972, S. 5.

die Position der Kurzverse und der Langzeile vorgeschrieben. Die Gedichtform ist somit zusätzlich zur horizontalen Ordnung gleich in bezug auf zwei vertikale Anordnungsprinzipien reguliert: Anzahl und Position.

*Silbenprominenz*

Auch die horizontale Regulierung nach der Anzahl der prominenten Silben tritt häufig in Kombination mit anderen Formen der periodischen Wiederholung auf. In der Reinform ist sie in der englischen, russischen und deutschen Metrik unter verschiedenen Bezeichnungen geläufig. Christian Wagenknecht nennt solche Verse ›nach Größen geordnet‹,[295] Wolfgang Kayser und Erwin Arndt für das Deutsche sowie Ewald Standop für das Englische verrechnen sie unter die Verse mit ›Füllungsfreiheiten‹.[296] Demgegenüber verwendet Marina Tarlinskaja für das Englische den Begriff ›accentual verse‹;[297] in der russischen Verstheorie schließlich herrscht die Bezeichnung ›rein tonischer Vers‹ (*čisto-toničeskij stich*) vor.[298] Hier werden nach der Variationsbreite der Anzahl unbetonter zwischen den betonten Silben mehrere Untergruppen unterschieden.[299]

Ein Beispiel für den Verstyp, der ausschließlich horizontal nach der Anzahl der prominenten Silben pro Zeile reguliert ist, stellt Goethes »Gesang der Geister über den Wassern« aus dem Jahr 1779 dar. Hier die ersten beiden Versgruppen:

| | |
|---|---|
| Des Menschen Seele | x x́ x x́ x |
| Gleicht dem Wasser: | x́ x x́ x |
| Vom Himmel kommt es, | x x́ x x́ x |
| Zum Himmel steigt es, | x x́ x x́ x |
| Und wieder nieder | x x́ x x́ x |
| Zur Erde muß es, | x x́ x x́ x |
| Ewig wechselnd. | x́ x x́ x |
| | |
| Strömt von der hohen, | x́ x x x́ x |
| Steilen Felswand | x́ x x́ x |
| Der reine Strahl, | x x́ x x́ |

---

[295] Wagenknecht 2007, S. 31.
[296] Kayser 1992, S. 21-26, und Arndt 1990, S. 89-92, sowie Standop 1989, S. 92-99.
[297] Vgl. Tarlinskaja 1976, S. 92.
[298] Vgl. den forschungs- und begriffsgeschichtlichen Überblick in Buchštab 1973, S. 96-103. – Buchštab selbst verwendet die Bezeichnung ›Akzentvers‹ (*akcentnyj stich*); daraus ergibt sich jedoch innerhalb der russischen Terminologie eine Äquivokation mit der gleichlautenden Untergruppe des hier interessierenden Verstyps. – Eine Kombination beider Bezeichnungstraditionen findet sich bei Hans-Jürgen Diller, der von ›akzentuierenden (»tonischen«) Versen‹ spricht. (Diller 1978, S. 15.)
[299] Siehe unten S. 144.

| | |
|---|---|
| Dann stäubt er lieblich | x x́ x x x́ x |
| In Wolkenwellen | x x́ x x x́ x |
| Zum glatten Fels, | x x́ x x́ |
| Und leicht empfangen, | x x́ x x́ x |
| Wallt er verschleiernd, | x́ x x x́ x |
| Leisrauschend | x́ x́ x |
| Zur Tiefe nieder.[300] | x x́ x x x́ x |

Die einzige Regelmäßigkeit besteht in der durchgehenden Zweihebigkeit der Verse.[301] Es gibt weder Reim noch wiederkehrende Pausen, die absolute Silbenzahl schwankt zwischen drei und fünf, die akzentuierten Silben finden sich unvoraussagbar an verschiedenen Positionen im Vers und sind durch 0-2 unbetonte Silben voneinander getrennt. (Gemäß der russischen Terminologie könnte man dieses Gedicht damit als *taktovik* bezeichnen.[302])

*Lautliche Übereinstimmungen von Silben oder Silbengruppen*

Die Anzahl der lautlichen Übereinstimmungen pro Vers scheint wie die Silbenzahl nie als alleiniges versifikatorisches Ordnungsprinzip verwendet worden zu sein. Allerdings ist das wohl weniger auf dichtungsspezifische Gründe, sondern auf sprachstrukturelle Gegebenheiten zurückzuführen. Denn alle drei Formen versifikatorisch relevanter Lautwiederholungen – Assonanz, Endreim und Alliteration bzw. Stabreim – sind offensichtlich untrennbar mit der Silbenprominenz verbunden: Es reimen, staben oder assonieren nur prominente Silben bzw. (beim mehrsilbigen Endreim) identische Kombinationen prominenter und nicht-prominenter Silben.[303] Dies gilt für das akzentuierende System[304] ebenso wie für das tonematische.[305] Wie oben gezeigt wurde, kann im Endreim sogar eine doppelte Regulierung der binären Silbenqualitäten

---

[300] FA I 1, S. 318f.
[301] Vgl. Beißner 1964, S. 43. – Im weiteren Verlauf des Gedichts finden sich allerdings auch einzelne abweichende Zeilen, z.B. V. 30 »Wind mischt vom Grund aus« mit drei akzentuierten Silben.
[302] Siehe unten S. 144.
[303] Vgl. Wagenknecht 2007, S. 40: »Der reine Endreim der neueren deutschen Dichtung beruht […] auf der vollständigen Übereinstimmung des phonetischen Materials vom Wortende zurück bis und nur bis zum nächsten betonten Vokal«; Paul/Glier 1966, S. 24: »Stabreim ist Gleichklang der Anlaute starktoniger Silben« sowie für die v.a. in der spanischen Dichtung verwendete Assonanz Baehr 1962, S. 32: »Bei der *rima asonante, asonancia, asonante* oder *rima imperfecta* (Assonanz) erstreckt sich der Gleichklang mit dem Hauptonvokal beginnend nur auf die Vokale, z.B. *amigo: cinco; dar: verdad*.« (Sperrungen von mir.)
[304] Zur Entstehung des abendländischen Reims als kombiniert lautliche-akzentuierende Versmarkierungskonvention im Zusammenhang mit dem lateinischen Quantitätskollaps des 4.-5. Jahrhunderts vgl. Lüdtke 1991.
[305] So ist im chinesischen *lü-shih* festgelegt, daß das Reimwort einen ebenen Ton aufweisen muß. Vgl. Cheng 1982, S. 47.

vorliegen: eben und akzentuiert im Chinesischen sowie akzentuiert und paarweise quantitativ identisch im Deutschen.[306]

Die geregelte Anzahl der Lautwiederholungen im Vers stellt für die germanische Dichtung ein wichtiges Organisationsprinzip dar. So weist der stabreimende Langvers zwei oder drei Alliterationen auf: im Anvers eine oder zwei, im Abvers eine.[307] Freilich ist hier zusätzlich die Anzahl der Haupttonstellen (vier) und der internen Pausen (eine) reguliert.

In den meisten Formen der Endreim- und Assonanzdichtung besteht im Hinblick auf die numerische Regulierung eine Minimalvorschrift, die verbunden ist mit einer Vorgabe für die absolute Position: Vorgeschrieben ist eine reimende Silbe oder Silbengruppe, und zwar am Versende. Ob und wo sich im Vers weitere lautliche Übereinstimmungen finden, ist dabei nicht festgelegt.

Es gibt allerdings auch präzisere Regelungen. So hat Martin Opitz in seinem *Buch von der deutschen Poeterey* (1624) für den Alexandriner außer dem Endreim jeden weiteren und insbesondere den Zäsurreim ausgeschlossen:

> Bey dieser gelegenheit ist zue erinnern / das die cæsur der sechsten syllben / sich weder mit dem ende jhres eigenen verses / noch des vorgehenden oder nachfolgenden reimen soll; oder kuertzlich; es sol kein reim gemacht werden / als da wo er hin gehoeret: als:
> > *Ein guet gewissen fragt nach boesen maeulern nicht /*
> > *Weil seiner tugend liecht so klar hereiner bricht*
> > *Als wie Aurora selbst / etc.*[308]

Damit ist die Anzahl der Reime pro Vers auf genau eins festgelegt. Die Konsequenz dieser strengen Regel kann man anhand des Sonettwerks von Andreas Gryphius nachvollziehen, der seine frühen *Lissaer Sonette* (1637) im Sinne der Opitzschen Vorgaben für die erweiterte Neuausgabe *Sonette. Das erste Buch* (1643) überarbeitete. Auch in einem seiner bekanntesten Sonette – 1637 unter dem Titel »Vanitas; Vanitatum; et Omnia Vanitas«, 1643 mit der Überschrift »Es ist alles eitell« – ergab sich eine Veränderung.[309] Vers 3 und 4 lauteten ursprünglich:

> Wo jtzt die Staedte stehn so herrlich / hoch vnd fein /
> Da wird in kurtzem gehn ein Hirt mit seinen Herden[310]

und wurden dann 1643 unter Vermeidung des Zäsurreims (*stehn – gehn*) folgendermaßen modifiziert:

---

[306] Siehe oben S. 69ff.
[307] Vgl. Paul/Glier 1966, S. 24f.
[308] Opitz 1995, S. 51.
[309] Vgl. Schlütter 1979, S. 86f.
[310] Gryphius 1963, S. 7f., hier: S. 7.

> Wo itzund staedte stehn / wird eine wiesen sein
> Auff der ein schaeffers kind wird spilen mitt den heerden[311]

Daneben existieren jedoch auch lyrische Formen, die (wiederum an genau festgelegten Positionen) zwei Endreime im Vers verlangen. Dazu zählt der leoninische Hexameter in der spätantiken und frühmittelalterlichen lateinischen Dichtung, bei dem die Zäsur nach der Länge im dritten Versfuß (Penthemimeres) und das Versende durch Binnenreim miteinander verbunden sind. Vgl. das folgende Beispiel aus Adam von Lebenwaldts Sammlung 255 *Leoninische Verss* (1685):

> Undique per montes currunt ad flumina fontes.
> $-\cup\cup\ |\ --\ |\ -^{(|)}-\ |\ --\ |\ -\cup\cup\ |\ -\cup$

Lebenwaldt übersetzt dies folgendermaßen in Trochäen:

> Uber Berg die Bruennlein fliessen /
> Biß sie sich in Bach ergiessen.[312]

*Silbenübergänge – Pausen*

Die Anzahl bestimmter Arten von Silbenübergängen im Vers – nicht-pausenfähiger, pausenfähiger und pausenheischender – ist allein nicht rekurrenzbildend. Sie tritt nur gemeinsam mit anderen Regelmäßigkeiten auf: Zumeist ist auch die Position der entsprechenden Silbenübergänge festgelegt (zumindest die obligatorische Wortgrenze am Versende), hinzu treten in den meisten Fällen Regeln für die Anzahl und/oder Position weiterer Verskonstituenten. Dabei besitzt die Zahl der Wort- bzw. Kolongrenzen oder Zeugmata[313] häufig den Charakter einer Minimalvorschrift: Eine bestimmte Mindestzahl bestimmter Silbenübergänge ist vorgeschrieben, Obergrenzen oder absolute Vorgaben existieren nicht.

Ein Beispiel dafür, daß lediglich die Anzahl, nicht aber die Position von – hier: pausenheischenden – Silbenübergängen festgelegt ist, stellt der Hexameter dar. Hier ist eine Pause im Versinneren vorgeschrieben, die sich jedoch an verschiedenen Stellen finden kann. Daneben existieren nicht selten weitere syntaktische Einschnitte. Besonders häufig ist die Zäsur nach der Hebung im dritten Versfuß (Penthemimeres); weitere bevorzugte Pausenpositionen finden sich nach der Hebung im vierten (Hepthemimeres) und im zweiten Vers-

---

[311] Gryphius 1963, S. 33f, hier: S. 33.
[312] Lebenwaldt 1685, Nr. 179. – Unter rein syntaktischem Gesichtspunkt ist die Penthemimeres im angeführten Hexameter allerdings schwach und konkurriert außerdem mit der Zäsur nach der Länge im vierten Versfuß (Hepthemimeres). – Zu früheren Nachbildungen des leoninischen Hexameters in der deutschen Dichtung vgl. Heusler 1956, Bd. 2, S. 17 (§ 450) und Bd. 3, S. 105f. (§ 958).
[313] Siehe oben S. 78.

fuß (Trithemimeres) sowie nach der ersten Senkung im dritten Versfuß (kata triton trochaion) sowie nach dem vierten Versfuß (bukolische Diärese). Sie alle lassen sich im folgenden kurzen Ausschnitt aus dem dritten Gesang von Goethes Tierepos »Reineke Fuchs« beobachten (in der rhythmischen Rekonstruktion sind die Versfußgrenzen durch senkrechte Striche markiert):

> Überlaut versetzte der Dachs: Herr König, begehret
> Ihr es von mir, so will ich sogleich die Botschaft verrichten,
> Sei es wie es auch sei. Wollt Ihr mich öffentlich senden,
> [...]
> Da beschied ihn der König: so geht dann, alle die Klagen
> Habt ihr sämtlich gehört, und geht nur weislich zu Werke[314]

| | |
|---|---|
| x́ x \| x́ x \| x́ x x \| x́ ˈ x \| x́ x x \| x́ x[315] | (Hepthemimeres) |
| x́ x x \| x́ ˈ x \| x́ x x \| x́ x \| x́ x x \| x́ x[316] | (Trithemimeres) |
| x́ x (ˈ) \| x́ x x \| x́ ˈ x \| x́ x \| x́ x x \| x́ x[317] | (Penthemimeres) |
| [...] | |
| x́ x \| x́ x x \| x́ x ˈ x \| x́ x \| ˈ x́ x x \| x́ x | (kata triton trochaion und bukolische Diärese) |
| x́ x \| x́ x x \| x́ ˈ x \| x́ x \| x́ x x \| x́ x | (Penthemimeres) |

Zusammen mit der Möglichkeit, die ersten vier Daktylen durch Spondäen (bzw. in der deutschen Nachbildung: durch Trochäen) zu ersetzen, verleiht diese Variabilität der Position (und Anzahl) der Pausen dem Hexameter ein hohes Maß an Flexibilität.

Von zentraler Bedeutung ist die Anzahl der Pausen in der klassischen koreanischen Lyrik. Deren wichtigste Gedichtform ist das *Sijo* (Zeit-Kontrolle /Harmonie/Melodie[318]). Das *Sijo*[319] besteht aus drei Versen mit dem folgenden syllabischen Grundmuster:

---

[314] FA I 8, S. 684, V. 189-194.
[315] Zur Akzentrückstufung von *Herr* in der Appositionskonstruktion »Herr König« siehe oben S. 16, Anm. 42.
[316] Der Versanfang wurde hier mit Hinblick auf das Metrum rekonstruiert, d.h. die betonbaren Pronomen *Ihr* und *mir*, die im vorliegenden Kontext nicht notwendigerweise einen Kontrastakzent tragen, wurden als Hebungen gerechnet.
[317] Hier wurde bei der rhythmischen Rekonstruktion analog zur vorangehenden Anmerkung vorgegangen.
[318] Chon 2005, S. 12. Zur Etymologie vgl. Kim 1997, S. 236. – Die hier vorgelegte formale Beschreibung orientiert sich in erster Linie an den detaillierten und metriktheoretisch fundierten Ausführungen in McCann 1988, S. 1-17. Vgl. daneben auch Lee 1994, S. VII, Kim 1997, S. 233-235, Lee 2002, S. 69f. und Chon 2005, S. 12-16.
[319] Die folgenden Ausführungen beziehen sich auf die klassische Form des *Sijo*, das *Pyeong-Sijo*. Daneben existieren auch längere Formen. Vgl. Pak 1984, S. 53f., und McCann 1988, S. 17-23.

```
x x x | x x x x | x x x | x x x x
x x x | x x x x | x x x | x x x x
x x x | x x x x x | x x x x | x x x
```
[320]

Allerdings ist die Größe der Segmente nicht auf das angeführte (besonders häufig verwendete) Muster festgelegt, sondern prinzipiell variabel (2-7 Silben). Lediglich die jeweils letzten Segmente des ersten und zweiten Verses (zumeist je 4 Silben) sowie das erste (zumeist 3 Silben) und dritte Segment des letzten Verses (zumeist 4 Silben) zeigen ein hohes Maß an Konstanz. [321] Der Gesamtumfang des *Sijo* ist damit variabel; es umfaßt jedoch ca. 45 (mindestens 43) Silben. Auch die Anzahl der prominenten Silben ist nicht festgelegt. In jedem Segment findet sich mindestens eine Silbe mit Hauptprominenz; dazu kommen in der Regel eine oder mehrere Silben, die eine Nebenprominenz aufweisen.[322] Reimbindung liegt nicht vor.

Die regelmäßige rhythmische Rekurrenz des *Sijo* beruht somit innerhalb der Verszeile allein auf der Anzahl der Pausen (hinzu tritt die vertikale Regulierung der Zeilenzahl, die auf drei festgelegt ist): »Each line consists of four metric segments, with a minor pause at the end of the second segment and a major one at the end of the fourth.«[323] Somit liegt eine komplexe rhythmische Binnengliederung mit tendenziell hierarchisch zunehmender Pausenstärke vor: Die Zeile zerfällt in zwei Halbverse; dabei ist die syntaktische Pause am Versende stärker als die in der Versmitte.[324] Die Halbverse wiederum bestehen aus je zwei Segmenten, die durch Wortgrenzen abgeschlossen werden.[325]

Diese klare rhythmische Anordnung geht einher mit einer charakteristischen Argumentationsstruktur: »The theme is stated in the first line, developed in the second, and an anti-theme or twist is introduced in the third, which rounds out the whole in terms of resolution.«[326]

Zur Veranschaulichung hier ein *Sijo* von Wŏn Ch'ŏnsŏk (ca. 1390-1410), zunächst in einer Transkription, im Anschluß die rhythmische Rekonstruktion und eine englische Nachdichtung:

---

[320] Chon 2005, S. 12.
[321] Vgl. McCann 1988, S. 15-17.
[322] Vgl. McCann 1988, S. 12-15, insbesondere die prosodische Analyse der Beispielgedichte auf S. 14.
[323] Lee 2002, S. 69.
[324] Vgl. McCann 1988, S. 12-15.
[325] Kim 1997, S. 233, referiert eine einflußreiche aktuelle Lehrmeinung, derzufolge die interne Unterteilung der Halbverse sogar zu vernachlässigen ist: »In many of the sijo […] these pauses are so slight as to be virtually non-existent.«
[326] Kim 1997, S. 235. Ähnlich auch McCann 1988, S. 2.

hŭng-mang-i yusu-hani manwŏltae-do ch'uch'o-roda
obaeknyŏn wang'ŏb-i mokjŏg-e puch'ŏsŭni
sŏkyang-e chinanŭn kaeg-i nunmul-gyŏwŏ hanora[327]

x x x ˈ x x x x ˈ x x x x ˈ x x x x
x x x x ˈ x x x ˈ x x x ˈ x x x x
x x x ˈ x x x x x ˈ x x x x ˈ x x x

Fortune determines rise and fall,
    Full Moon Terrace is autumn grass.
A shepherd's pipe echoes
    the royal works of five hundred years.
A traveler cannot keep back his tears
    in the setting sun.[328]

In der zweiten der beiden wichtigsten koreanischen Versgattungen, dem *Kasa*, spielt die Pause als Verskonstituente eine sogar noch größere Rolle.[329] Das *Kasa* besteht wie das *Sijo* aus viergliedrigen Versen. Dabei schwankt die Silbenzahl in den ersten drei Segmenten zwischen zwei und fünf; das letzte Segment weist durchgehend vier Silben auf. Damit ist – anders als im *Sijo* – zumindest die letzte der drei versinternen Pausen auch im Hinblick auf ihre Position festgelegt. Der zweite wesentliche formale Unterschied besteht darin, daß im *Kasa* die Anzahl der Verse frei ist.[330] Strophische Gliederung liegt ebensowenig vor wie Reimbindung. Der Abschlußvers folgt einem von zwei festgelegten syllabischen Mustern: 3 - 5 - 4 - 3 (bei männlichen Verfassern aus der Oberschicht) oder 4 - 4 - 4 - 4 (bei weiblichen Verfassern sowie bei Gedichten von Verfassern aus der Unterschicht).[331]

*Übersicht zur horizontalen Regulierung der Anzahl*

Die folgende Tabelle übernimmt das Prinzip der Kreuzklassifikation von Christian Wagenknechts bekannter metrischer Typologie[332] und wendet es auf die bisher untersuchten Formen der regelmäßigen Rekurrenz an: sämtliche möglichen Kombinationen einer horizontalen Regulierung des Verses nach dem Prinzip der Anzahl.

---

[327] Kim 1997, S. 234. Das koreanische Original ist abgedruckt in Lee 1994, S. 224.
[328] Lee 2002, S. 77. Vgl. auch die Nachdichtungen in Lee 1994, S. 110, und Kim 1997, S. 234f.
[329] Vgl. MacCann 1988, S. 27-32, sowie Lee 2002, S. 161f.
[330] Das *Kasa* ist durch die beiden genannten Strukturmerkmale – die Flexibilität in der Silbenzahl pro Vers und den stichischen Charakter mit Tendenz zu größerem Umfang –, aber auch wegen der ähnlichen Breite der behandelten Themen mit dem Hexameter vergleichbar.
[331] Vgl. Lee 2002, S. 161. McCann 1988, S. 30f., gibt als Muster bei männlichen Verfassern aus der Oberschicht allerdings 3 - 5 - 4 - 4 an.
[332] Vgl. Wagenknecht 2007, S. 30f.

|      | Silben | prominente Silben | Lautübereinstimmungen | Pausen |
| --- | --- | --- | --- | --- |
| (1)  | + | - | - | - |
| (2)  | - | + | - | - |
| (3)  | - | - | + | - |
| (4)  | - | - | - | + |
| (5)  | + | + | - | - |
| (6)  | + | - | + | - |
| (7)  | + | - | - | + |
| (8)  | - | + | + | - |
| (9)  | - | + | - | + |
| (10) | - | - | + | + |
| (11) | + | + | + | - |
| (12) | + | + | - | + |
| (13) | + | - | + | + |
| (14) | - | + | + | + |
| (15) | + | + | + | + |

Im Anschluß wird jeweils auf ein (vorzugsweise im vorangegangenen Kapitel bereits behandeltes) Beispiel verwiesen. Dabei findet allerdings ausschließlich die horizontale Regulierung nach der Anzahl Berücksichtigung; sämtliche angeführten Beispiele weisen darüber hinaus weitere regelmäßige Rekurrenzen auf (die in der vorliegenden Studie im Anschluß behandelt werden).

(1) Einzelne Verszeilen im *Haiku*: fünf oder sieben Silben (s.o. S. 80).
(2) Goethes »Gesang der Geister über den Wassern«: pro Vers zwei Hebungen (s.o. S. 81).
(3) Der freie Knittelvers, *Sceltonic* und *raëšnyj stich*: Endreim (s.o. S. 75).
(4) Das koreanische *Sijo*: drei Pausen im Versinneren (s.o. S. 85).
(5) Der Blankvers: zehn/elf Silben, fünf Hebungen.
(6) Der strenge Knittelvers: acht/neun Silben, Endreim.[333]
(7) Die reimlose Spielart des mordwinischen Volkslieds: unterschiedliche Formen mit jeweils festgelegter Anzahl von Silben und Wortgrenzen pro Vers (s.u. S. 109).
(8) Die Verse des sogenannten halben Hildebrandstons, z.B. in Goethes »Der König in Thule«: drei Hebungen, Endreim.
(9) Der Pentameter (in der deutschen Nachbildung): sechs Hebungen, eine Diärese (s.u. S. 108).
(10) Der leoninische Hexameter: mindestens eine Pause, ein Binnenreim (s.o. S. 84).
(11) Der vierhebige Trochäus mit Endreim: acht/sieben Silben, vier Hebungen, Endreim (s.u. S. 93ff.)

---

[333] Vgl. Wagenknecht 2007, S. 62-64.

(12) Der erste und zweite Vers der alkäischen Strophe (in der deutschen Nachbildung): elf Silben, fünf Hebungen, eine Pause im Versinneren (x X x X x | X x x X x X).
(13) Der französische Zehnsilbler: zehn/elf Silben, eine Zäsur, Endreim (s.o. S. 78).
(14) Der Stabreimvers: vier Haupttonstellen, zwei/drei Alliterationen, eine Zäsur (s.o. S. 83).
(15) Der deutsche Alexandriner (nach Martin Opitz): zwölf/dreizehn Silben, sechs Hebungen, Endreim, eine Diärese (s.o. S. 83).

*Vertikale Regulierung der Anzahl*

Die vertikale Erstreckungsachse eines Gedichts steht für die Abfolge der Verszeilen. Senkrecht angeordnet werden mithin die bereits horizontal arrangierten und ggf. regelmäßig nach der Anzahl (Silben, prominente Silben, Reime, Pausen) und Position (prominente Silben, Reime, Pausen) organisierten Textsegmente. Es ist deshalb sinnvoll, bei der Beschreibung der vertikalen Anordnungsprinzipien vom Vers als Einheit auszugehen. Ein Beispiel, der Beginn von Martin Luthers bekanntem »Ein kinder lied auff die Weinacht Christi«, kann das verdeutlichen.

> Vom himel hoch da kom ich her,
> ich bring euch gute newe mehr,
> der guten mehr bring ich so viel,
> dauon ich singen und sagen wil.
>
> Euch ist ein kindlin heut geborn,
> Von einer jungfraw auserkorn,
> Ein kindelein so zart und fein,
> Das sol ewr freud und wonne sein.
> [...]³³⁴

Diese Strophenform – die meistverwendete in der deutschen Dichtung überhaupt³³⁵ – ließe sich numerisch in ihrer vertikalen Struktur mittels der Anzahl der Silben (32), Hebungen (16), Endreime (4) und pausenheischenden Silbenübergänge (4) beschreiben. Offensichtlich ist es jedoch weitaus angemessener, anstelle dieser atomistischen Betrachtungsweise von den (in diesem Falle isometrisch vierhebig jambischen) Versen als metrischer Einheit auszugehen, d.h. insbesondere die Anzahl der Silben und der prominenten Silben (sowie die absolute und relative Position der prominenten Silben, der Reime und der Pausen) zur Einheit der ›Verszeile‹ zusammenzufassen. Wenn nachfolgend

---

[334] Luther 1883ff., Bd. 35, S. 459-461, hier: S. 459f.
[335] Vgl. Frank 1993, S. 208-213, 4.58.

die Regulierung der senkrechten Anordnung von gebundenen Versen nach dem Prinzip der Anzahl[336] untersucht wird, geht es deshalb um die Konstituenten, die für die vertikale Abfolge des Gedichts spezifisch sind: die Verszeile als ggf. in sich (d.h. horizontal) komplex organisierte Einheit, lautliche Übereinstimmungen zwischen den Versen und die Art der Silbenübergänge, soweit sie die Gruppierung von Versen betreffen.

*Verszeile*

Die vertikale Regulierung nach der Anzahl der Zeilen ist ein notwendiges Merkmal einer bestimmten Klasse von Gedichten, die Christian Wagenknecht als ›global geordnet‹ bezeichnet hat:

> Gibt es Regeln, die den Text als ganzen bestimmen, etwa indem sie eine bestimmte Anzahl von Versen oder auch von Strophen verlangen, dann kann der Text *global* geordnet heißen.[337]

Anders als in den bisher betrachteten Spielarten gleichmäßiger rhythmischer Organisation ist die regelmäßige Zeilenzahl nicht innerhalb eines einzelnen Gedichts erkennbar, sondern realisiert sich nur in der Form einer externen Rekurrenz: durch den Bezug auf etablierte Gattungstraditionen oder (seltener) auf den unmittelbaren Werkkontext.

Wenn Wagenknecht als typische Beispiele für diese Form metrischer Regulierung »das Sonett (aus vierzehn Versen) und die Sestine (aus sechs sechszeiligen Strophen und einem dreizeiligen ›Geleit‹)«[338] anführt, dann wird deutlich, daß die festgelegte Zeilenzahl zumeist zusammen mit weiteren versifikatorischen Ordnungsprinzipien auftritt. Beim Sonett sind dies je nach Ausprägungsform differierende Vorgaben für die Anzahl und Position von (prominenten) Silben (horizontal) und Endreimen (vertikal), bei der Sestine dominieren Regeln für die vertikale Position langer Pausen (Strophengliederung) und der strophenweise identischen Reime (Körner).

Terminologisch in den Vordergrund rückt die Zeilenzahl in Bezeichnungen wie ›Zweizeiler‹ oder ›Quatrain‹. Sie signalisiert hier das notwendige gemeinsame Merkmal aller Gedichte,[339] die diesen Begriffen subsumiert werden. Die in der Regel hinzutretenden weiteren Ordnungsprinzipien können sehr vielgestaltig sein. Dies zeigt sich schon in der folgenden Passage aus Opitz' *Buch von der deutschen Poeterey*, mit welcher der Quatrain wohl in die deutsche Dichtung eingeführt wurde:

---

[336] Dasselbe gilt natürlich unten, wenn das Prinzip der Position untersucht wird.
[337] Wagenknecht 2007, S. 23.
[338] Wagenknecht 2007, S. 23.
[339] Die Begriffe ›Quatrain‹ und ›Zweizeiler‹ (in noch stärkerem Maße ›Distichon‹) dienen freilich auch zur Bezeichnung von Strophen (vgl. z.B. Elwert 1961, S. 136f., und Knörrich 1992, S. 44f u. 176f.). Hier geht es jedoch ausschließlich um die entsprechenden Gedichtformen.

Quatrains oder quatrini, wie auß dem namen zu sehen / sind vier-verßichte getichte oder epigrammata; derer hat der Herr von Pybrac hundert vnd sechs vnd zwantzig im Frantzoesischen geschrieben; von welchen ich nur dieses setzen wil:

> *Et bonne part ce qu'on dit tu dois prendre,*
> *Et l'imparfaict du prochain supporter*
> *Couurir sa faute, et ne la rapporter:*
> *Prompt à louër, et tardif à reprendre.*

> *Was man dir sagt solt du zum besten wenden /*
> *Vnd wie du kanst des nechsten seine schuldt*
> *Beiseite thun / vnd tragen mit gedult:*
> *Zum loben schnell / vnd langsam sein zum schenden.*

Hier reimen sich der erste vnd letzte verß so weiblich sind zuesammen / vnd die mitleren zwey maennlichen deßgleichen zuesammen. Wiewol man auch einen vmb den andern schrencken mag / oder lauter maennliche oder weibliche setzen:

Als:    *An meine Venus.*

> *Du sagst / es sey der Spiegel voller list /*
> *Vnd zeige dich dir schoener als du bist:*
> *Komm / wilt du sehn das er nicht luegen kan /*
> *Vnd schawe dich mit meinen augen an.*[340]

Freilich gibt es auch Gedichte, die über die Anzahl der Verse hinaus keine zusätzliche horizontale oder vertikale Regulierung aufweisen.[341] Hierzu zählt beispielsweise der folgende, 1936 entstandene Vierzeiler aus dem Kontext von Bertolt Brechts *Deutscher Kriegsfibel*[342]:

| | |
|---|---|
| Es ist Nacht. | x x x́ |
| Die Ehepaare | x x́ x x́ x |
| Legen sich in die Betten. Die jungen Frauen | x́ x x x x x́ x x x x́ x́ x |
| Werden Waisen gebären.[343] | x́ x x́ x x x́ x |

In diesem Fall liegt bestenfalls eine rudimentäre externe Rekurrenz in der Form des Bezugs auf eine etablierte Gattung vor. Die Entscheidung darüber, ob die Zeilenzahl hier als vollwertiges versifikatorisches Regulierungsprinzip

---

[340] Opitz 1995, S. 55f.
[341] Wie bereits dargelegt wurde, sind immer die Minimalbedingungen von Vers und Gedicht mitzudenken: die finale Pause sichert horizontal die Einheit der Verszeile, vertikal die Einheit des Gedichts.
[342] Zum Entstehungszusammenhang vgl. Brecht 1988-2000, Bd. 14, S. 622-625.
[343] Brecht 1988-2000, Bd. 14, S. 325.

anzusehen ist oder nicht, kann daher nur unter Berücksichtigung des Werkkontextes sinnvoll beantwortet werden. Dabei steht die Regelhaftigkeit im proportionalen Verhältnis zur Häufigkeit und strukturellen Signifikanz der Verwendung: In einem Zyklus, der ausschließlich aus Texten wie dem angeführten Vierzeiler bestünde, könnte man gewiß von einer versifikatorischen Regulierung sprechen; handelt es sich dagegen um ein vereinzeltes Vorkommen, dann besitzt die Zeilenzahl allein kaum eine nennenswerte ordnende Funktion. Der zweite Fall liegt beispielsweise im folgenden Vierzeiler aus *Die gestundete Zeit* von Ingeborg Bachmann vor:

Im Gewitter der Rosen

Wohin wir uns wenden im Gewitter der Rosen,    x x́ x x x x́ x x́ x x́ x x x́ x
ist die Nacht von Dornen erhellt, und der Donner    x́ x x x́ x x́ x x x́ x x x́ x
des Laubs, das so leise war in den Büschen,    x x́ x x x x́ x x x x́ x
folgt uns jetzt auf dem Fuß.³⁴⁴    x́ x x́ x x x́

Im lyrischen Werk Bachmanns bleibt dieser Text singulär. Wenn er trotz der schwankenden Silben- und Hebungszahl, der veränderlichen Position der akzentuierten Silben und der Reimlosigkeit nicht völlig ungebunden erscheint, dann ist dies gewiß nicht auf die Zeilenzahl zurückzuführen. Es hängt vielmehr mit lautlich-rhythmischen Besonderheiten dieses kurzen Gedichts zusammen, die zwar keine verbürgten metrischen Muster darstellen, aber dennoch eine gewisse Regelmäßigkeit etablieren: die Alliterationen (je zwei pro Vers in akzenttragenden Silben: ₁*wenden, Gewitter;* ₂*Dornen, Donner;* ₃*Laubs, leise;* ₄*folgt, Fuß*) und die adonischen (V. 1-3) bzw. choriambischen (V. 4) Versausgänge.

Der Vierzeiler von Brecht dagegen findet im Kontext der *Deutschen Kriegsfibel* mehrere Entsprechungen.³⁴⁵ Die Zeilenzahl stellt damit hier zwar gewiß keine strenge Regulierung dar, gleichwohl wird man die in diesem Merkmal übereinstimmenden Texte nicht komplett den ungebundenen Versen zurechnen wollen.

Eine deutliche externe Rekurrenz durch die formale Identität im unmittelbaren Werkkontext etabliert die Verszahl in Reinhard Döhls Zyklus »aus den botnanger sudelheften« aus dem Jahr 1981. Diese insgesamt 37 Helmut Hei-

---

[344] Bachmann 1993, Bd. 1, S. 56.
[345] Vgl. »Wenn man die Felder der Junker aufteilt...« (Brecht 1988-2000, Bd. 12, S. 89), »Die gegen ihr eigenes Volk kämpften...« und »Wozu Märkte erobern für die Waren...« (Brecht 1988-2000, Bd. 14, S. 324 u. 336).

ßenbüttel gewidmeten Dreizeiler weisen jenseits der Verszahl keinerlei regelmäßige Wiederholungsstrukturen auf.[346] Vgl. daraus das folgende Gedicht:

| großeworte aber | x́ x x́ x x́ x |
| wonehmichwenneswinterist die kleinen | x x́ x x x x́ x x x́ x x́ x |
| von uns ganz zu schweigen[347] | x x́ x x x́ x |

*Lautliche Übereinstimmungen von Silben oder Silbengruppen*

Was oben bereits für die horizontale Gedichtachse festgehalten wurde, gilt auch für die Abfolge der Verszeilen: Die vertikale Anzahl der Stab- und Endreime sowie der Assonanzen scheint nie als alleiniges versifikatorisches Ordnungsprinzip verwendet worden zu sein. In Kombination mit anderen Formen der rhythmischen Rekurrenz stellt sie jedoch ein wichtiges Strukturprinzip dar, das vor allem für die Unterscheidung der einzelnen Strophen- und Gedichtformen eine herausgehobene Funktion besitzt.

Dabei muß differenziert werden zwischen der absoluten Anzahl der vertikalen lautlichen Übereinstimmungen (Wie viele Verse des Gedichtes verfügen über einen Reim?) und der Anzahl verschiedener reimbildender Phonemgruppen (Wie viele Reimpaare bzw. -gruppen gibt es?); schließlich kann auch die Zahl der Glieder innerhalb einer Reimgruppe reguliert sein.

In welcher Weise die absolute Reimzahl als entscheidendes Differenzkriterium zwischen verschiedenen Strophenformen fungiert, kann am Beispiel der vierzeiligen Strophe aus vierhebigen Trochäen verdeutlicht werden, die in der deutschen Dichtung nicht zuletzt als wichtigstes Metrum in Goethes *West-östlichem Divan* prominent ist.[348] Ich führe zunächst drei Beispiele daraus an:

(1)
Hab' ich euch denn je gerathen
Wie ihr Kriege führen solltet?
Schalt ich euch nach euren Thaten
Wenn ihr Friede schließen wolltet?
[...][349]

---

[346] Vgl. auch Friedrich Rückerts insgesamt 101 »Vierzeilen«. Hier werden allerdings von Vierzeiler zu Vierzeiler unterschiedliche Formen horizontaler und vertikaler Regulierungen verwendet. Der Zyklus wirkt damit – eben bis auf die einheitliche Verszahl der Gedichte – sehr heterogen. Vgl. Rückert 1879, S. 385-395.
[347] Döhl 1981, S. 45.
[348] Vgl. Helm 1955, S. 6: »Aus der Gruppe der strophischen Vierzeiler kristallisiert sich also deutlich ein Typus heraus, der am meisten vertreten ist: Die vierhebige trochäische, vierzeilige Strophe mit 47 Gedichten, das sind 18% aller Gedichte des Divans. In Verse umgerechnet sind es sogar 914 Verse, das sind 27% aller Divan-Verse.«
[349] FA I 3/1, S. 57 (Buch des Unmuts).

(2)
Du, mit deinen braunen Locken,
Geh' mir weg verschmitzte Dirne!
Schenk' ich meinem Herrn zu Danke,
Nun so küßt er mir die Stirne.
[…][350]

(3)
Wer das Dichten will verstehen
Muß ins Land der Dichtung gehen;
Wer den Dichter will verstehen
Muß in Dichters Lande gehen.[351]

Eine weitere Spielart dieser Strophe verwendet Heinrich Heine in seiner Romanze »Ali Bey«:

(4)
Ali Bey, der Held des Glaubens,
Liegt beglückt in Mädchenarmen.
Vorgeschmack des Paradieses
Gönnt ihm Allah schon auf Erden.
[…][352]

Alle angeführten Vierzeiler sind abgesehen von den lautlichen Übereinstimmungen identisch reguliert: Sie bestehen aus vier vierhebigen Trochäen mit weiblicher Kadenz. Unterschiede zeigen sich jedoch im Hinblick auf die Anzahl (und Position[353]) des Endreims; die einzelnen Formen werden deshalb verschiedenen Strophenformen zugeordnet:

(1) ist durchgehend gereimt (absolute Anzahl der Endreime: 4) und verfügt über zwei jeweils zweigliedrige reimbildende Phonemgruppen – hier als Kreuzreim angeordnet. Karin Helm hat diesen Typ wegen ihres häufigen Vorkommens im »Buch des Unmuts« als ›Unmutsstrophe‹ bezeichnet.[354]

(2) weist nur zwei Endreime und mithin auch nur eine zweigliedrige reimbildende Phonemgruppe auf. Die reimenden Verse sind wie in (1) durch eine dazwischenliegende Zeile getrennt (halber Kreuzreim). Der von Helm für diese Form vorgeschlagene Begriff ›Schenkenstrophe‹ (nach

---

[350] FA I 3/1, S. 107 (Schenkenbuch).
[351] FA I 3/1, S. 137 (»Besserem Verständniß«, Mottogedicht).
[352] Heine 1997, Bd. 4, S. 386.
[353] Der Fokus liegt hier allerdings auf der Anzahl, d.h. es wurden bewußt nicht sämtliche auf der Reim*position* beruhenden Spielarten angeführt.
[354] Vgl. Helm 1955, S. 38: »›Unmuts-Strophe‹ nennen wir im Divan unter den vierhebigen Trochäen die vierzeilige Strophe, die nur-weibliche Kadenzen und Kreuzreim besitzt.«

dem »Schenkenbuch« im *West-östlichen Divan*) ist mittlerweile ein etablierter Fachbegriff.[355]

(3) ist wie (1) durchgehend gereimt, verfügt aber nur über eine reimbildende Phonemgruppe, die jedoch ihrerseits vier Glieder umfaßt. Durch den Monoreim steht diese Form in unverkennbarer Nähe zum persischen *Rubâi*, dessen Reimschema (a a x a) sie allerdings übererfüllt.[356]

(4) schließlich verfügt über keinerlei Reimbindung. Der Vierzeiler besteht aus sogenannten ›spanischen Trochäen‹, d.h. ungereimten oder assonierenden trochäischen Vierhebern, die seit Herders Nachdichtungen aus dem Spanischen in der deutschen Dichtung häufig verwendet wurden. Die vierzeilige Strophe ist dabei der wichtigste Baustein der ebenfalls aus dem Spanischen stammenden episch-lyrischen Gattung der Romanze.

*Silbenübergänge – Pausen*

Silbenübergänge spielen als spezifisch vertikales versifikatorisches Rekurrenzprinzip nur insofern eine Rolle, als sie die Gruppierung von Versen betreffen. Von besonderer Bedeutung sind hier die pausenheischenden Silbenübergänge am Satz- oder Kolonende. Sie gewährleisten gemeinsam mit anderen versifikatorischen Ordnungsprinzipien, wie der Anzahl der Verse und der Zahl und Position der Reime, die Erkennbarkeit der Gliederung des Textes in Strophen bzw. festgelegte Versgruppen. Zusammen mit der Anzahl der Pausen ist auch immer ihre Position festgelegt. In der graphischen Präsentation wird diese vertikale Segmentierung vor allem durch Leerzeilen und Einrückungen kenntlich gemacht.

Eine festgelegte Anzahl (und Position) solcher ›langen Pausen‹ findet sich z.B. in der Sestine (in der die sechs sechszeiligen Strophen und die Coda jeweils durch eine lange Pause voneinander getrennt sind) und im Sonett. Hier unterscheiden sich die beiden wichtigsten Spielarten – das italienisch-romanische und das englische bzw. Shakespeare-Sonett – durch die Position und Markierung der Pausen. Zwei Beispiele – eines von Gottfried August Bürger, das andere von William Shakespeare – sollen das verdeutlichen:

> Der versetzte Himmel
> *Sonnett*
>
> Licht und Lust des Himmels zu erschauen,
> Wo hinan des Frommen Wünsche schweben

---

[355] Vgl. Helm 1955, S. 57: »›Schenken-Strophe‹ hatten wir im metrischen Teil unserer Untersuchung die vierhebig, vierzeilig trochäische Strophe genannt, in der der Kreuzreim nur locker und nachlässig durchgeführt wurde.« Vgl. Frank 1993, S. 197-201; Wagenknecht 2007, S. 91, und Knörrich 1992, S. 194f.
[356] Siehe unten S. 125.

> Muß dein Blick sich über dich erheben,
> Wie des Betenden voll Gottvertrauen.
>
> Unter dir ist Todesnacht und Grauen.
> Würde dir ein Blick hinab gegeben,
> So gewahrtest du mit Angst und Beben
> Das Gebiet der Höll' und Satans Klauen.
>
> Also spricht gemeiner Menschenglaube.
> Aber wann aus meines Armes Wiege
> Molly's Blick empor nach meinem schmachtet:
>
> Weiß ich, daß im Auge meiner Taube
> Aller Himmelseligkeit Genüge
> Unter mir der trunkne Blick betrachtet.[357]

Bürger verwendet in seinem Sonett die typisch italienische Form: vierzehn zehnsilbige Verse (hier realisiert als fünfhebige Trochäen), gegliedert in zwei Quartette und zwei Terzette mit der Reimstellung abba abba cde cde.[358] Die vier Versgruppen sind durch deutliche Pausen voneinander abgesetzt: Der Abschluß beider Quartette fällt jeweils mit einem Satzende zusammen; das erste Terzett endet auf eine Kolongrenze. Typographisch wird dies durch die Freizeilen zwischen den vertikalen Segmenten unterstrichen.

Nun das berühmte antipetrarkistische Sonett 130 von Shakespeare:

> My mistress' eyes are nothing like the sun –
> Coral is far more red than her lips' red –
> If snow be white, why then her breasts are dun –
> If hairs be wires, black wires grow on her head:
> I have seen roses damask'd, red an white,
> But no such roses see I in her cheeks,
> And in some pérfumes is there more delight
> Than in the breath that from my mistress reeks.
> I love to hear her speak, yet well I know
> That music hath a far more pleasing sound.
> I grant I never saw a goddess go;
> My mistress when she walks treads on the ground.
>     And yet, by heav'n, I think my love as rare
>     As any she belied with false compare.[359]

---

[357] Bürger 1987, S. 128f.
[358] Vgl. Schlütter 1979, S. 5.
[359] Shakespeare 1977, S. 112f.

Offensichtlich liegt hier eine andere Gliederung vor. Dies zeigt sich schon im Druckbild: Lediglich das abschließende Verspaar ist durch Einrückung vom Rest des Gedichts abgegrenzt. Es unterscheidet sich auch durch seinen Paarreim von den ersten 12 Versen, die durchgehend kreuzgereimt sind. Jede Reimgruppe besteht dabei nur aus zwei Gliedern, so daß dieser Sonettyp insgesamt sieben reimbildende Phonemgruppen aufweist. Zwar gibt es durch die Plazierung klarer syntaktischer Pausen jeweils am Ende von V.4, V. 8 und V. 12 auch hier eine Tendenz zur Gliederung in vier Versgruppen, doch wird diese vertikale Segmentierung durch die Reimstellung und insbesondere durch die typographische Anordnung längst nicht in dem Maße unterstützt wie in der romanischen Sonettform.

*Übersicht zur vertikalen Regulierung der Anzahl*

An dieser Stelle sei wiederum – wie schon am Ende des vorangegangenen Abschnitts – eine Zusammenstellung der verschiedenen Formen der regelmäßigen Rekurrenzen auf der Ebene der vertikalen Anzahl präsentiert und durch entsprechende Beispiele illustriert. Im Unterschied zur horizontalen Ebene werden nicht alle theoretisch vorhandenen Kombinationsmöglichkeiten in der Dichtungspraxis auch ausgenutzt. Andererseits kann die vertikale Anzahl (anders als die horizontale) auch als alleiniges Ordnungsprinzip fungieren. Dieser Fall ist durch ein Sternchen gekennzeichnet.

|     | Verszeilen | Reim | Pausen |
| --- | --- | --- | --- |
| (1) | + | – | – |
| (2) | – | + | – |
| [(3) | – | – | +] |
| (4) | + | + | – |
| (5) | + | – | + |
| [(6) | – | + | +] |
| (7) | + | + | + |

(1) * Reinhard Döhls Zyklus »aus den botnanger sudelheften«: drei Verse (s.o. S. 92).

(2) Das Ghasel: eine reimbildende Phonemgruppe bei variierender Anzahl der Reimglieder (s.o. S. 74, Anm. 264).

(3) [Tritt nur gemeinsam mit anderen Kriterien innerhalb der vertikalen Regulierung nach der Anzahl auf.]

(4) Sämtliche gereimten Strophenformen, z.B. die Schweifreimstrophe: sechs Verse, drei reimbildende Phonemgruppen, sechs Reimglieder (z.B. Eichendorffs »Der Einsiedler«, s.o. S. 70). Die vertikale Anzahl ist hierbei freilich nicht für das gesamte Gedicht, sondern pro Strophe festgelegt.

(5) Das japanische *Tanka*: fünf Verse, eine syntaktische Pause (am Ende des dritten Verses) (s.u. S. 124).

(6) [Mir sind keine Beispiele für eine solche Regulierung bekannt.]
(7) Die verschiedenen Formen des Sonetts, z.B. Shakespeares Sonett Nr. 130: vierzehn Verse, sieben reimbildende Phonemgruppen, vierzehn Reimglieder, drei interne Pausen (nach V. 4, V. 8 und V. 12) (s.o. S. 96).

**Regulierung der Position**

In seinem Aufsatz »Metric Typology« aus dem Jahr 1960 hat John Lotz das versifikatorische Prinzip der Position folgendermaßen eingeführt:

> In syllabic-prosodic meters the numerical regulation refers to the base classes as well; that is, in certain positions only one definite base class is allowed. This necessitates the introduction of *positions* as a second numerical principle, besides *quantity*, which is the sole characteristic of the pure-syllabic meter. There are positions which have to be filled out by a definite base class; these positions are called *fixed*. The other positions, which allow variations, are called *free*.[360]

Diese Bestimmung der Position wird hier aufgegriffen, dabei jedoch einerseits erweitert und andererseits präzisiert. Die Erweiterung betrifft den Einzugsbereich, der auf alle primären Verskonstituenten auszudehnen ist, die (auf unterschiedliche Weise) qualitativ ausgezeichnet sind: Nicht nur für prominente Silben, sondern auch für lautliche Übereinstimmungen (v.a. für Endreim und Assonanz) und pausenfähige bzw. -heischende Silbenübergänge kann ebenso wie die Anzahl auch die Position rekurrenzbildend und damit versifikatorisch relevant sein.

Präziser gefaßt werden muß, inwiefern es sich bei den ›bestimmten Positionen‹ um ein ›numerisches Prinzip‹ handelt. Zunächst ist festzuhalten, daß es hier primär *nicht* um die Anzahl der genannten Verskonstituenten geht, sondern um ihre Plazierung an bestimmten horizontal und/oder vertikal festgelegten Stellen des Gedichts.[361] Diese Plazierung kann nun durch die Zuweisung *absoluter* oder *relativer* Positionen erfolgen. Typische Beispiele für die erstgenannte Spielart des Positionsprinzips sind einerseits der geregelte Verseinschnitt, etwa die Diärese nach der sechsten Silbe im deutschen Alexandriner (Zählung vom Versanfang), andererseits der Endreim im Knittelvers als paarweise lautliche Übereinstimmung des phonetischen Materials vom letzten betonten Vokal an (Zählung vom Versende). Bei relativer Positionszuweisung ist geregelt, in welchen Abständen prominente Silben, Reime oder Pausen sich im Text wiederholen. Das bekannteste Beispiel auf der horizontalen Erstreckungsachse sind die regelmäßig alternierenden zwei- oder dreisilbigen

---

[360] Lotz 1960, S. 141.
[361] Die Anzahl kann natürlich aus bestimmten, besonders strengen Positionsregeln abgeleitet werden, wie beispielsweise im chinesischen *lü-shih* (siehe oben, S. 69f.).

Metren.[362] Hier sind die prominenten Silben immer durch eine oder zwei nicht-prominente getrennt. Die Position ergibt sich nach dem Additionsprinzip: $P_{n+1} = P_n + 2$ (beim jambisch-trochäischen Vers) und $P_{n+1} = P_n + 3$ (beim anapästisch-daktylisch-amphibrachischen Vers), wobei ›P‹ für die Position der prominenten Silbe steht.

*Horizontale Regulierung der Position*
*Silbenprominenz*

Die Regulierung der absoluten oder relativen Position prominenter Silben im Vers ist gewiß in vielen Sprachen (zumindest während bestimmter Epochen) eines der wichtigsten versifikatorischen Rekurrenzprinzipien. Es ist daher kein Zufall, daß sie als zentrale Kategorie der ›akustischen Definition‹ des Verses[363] in einer Reihe von verstheoretischen und -geschichtlichen Darstellungen klar im Vordergrund steht.[364]

Die absolute Position prominenter Silben ist offenbar stets mit anderen Anordnungsprinzipien kombiniert, die relative Position hingegen kann auch als alleinige Form der versifikatorischen Rekurrenz fungieren.

Deutlich wird die primäre versifikatorische Relevanz der *absoluten* Silbenposition in den beiden Bausteinen der vierzeiligen sapphischen Odenstrophe: dem sapphischen Vers

– ᴗ – ᴜ – ᴗ ᴗ – ᴗ – ᴜ ,

---

[362] Die Bezeichnung ›alternierende Versmaße‹ ist in der Regel auf strenge Alternation von prominenten und nicht-prominenten Silben, d.h. auf jambisch-trochäischen Versgang beschränkt (vgl. Knörrich 1992, S. 9). Christoph Küper hat jedoch zu recht geltend gemacht, daß auch anapästisch-daktylische (zu ergänzen wäre: amphibrachische) Versgänge zu dieser Gruppe hinzugerechnet werden müssen. Entscheidend ist der »Aspekt der regelmäßigen Alternation« (Küper 1988, S. 264).

[363] Siehe oben S. 23ff.

[364] Besonders deutlich wird dies bei Ewald Standop, der den Vers als »ein abgeschlossenes Stück rhythmischer Rede« definiert (Standop 1989, S. 25), wobei Rhythmus als »Wiederkehr der wesentlichen Gestaltzüge [...] in regelmäßigen Zeitabständen« im Anschluß an Heusler zeit- bzw. taktgebunden verstanden wird. Die hier strukturell gleichberechtigt behandelte Anzahl lehnt er als eigenständiges versifikatorisches Anordnungsprinz ab: »Stellt man nun im Experiment fest, daß die Sprecher beim Lesen von Versen die betonten Silben keineswegs in gleichen Zeitabständen sprechen, so folgert man daraus oft voreilig, daß damit das Isochronieprinzip erschüttert sei. Man setzt dann gern an die Stelle des Rhythmischen (immer im Sinne unserer Definition) das Prinzip des Zählens und behauptet etwa, ein Vers bestehe beispielsweise aus zehn Silben – möglichst in der Abfolge betont/unbetont –, und es sei dieses Prinzip der Zahl, das den Vers ausmache. Dies wäre dann allerdings etwas total Unrhythmisches.« (Standop 1989, S. 24). – Diese Position führt (zwangsläufig) zu einer erheblichen Beschränkung des Gegenstandsbereichs. Standop kann nur deshalb behaupten, »daß wir es im Rahmen der englischen und deutschen Literatur durchweg mit Versen zu tun haben, für die der Rhythmus im Sinne unserer Definition konstituierendes Element ist« (ebd.), weil er ganze Teilbereiche, wie die syllabische Dichtung (z.B. Marianne Moore) und die freien Verse unbeachtet läßt.

der die ersten drei Zeilen der Strophe einnimmt, und dem Adoneus im letzten Vers

$$-\cup\cup-\cup.^{365}$$

Hier sind tatsächlich nur die Positionen der prominenten und (beim sapphischen Vers zumindest überwiegend) nicht-prominenten Silben festgelegt. Dabei liegt keine regelmäßige Alternation vor, und die Anzahl und/oder Position von Verseinschnitten[366] oder Klangübereinstimmungen ist frei. Freilich ergibt sich aus der genauen Positionsvorschrift auch eine Regulierung der Silbenzahl: Der sapphische Vers ist ein Elfsilbler, der Adoneus ein Fünfsilbler.

In der deutschen Dichtung ist die sapphische Strophe in verschiedenen Variationen verwendet worden (z.B. die gereimte barocke Form mit dem Daktylus im ersten Versfuß oder die von Klopstock eingeführte Form mit ›Wanderdaktylus‹). Die klassische Form mit Daktylus im dritten Fuß der sapphischen Verse verwendete beispielsweise Ludwig Christoph Heinrich Hölty in seinem Gedicht »An einen Blumengarten« (1772):

> Sehnsuchtsthränen rinnen dir oft, die süßen  x́ x x x́ x x́ x x x́ x x́ x
> Sehnsuchtsthränen später Erinnrung, werthe  x́ x x x́ x x́ x x x́ x x́ x
> Scene meiner goldenen Knabenfreuden,  x́ x x x́ x x́ x x x́ x x́ x
>     Liebster der Gärten!  x́ x x x́ x
> [...]³⁶⁷

Eine alleinige Regulierung durch die Anordnung prominenter Silben nach deren *relativer* Position liegt in ungereimten und unstrophischen Gedichten aus regelmäßig zwei- oder dreisilbig alternierenden Versen mit variabler Hebungs- bzw. Silbenzahl vor. Im Formenvorrat der deutschen Lyrik finden sich solche Texte als spezifische, nämlich ungereimte Spielart des ›Madrigalverses‹ oder ›Faustverses‹, der allerdings immer zweisilbig alternierend ist.[368] Zur Veranschaulichung können zwei bekannte Gedichte Goethes dienen. Zunächst »Der Adler und die Taube« (1773) in ein- bis sechshebigen[369] Jamben:

---

[365] In der neueren altphilologischen Metrik wird der Adoneus nicht als selbständiger vierter Vers angesehen. Vielmehr bestimmt man dort die sapphische Strophe als dreizeilig: zwei Elfsilbler und ein Sechzehnsilbler, dessen letzte fünf Silben den Adoneus bilden. Allerdings haben die deutschen Dichter zumindest des 18. und 19. Jahrhunderts den durch Zeilenumbruch als eigenen Vers markierten Adoneus »in jedem Fall als eine metrische ›Realität‹ der sapphischen Ode verstanden«. (Menninghaus 2005, S. 19-24, Zitat S. 22.)

[366] In der Horazischen Form weist der sapphische Vers allerdings eine feste Zäsur nach der fünften Silbe auf.

[367] Hölty 1968, Bd. 1, S. 89.

[368] Vgl. Minor 1902, S. 323-325, Paul/Glier 1966, S. 127-129, sowie Schlawe 1972, S. 63-65 und Ciupke 1994, S. 284f., die allerdings die Bezeichnung ›Madrigalvers‹ für die gereimte Form reservieren und die hier interessierende Spielart den ›Freien Versen‹ zuschlagen.

[369] Im vorliegenden Ausschnitt freilich nur ein- bis fünfhebig. Vgl. aber V. 46: »O Freund, das wahre Glück ist die Genügsamkeit«.

> Ein Adlerjüngling hob die Flügel
> Nach Raub aus;
> Ihn traf des Jägers Pfeil, und schnitt
> Der rechten Schwinge Sennkraft ab!
> Er stürzt' herab in einen Myrtenhain,
> Fraß seinen Schmerz drei Tage lang,
> Und zuckt' an Qual
> Drei lange, lange Nächte lang;
> Zuletzt heilt' ihn
> Allgegenwärtger Balsam
> Allheilender Natur.
> [...][370]

Zwei- bis sechshebige Trochäen verwendete Goethe im Gedicht »Seefahrt«, das auf den 11. September 1776 datiert ist und in dem er seinen Aufbruch von Frankfurt nach Weimar verarbeitet:

> Tag lang Nacht lang stand mein Schiff befrachtet,
> Günstger Winde harrend saß mit treuen Freunden
> Mir Geduld und guten Mut erzechend
> Ich im Hafen.
>
> Und sie wurden mit mir ungeduldig
> Gerne gönnen wir die schnellste Reise
> Gern die hohe Fahrt dir. Güterfülle
> Wartet drüben in den Welten deiner
> Wird rückkehrendem in unsern Armen
> Lieb und Preis dir.
> [...][371]

In der russischen Dichtung fanden regelmäßig alternierende Verse mit variabler Hebungszahl häufige Verwendung: im 18. Jahrhundert vor allem in Fabeln, im 19. dann auch als Dramenvers. Die im Russischen dafür verwendete metrische Terminologie ist präziser und zugleich weniger mißverständlich. Sie empfiehlt sich deshalb auch für das Deutsche. Unterschieden werden nach der Art der rekurrenzbildenden Segmente die folgenden Formen: *vol'nyj jamb* (›Freier Jambus‹; z.B. »Der Adler und die Taube«), *vol'nyj chorej* (›Freier Trochäus‹; z.B. »Seefahrt«), *vol'nyj daktil* (›Freier Daktylus‹), *vol'nyj anapest* (›Freier Anapäst‹) und *vol'nyj amfibrachij* (›Freier Amphibrachys‹).

---

[370] FA I 1, S. 146f., hier: S. 146.
[371] FA I 1, S. 206-208, hier: S. 206f.

Alle diese verschiedenen Spielarten der reimlosen frei alternierenden Verse sind durch eine unüberhörbare rhythmische Regelmäßigkeit charakterisiert. Gleichwohl enthalten sie keinerlei akustische ›Anweisungen‹ für die Plazierung der Versgrenzen.[372] Diese sind vielmehr rein optisch realisiert und lassen sich Zeile für Zeile allein auf je individuelle Entscheidungen des Autors zurückführen. Damit handelt es sich bei diesen Formen um eine Randerscheinung innerhalb der gebundenen Verse. Denn schließlich ist es von hier zu entsprechend strengen Spielarten der rhythmischen Prosa nur ein Schritt: der Verzicht auf die bewußte Plazierung der Zeilenumbrüche.

Eine Übergangsform stellt Andrej Belyjs Roman *Maski* (›Masken‹) aus dem Jahr 1932 dar, der über weite Strecken einen dreisilbig alternierenden Rhythmus aufweist. Die Anordnung im Druck erfolgt überwiegend als Fließtext; es finden sich jedoch häufig bewußt plazierte Zeilenumbrüche (zumeist treppenförmig angeordnet), Einrückungen und Parenthesen. Belyj selbst charakterisiert sein Verfahren in der Vorbemerkung »Vmesto predislovija« (›Anstelle eines Vorworts‹) folgendermaßen:

> Meine Prosa ist überhaupt keine Prosa; sie ist ein Poem in Versen (Anapäst); sie wurde nur aus Gründen der Platzersparnis als Prosa gedruckt; [...] »Masken« ist ein sehr großes episches Poem, das zur Papierersparnis als Prosa geschrieben wurde. Ich bin ein Dichter, ein Verfasser von Poemen, und kein Belletrist; lesen Sie mich mit Verstand; schließlich werden auch Verse in unsinniger Skansion zu Unsinn; zum Beispiel: »Duchót ricán'ja, duchso mnén'ja« anstelle von »Duch otrican'ja, duch somnen'ja«.[373]
> Jedes beliebige Stück ›Prosa‹ höre ich in Zeilen; zum Beispiel:
> Byválo – smerkájetsja:
> Téni zaprýgajut čérnymi kóškami;
> Čérnuju skrómnicej
> Íz-za uglá
> Obnažáet Leónočka gláz papiróski.[374]

---

[372] Die Unvorhersagbarkeit des Zeilenumbruchs ist mithin kein exklusives Kennzeichen für die ungebundenen Verse. Deshalb läßt sich die folgende Definition von Leif Ludwig Albertsen nicht halten: »Freie Rhythmen sind Poesie, die sich nicht vom Optischen ins Akustische und zurück verpflanzen läßt. Jede andere Art der Poesie läßt sich erlauschen und dann niederschreiben vorausgesetzt, man besitzt die verstheoretische Erfahrung.« (Albertsen 1971, S. 97f.)

[373] ›Der Geist der Negation, der Geist des Zweifels‹ – Belyj zitiert hier den ersten Vers der zweiten Strophe von Aleksandr Puškins Gedicht »Angel« (›Der Engel‹, 1827; vgl. Puškin 1974-1978, Bd. 2, S. 105), bekannt nicht zuletzt wegen seiner auffälligen rhythmischen Abweichung vom metrischen Schema (am Versbeginn fällt ein Wortakzent auf eine Senkung, die nachfolgende Hebung ist nicht realisiert): Dúch otricán'ja, dúch somnén'ja. Belyj imitiert in der ersten Fassung durch die Akzentvergabe und die Verlagerung der Wortgrenzen eine skandierende Vortragsweise. Konsequent durchgeführt müßte diese lauten: Duchót ricán' jadúch somnén' ja.

[374] ›Es kam vor, daß es dämmert:
Schatten fangen an, wie schwarze Katzen zu springen;

Usw.

»Masken« ist ein dem Umfang nach gewaltiges episches Poem, der Ökonomie wegen geschrieben in prosaischer Anordnung der Wörter unter Hervorhebung allein der wichtigsten Pausen und wichtigsten Intonationsakzente in der Zeile.[375]

Der Widerspruch zwischen akustischer Regelmäßigkeit und überwiegender optischer Beliebigkeit führt dazu, daß Belyj – wie schon in der zitierten kurzen Passage deutlich wird – in der Vorbemerkung beschwörungsartig einer prosaüblichen Lektürehaltung entgegenzuwirken sucht, die »mit blitzartiger Geschwindigkeit über die Zeilen fliegt«.[376] Die ›periodische Rede‹[377] der *Maski* ist dagegen verfaßt »nicht für die Lektüre mit den Augen, sondern für einen Leser, der meinen Text innerlich spricht«.[378]

In der deutschen Literatur findet sich ein besonders anschauliches Beispiel dafür, daß die alleinige Regulierung durch die Anordnung prominenter Silben nach deren relativer Position im Grenzbereich zwischen Vers und Prosa angesiedelt ist: Theodor Fontanes Übersetzung von Shakespeares *Hamlet*. Sie entstand um 1844 und blieb zu Lebzeiten Fontanes ungedruckt.[379] Innerhalb dieses Werkes vollzieht sich ein kontinuierlicher Übergang von unregelmäßiger über zunehmend konsequent alternierende Prosa bis zum Blankvers.

In den ersten Szenen dominiert eine lexikalisch und syntaktisch möglichst originalgetreue, strikt prosaische Übersetzung, wie hier in Horatios Rede am Ende der 1. Szene des ersten Aktes:

> Aber, seht, der Morgen, in seinen rothen Mantel gehüllt, schreitet im Osten einher über dem Thau jenes hohen Berges: Brechen wir unsere Wache ab; und, nach meinem Rathe, laßt uns, was wir die Nacht gesehen haben, dem jungen Hamlet mittheilen; denn, bei meinem Leben, dieser für uns sprachlose Geist, wird mit ihm sprechen.[380]

---

> Als eine schwarze Bescheidene
> Von der Ecke aus
> Entblößt Leonočka das Auge des Zigarettchens.‹

Der Satz weist im Original einen durchgehenden amphibrachischen Rhythmus auf. Durch die von Belyj vorgenommenen Zeilenumbrüche werden daraus amphibrachische (V. 1), daktylische (V. 2-4) und anapästische Verse (V. 5) unterschiedlicher Hebungszahl.

[375] Belyj 1969, S. 11 (meine Übersetzung).
[376] Belyj 1969, S. 10 (meine Übersetzung).
[377] Vgl. Belyj 1969, S. 10
[378] Belyj 1969, S. 9 (meine Übersetzung).
[379] Vgl. Krueger 1966, S. 5f.
[380] Shakespeare 1966, S. 19. Zum Vergleich hier die entsprechende Originalpassage:
> But look, the morn in russet mantle clad
> Walks o'er the dew of yon high eastward hill.
> Break we our watch up; and by my advice
> Let us impart what we have seen to-night
> Unto young Hamlet, for upon my life,

Doch im weiteren Verlauf stellt sich zunehmend, vor allem in den längeren Figurenreden, ein alternierender Rhythmus ein, wie hier in Hamlets erster längerer Äußerung gegenüber seiner Mutter:

> Scheint Madam! nein, es ist; ich weiß von keinem Schein. – nicht nur mein dunkler Mantel, gute Mutter, ist's noch das gewohnte Kleid von feierlichem Schwarz, auch nicht das heftige, verstärkte Athmen, der häufge Thränenstrom des Auges nicht, selbst nicht der Zug der Trauer im Gesichte, mitsamt der Formen, Arten, Schmerzenszeichen all', was mich in Wahrheit schildern kann [...][381]

Auffällig ist, daß sich mit dem (wenn auch nicht durchgehend realisierten, so doch deutlich erkennbaren) jambischen Rhythmus[382] zugleich auch eine Gliederung in Sprechgruppen aufgrund der syntaktischen Struktur erkennen läßt. Führt man in den Fließtext an den betreffenden Stellen Zeilenumbrüche ein, dann ergibt sich folgendes Bild:

> Scheint Madam! nein, es ist; ich weiß von keinem Schein. –
> nicht nur mein dunkler Mantel, gute Mutter, ist's
> noch das gewohnte Kleid von feierlichem Schwarz,
> auch nicht das heftige, verstärkte Athmen,
> der häufge Thränenstrom des Auges nicht,
> selbst nicht der Zug der Trauer im Gesichte,
> mitsamt der Formen, Arten, Schmerzenszeichen all',
> was mich in Wahrheit schildern kann [...]

Erwartungsgemäß stimmt diese Segmentierung (teilweise einschließlich der Wörter am Zeilenende) mit der Versgliederung der Vorlage überein. Während diese in mehr oder weniger regelmäßigen Blankversen gehalten ist, präsentiert sich Fontanes Übertragung unter dem hier gewählten Betrachtungswinkel als Mischung aus sechs- und fünfhebigen Jamben.

---

      This spirit, dumb to us, will speak to him.
Shakespeare 1998, S. 64 (I.1, V. 166-171).

[381] Shakespeare 1966, S. 22. Zum Vergleich wieder die Passage im Original:
      Seems, madam! Nay, it is, I know not ›seems‹.
      'Tis not alone my inky cloak, good mother,
      Nor customary suits of solemn black,
      Nor windy suspiration of forced breath,
      No, nor the fruitful river in the eye,
      Nor the dejected haviour of the visage,
      Together with all forms, modes, shapes of grief,
      That can denote me truly. [...]
Shakespeare 1998, S. 70 (I.2, V. 76-83).

[382] Daß es sich hier um kein zufälliges Phänomen handelt, sondern Fontane den Rhythmus bewußt gestaltet hat, wird an den offensichtlich prosodisch bedingten Abweichungen von der Normalsprache ersichtlich. In der kurzen Passage finden sich gleich drei: Metaplasmus (*ist's*), Elision (*häufge*) und Synkope (*all'*).

Ab dem dritten Akt übersetzt Fontane akustisch wie optisch konsequent in der Form des Originals, d.h. zumeist in Blankversen, wie hier in der Frage des Königs an Rosencrantz und Guildenstern zu Beginn der ersten Szene:

> Und konntet Ihr durch Ueberredungskunst
> Die Ursach seines Irrsinns nicht ergründen,
> Der seiner Tage Frieden rauh zerstört
> Durch tolle Mondsucht, die Gefahr verheißt.[383]

*Lautliche Übereinstimmungen von Silben oder Silbengruppen*

Der rekurrenzbildende Endreim[384] findet sich in der neueren Dichtung zumeist am Vers- oder Halbversende. Zur Regulierung der horizontalen tritt in der Regel auch die der vertikalen Reimposition (Paar-, Kreuz-, Blockreim usw.); dies ist jedoch keineswegs zwingend. In Gedichten mit solcherart freier Reimstellung besteht natürlich auch ein senkrechter Bezug zwischen den reimenden Versen. Nur ist hier nicht mehr voraussagbar, wo und wie häufig ein Reim wiederholt wird und wann sich ein neuer Reim konstituiert, d.h. wann eine innerhalb des Textes noch nicht als Reim verwendete neue Phonemgruppe ab dem letzten betonten Vokal sich durch ihre identische Wiederholung am Ende einer späteren Zeile als reimbildend herausstellt. Fehlen zudem weitere Regelmäßigkeiten in der Anzahl von Silben, prominenten Silben und Pausen sowie in der Position von prominenten Silben und Pausen, dann beruht die Rekurrenz im Sinne der voraussagbaren Wiederkehr von Verskonstituenten allein auf der horizontalen Position der reimbildenden Silben am Versende.[385]

In der deutschen Verstheorie gibt es für solche Gedichte keine einheitliche Bezeichnung. Karin Helm nennt sie ›gereimte Freie Rhythmen‹, Otto Knörrich

---

[383] Shakespeare 1966, S. 68. Zum Vergleich die Passage im Original:
>    And can you by no drift of conference
>    Get from him why he puts on this confusion,
>    Grating so harshly all his days of quiet
>    With turbulent and dangerous lunacy?
Shakespeare 1998, S. 156 (III 1, V. 1-4). – Vgl. als Beispiel für streng alternierende Prosa aus der englischen Literatur den Auszug aus Jerome K. Jeromes *Three Men in a Boat* (1889), den Ewald Standop anführt (Standop 1989, S. 27f.).

[384] Ich konzentriere mich hier auf den Endreim. Freilich ist Assonanz ebenfalls in der Regel auf die Position am Versende festgelegt. Auch bei der regelmäßig wiederholten Alliteration existieren Formen, die (zumindest für einen Teil der stabenden Silben) feste Positionen vorschreiben. Dazu zählen beispielsweise strenge Formen des häufigsten Strophenmaßes der Skaldendichtung, des *Dróttkvæt*, in denen in den geraden Versen die erste Silbe mit zwei Haupttonsilben des vorangegangenen Verses staben muß. (Vgl. Turville-Petre 1976, S. xviiif.)

[385] Allerdings resultiert aus der festen Reimposition automatisch auch die Endposition einer prominenten Silbe (bei männlichem Reim) oder einer Kombination aus prominenter und nicht-prominenter Silbe (bei weiblichem Reim). Siehe oben S. 82.

rechnet sie als Untergruppe den ›Freien Versen‹ zu.[386] Mit beiden Begriffen werden freilich unterschiedliche literarhistorische Kontexte und entsprechende Themen, Formen usw. aufgerufen. Unter Verwendung der russischen Terminologie könnte man daher statt dessen in Abhängigkeit vom Ausmaß der Füllungsfreiheit, d.h. von der Anzahl der nicht-prominenten zwischen den prominenten Silben, vom gereimten ungleichhebigen *dol'nik, taktovik* oder *akcentnyj stich* sprechen.[387]

Die beschriebene Reduktion der Rekurrenz auf eine Wiederholung ohne genaue Vorhersagbarkeit bringt es mit sich, daß die einschlägigen Gedichte im Grenzbereich zwischen gebundenen und ungebundenen Versen zu verorten sind. Daß sich der Übergang dabei stufenlos vollzieht, kann anhand von zwei Beispielen verdeutlicht werden. Zunächst das Lied Margarethes in der Schlußszene von *Faust I*:

| | | | |
|---|---|---|---|
| 4412 | Meine Mutter, die Hur, | x́ x x́ x x x́ | x |
| 4413 | Die mich umgebracht hat! | x x x x́ x x́ | A |
| 4414 | Mein Vater, der Schelm, | x x́ x x x́ | x |
| 4415 | Der mich gessen hat! | x x x́ x x́ | A |
| 4416 | Mein Schwesterlein klein | x́ x x́ x x́ | B |
| 4417 | Hub auf die Bein, | x x́ x x́ | B |
| 4418 | An einem kühlen Ort; | x x́ x x́ x x́ | C |
| 4419 | Da ward ich ein schönes Waldvögelein; | x x́ x x x́ x x́ x x x́ | B |
| 4420 | Fliege fort, fliege fort![388] | x́ x x x́ x x́ | C |

Gewiß bringt die unregelmäßige Art der Reimbindung – teils Kreuz-, teils Paarstellung, Mischung zwei- und dreigliedriger Reimgruppen, eingestreute Waisen, mit denen das Lied sogar beginnt – zusammen mit dem auch sonst sehr unsteten Rhythmus die Verwirrung der Sprecherin auf formaler Ebene sehr plastisch zum Ausdruck.[389] Aber dennoch erscheinen die Verse gebunden – zumindest in weitaus größerem Maße als im folgenden, sehr bekannten Gedicht von Gottfried Benn:

---

[386] Vgl. Helm 1955, S. 122-126, und Knörrich 1992, S. 70-72.
[387] Siehe unten S. 144.
[388] FA I 7/1, S. 192.
[389] Vgl. Ciupke 1994, S. 91 (mit Bezug auf die ganze Szene »Kerker«): »Margaretes Verse […] sind fast durchgehend unregelmäßig. So ist z.B. auch ihr Lied in Freien Versen gestaltet (4412-4420) und weist teilweise gar reimlose Verse auf (4412 und 4414). Der Ton in Margaretes Versen, die von äußerst kurzen einhebigen (z.B. Vers 4494) bis zu fünfhebigen (z.B. Vers 4501) variieren, macht die Sprunghaftigkeit ihrer Gedanken, den schnellen Wechsel ihrer Stimmungen deutlich. Es wird offenbar, daß dies nicht mehr dasselbe Gretchen ist, das der Leser bzw. Zuschauer aus den früheren Gretchen-Szenen kennt, sondern eine von Wahnsinn und Verzweiflung, Angst und Erschütterung gezeichnete Frau.«

Kleine Aster

Ein ersoffener Bierfahrer wurde auf den Tisch gestemmt.
Irgendeiner hatte ihm eine dunkelhelllila Aster
zwischen die Zähne geklemmt.
Als ich von der Brust aus
unter der Haut
mit einem langen Messer
Zunge und Gaumen herausschnitt,
muß ich sie angestoßen haben, denn sie glitt
in das nebenliegende Gehirn.
Ich packte sie ihm in die Brusthöhle
zwischen die Holzwolle,
als man zunähte.
Trinke dich satt in deiner Vase!
Ruhe sanft,
kleine Aster![390]

Dieter Lamping hat diesen Text als Beispiel für die Erneuerung und Entautomatisierung des Reims angeführt und die hier verwendete Technik als ›eingemischten Reim‹ bezeichnet. Er charakterisiert das Gedicht folgendermaßen:

> In den fünfzehn, unterschiedlich langen Zeilen dieses Gedichts gibt es nur zwei Reime: in der ersten und dritten, in der siebenten und der achten Zeile. Alle anderen Verse sind ungereimt – wenn man einmal die Wiederholung von »Aster« am Ende der zweiten und der letzten Zeile außer acht läßt. In seiner Mischung aus vielen freien und wenigen gebundenen Versen ist das Gedicht ein Beispiel für die Form-Auflösung, wie sie sich beim jungen Benn häufig findet […].[391]

Im Vergleich zu Margarethes Lied hat sich zunächst das Verhältnis zwischen gereimten und nichtgereimten Versen drastisch zugunsten der letzteren verschoben. Hinzu kommt, daß der zweite der nah benachbarten Reime – *herausschnitt / glitt* – gleich doppelt abgeschwächt wird: durch die Kombination einer Neben- mit einer Haupttonsilbe und durch das einzige starke Enjambement im Gedicht, das einer Pause nach »glitt« entgegensteht und damit die Wahrnehmbarkeit des Reims beeinträchtigt.

---

[390] Benn 1986, S. 11.
[391] Lamping 1991, S. 67.

*Silbenübergänge – Pausen*

Oben wurde festgestellt, daß Pausen zu den notwendigen Bestandteilen eines jeden Verses gehören. Sie sind es, die in erster Linie – wenn auch häufig in Kombination mit anderen Verskonstituenten, wie Reim oder Silbenprominenz – die Erkennbarkeit der Versgliederung und die Einheit und Dichte jeder einzelnen Verszeile[392] gewährleisten. Aus dem fundamentalen Kennzeichen des Verses, der Gliederung des Textes in parallele, simultan aufeinander beziehbare Segmente, resultiert damit die Forderung nach einem pausenfähigen Silbenübergang, d.h. einer Wortgrenze am Ende jedes Verses.

In vielen Literaturen gibt es jedoch Gedichtformen, die jenseits dieser Minimalregel Vorgaben für weitere Pausen im Versinneren machen.[393] So wiesen beispielsweise die französischen Zehn- und Zwölfsilber eine interne Gliederung auf, die durch eine *césure*, d.h. einen syntaktischen Einschnitt mit entsprechender Sprechpause, realisiert wird.[394] Es handelt sich dabei in numerischer Hinsicht lediglich um eine Minimalvorschrift, d.h. weitere Pausen im Vers sind nicht ausgeschlossen. Davon wurde z.B. in den mit zwei Zäsuren ausgestatteten und damit dreiteiligen *alexandrins ternaires* vor allem in der Romantik Gebrauch gemacht.[395] Strenger sind dagegen die Regeln für die Position der obligatorischen Pause und die Qualität der ihr vorausgehenden Silbe(n): Im Zwölfsilber folgt der Einschnitt auf die 6., im Zehnsilber auf die 4., 5. oder selten auf die 6. Silbe. Dabei geht der Pause immer eine Tonstelle voraus, d.h. eine akzentuierte Silbe, z.T. mit nachfolgender unbetonter Silbe (männliche und weibliche Zäsur).

Noch genauer festgelegt ist die Umgebung der Pause im Pentameter, dem zweiten Vers des elegischen Distichons. Er besteht aus sechs Daktylen mit zweisilbiger Katalexe im dritten und sechsten Fuß. Die ersten beiden Daktylen können durch Spondäen bzw. in der akzentuierenden Nachbildung durch Trochäen ersetzt werden. Der vorgeschriebene Einschnitt liegt hier am Ende des dritten Versfußes und fällt aufgrund der zweisilbigen Katalexe genau zwischen zwei prominente Silben:

$$-\cup\cup\ |\ -\cup\cup\ |\ -\ |\ \overline{-}\cup\cup\ |\ -\cup\cup\ |\ -$$

---

[392] Vgl. Tynjanov 1977, S. 65f.
[393] Vgl. neben den hier angeführten Beispielen auch die bereits erwähnte mordwinische Volksdichtung, in deren Versifikation die genau festgelegte Position von bis zu drei internen Wortgrenzen eine wichtige Rekurrenzstruktur darstellt. Vgl. Jakobson/Lotz 1979, S. 160; Paasonen 1910, S. 154f. und Trubetzkoy 1933, S. 115-117.
[394] Vgl. Elwert 1961, S. 60-66 (Kapitel 3 »Die Zäsur«).
[395] Vgl. Elwert 1961, S. 65.

bzw.

x x
X x x | X x x | X |   | X x x | X x x | X

Diese Kombination von Hebungsprall und Artikulationspause führt zu einer stark hervorgehobenen Zweiteilung des Verses, die gerade im Kontrast zum flexiblen, vorwärtsdrängenden Hexameter spürbar wird. Schiller hat dies in seinem bekannten Gattungsgedicht »Das Distichon« thematisiert und vorgeführt:

> Im Hexameter steigt des Springquells flüssige Säule,
> Im Pentameter drauf fällt sie melodisch herab.[396]

x́ x | x́ x x | x́ | x | x́ x | x́ x x | x́ x
x́ x | x́ x x | x́ |   | x́ x x | x́ x x | x́

Die bisher angeführten Beispiele sind jeweils durch die *absolute* Position von Verseinschnitten innerhalb der Zeile gekennzeichnet. Auch deren *relative* Position, d.h. die Plazierung von Pausen in regelmäßigen Abständen, kann als versifikatorisches Rekurrenzprinzip verwendet werden. So finden sich unter den verschiedenen Versmaßen des mordwinischen Volksliedes auch Formen, die pro Zeile über (insgesamt bis zu drei) Wortgrenzen im regelmäßigen Abstand von vier oder fünf Silben verfügen.[397]

Beschränkt man sich nicht auf die Betrachtung des Versinneren, dann weist auch der Alexandriner mit seinem festgelegten Einschnitt nach der sechsten und der zwölften bzw. dreizehnten Silbe (d.h. am Zeilenende), also annäherungsweise aller sechs Silben, eine Regulierung durch die relative Pausenposition auf. Tritt, wie in der sechshebig jambischen Nachbildung im Deutschen, eine zusätzliche Regulierung durch die relative Position der prominenten Silben hinzu, dann verstärkt sich diese Regelmäßigkeit. Schiller hat die daraus resultierende achsensymmetrische Struktur des deutschen Alexandriners in einem Brief an Goethe vom 15. Oktober 1799 folgendermaßen charakterisiert:

> Die Eigenschaft des Alexandriners sich in zwey gleiche Hälften zu trennen, und die Natur des Reims, aus zwey Alexandrinern ein Couplet zu machen, bestimmen nicht bloß die ganze Sprache, sie bestimmen auch den ganzen innern Geist. [...] Alles stellt sich dadurch unter die Regel des Gegensatzes und wie die Geige des Musicanten die Bewegungen der Tänzer leitet, so auch die zweyschenklichte Natur des Alex-

---

[396] Schiller 1992, S. 283.
[397] Vgl. Jakobson/Lotz 1979, S. 160, und Trubetzkoy 1933, S. 115-117; sowie v.a. Paasonen 1910, S. 154-174. Unter den von Paasonen angeführten Formen sind hier die folgenden einschlägig: II a) (4 + 4), III a) (5 + 5), V a) (4 + 4 + 4), VII b) (5 + 5 + 5) und VIII b) (4 + 4 + 4).

andriners die Bewegungen des Gemüths und der Gedanken. Der Verstand wird ununterbrochen aufgefodert, und jedes Gefühl jeder Gedanke in diese Form, wie in das Bette des Procrustes gezwängt.[398]

Die interne Gliederung des Alexandriners wird dort besonders deutlich, wo die Diärese nach dem dritten Jambus durch eine klare syntaktische Pause realisiert wird. Kommt durch den Verzicht auf weibliche Kadenzen noch eine quantitative Identität der beiden Vershälften hinzu, dann läuft der Vers Gefahr, in zwei Teile zu zerfallen, wie im folgenden Gedicht »Das ewige Licht« aus dem *Cherubinischen Wandersmann* von Angelus Silesius:

> Ich bin ein ewig Licht, ich brenn ohn Unterlaß:
> Mein Docht und Öl ist Gott, mein Geist, der ist das Faß.[399]

*Übersicht zur horizontalen Regulierung der Position*

Die verschiedenen Kombinationsmöglichkeiten der horizontalen Rekurrenzformen nach dem Prinzip der Position werden aus Gründen der besseren Überschaubarkeit in zwei Übersichtsdarstellungen aufgeteilt. Zunächst folgen hier die Tabelle und die Beispiele für die absolute Position, im Anschluß dann für die relative Position. In den Fällen, wo die regelmäßig wiederkehrende absolute oder relative Position der jeweiligen Verskonstituenten als alleiniges Rekurrenzprinzip fungiert, wird dies durch ein Sternchen hervorgehoben.

A) Absolute Position

|     | Prominente Silben | Reime | Pausen |
| --- | --- | --- | --- |
| (1) | + | – | – |
| (2) | – | + | – |
| (3) | – | – | + |
| (4) | + | + | – |
| (5) | + | – | + |
| (6) | – | + | + |
| (7) | + | + | + |

(1) Der Adoneus (vierter Vers der deutschen Nachbildung der sapphischen Strophe): prominente Silben auf Position 1 und 4, nicht-prominente Silben auf den übrigen Positionen (s.o. S. 100).

(2) * ›Gereimte Freie Rhythmen‹, z.B. das Lied Margarethes in der Schlußszene von *Faust I* (s.o. S. 106).[400]

---

[398] Schiller 2002, S. 493f.
[399] Angelus Silesius 1949-1952, Bd. 3, S. 25 (1. Buch, Gedicht 161). – Vgl. die differenzierte Auseinandersetzung mit der metrischen Struktur des deutschen Alexandriners in Buck 1956, S. 26-35, sowie in Albertsen 1971, S. 38-42.
[400] Allerdings ist hier zumindest eine feste Hebung am Versende vorgeschrieben: auf der letzten Silbe bei männlichem und auf der vorletzten bei weiblichem Reim.

(3) Das japanische *Haiku*, bei dem die obligatorische Pause am Ende der Zeilen als Minimalbedingung des Verses angesichts fehlender regelmäßiger Rekurrenzen in bezug auf Silbenprominenz und lautliche Übereinstimmung besondere Bedeutung erlangt (s.o. S. 80).[401]

(4) Der französische Achtsilbler: feste Hebung auf der 8. Position (daneben weitere Tonsilben auf unterschiedlichen Positionen), Endreim.[402]

(5) Die deutsche Nachbildung des Asklepiadeus minor (erster und zweiter Vers der 3. Asklepiadeischen Strophe): Hebungen auf Position 1, 3, 6, 7, 10 und 12, Senkungen auf den dazwischenliegenden Positionen sowie feste Zäsur nach der sechsten Silbe (X x X x x X | X x x X x X).

(6) Die gereimten Spielarten des mordwinischen Volksliedes, z.B. beim Achtsilbler der Form 4 + 4: Endreim und feste Wortgrenze nach der vierten Silbe.[403]

(7) Die barocke Form der sapphischen Strophe: feste Hebungen auf den Positionen 1, 4, 6, 8 und 10 (V. 1-3) sowie 1 und 4 (V. 4); in V. 1-3 Diärese nach der 5. Silbe, Endreim (realisiert als weiblicher Paarreim).[404]

B) Relative Position

|     | Prominente Silben | Reime | Pausen |
|-----|-------------------|-------|--------|
| (1) | +                 | -     | -      |
| [(2) | -                | +     | -]     |
| (3) | -                 | -     | +      |
| [(4) | +                | +     | -]     |
| (5) | +                 | -     | +      |
| [(6) | -                | +     | +]     |
| (7) | +                 | +     | +      |

(1) * Ungereimte ›Freie Jamben‹ usw., z.B. Goethes »Der Adler und die Taube«: Hebung auf jeder geraden Silbe (ein- bis sechshebige Jamben) (s.o. S. 100).

(2) [Für die relative horizontale Position von Reimgliedern als alleinige Form der regelmäßigen Rekurrenz kann kein Beispiel angeführt werden. Das isolierte Auftreten dieses Prinzips ist schon allein deshalb unwahrscheinlich, weil der Binnenreim in der Regel mit Silbenprominenz und (in seiner regelmäßigen Form) auch mit anschließender Zäsur verbunden ist. Gleichwohl ist diese Regulierung prinzipiell möglich.]

---

[401] In den ungebundenen Versen avanciert die Pause am Versende zum einzigen notwendigen Gliederungsprinzip (siehe unten S. 151ff.).
[402] Vgl. Elwert 1961, S. 117, § 162.
[403] Vgl. Paasonen 1910, S. 157f.
[404] Vgl. Frank 1993, S. 271-273, Nr. 4.83.

(3) Einzelne ungereimte Spielarten des mordwinischen Volksliedes, z.B. der Zwölfsilbler der Form 4 + 4 + 4: eine Wortgrenze nach je vier Silben.[405]

(4) [Siehe oben zu (2): Binnenreim in regelmäßigem Abstand scheint nur in der Form von Zäsurreim, d.h. gemeinsam mit dem Prinzip der regelmäßigen relativen Position der Pausen aufzutreten.]

(5) Der französische Alexandriner: Tonsilbe und Pause aller sechs Silben (auf bzw. nach Position 6 und 12).[406]

(6) [Siehe oben zu (2): Binnenreim ist fast zwangsläufig mit Silbenprominenz verbunden.]

(7) Das Spaltversgedicht, z.B. das unten vorgestellte »Ich sage gänzlich ab...«: Hebung auf jeder geraden Silbe, Reim aller fünf bzw. sechs Silben, syntaktische Pause aller fünf bzw. sechs Silben (s.u. S. 119).

*Vertikale Regulierung der Position*
*Verszeile*

Die Position der Verszeilen ist ein wichtiges vertikales Anordnungsprinzip. Es setzt voraus, daß es im betreffenden Gedicht mindestens zwei Verstypen gibt, die sich hinsichtlich ihrer internen rhythmischen Struktur voneinander unterscheiden und in einer gewissen Regelmäßigkeit plaziert sind.

Am häufigsten realisiert sich diese Organisationsform als relative Anordnung: Bestimmte Verstypen folgen in einer festgelegten Reihenfolge aufeinander; die dabei entstehenden identisch strukturierten Versgruppen können Strophen bilden, indem sie durch lange Pausen (und entsprechende Leerzeilen) voneinander gesondert werden. Die regelmäßige Plazierung der Verszeilen tritt oft in Kombination mit weiteren Anordnungsprinzipien auf: der bereits angesprochenen relativen vertikalen Position von Pausen (bei strophisch geordneten Texten) und der festgelegten Abfolge von Endreimen.

Als alleiniges Rekurrenzprinzip fungiert die Position der Verszeile in heterometrischen Texten, die weder strophisch geordnet noch gereimt sind. Prominentes Beispiel hierfür sind Verstexte aus elegischen Distichen (Kombinationen von Hexameter und Pentameter), wie sie in verschiedenen lyrischen Gattungen verwendet werden: dem Lehrgedicht, der Idylle und der Elegie. Als Höhepunkte der zuletzt genannten Gattung in der deutschen Lyrik gelten Gedichte Hölderlins, wie »Menons Klagen um Diotima«:

    Täglich geh' ich heraus, und such' ein Anderes immer,
      Habe längst sie befragt alle die Pfade des Lands;

---

[405] Vgl. Paasonen 1910, S. 165.
[406] Vgl. Elwert 1961, S. 65, § 93.

> Droben die kühlenden Höhn, die Schatten alle besuch' ich,
>     Und die Quellen; hinauf irret der Geist und hinab,
> Ruh' erbittend; so flieht das getroffene Wild in die Wälder,
>     Wo es um Mittag sonst sicher im Dunkel geruht;
> Aber nimmer erquikt sein grünes Laager das Herz ihm,
>     Jammernd und schlummerlos treibt es der Stachel umher.
> Nicht die Wärme des Lichts, und nicht die Kühle der Nacht hilft,
>     Und in Woogen des Stroms taucht es die Wunden umsonst.
> Und wie ihm vergebens die Erd' ihr fröhliches Heilkraut
>     Reicht, und das gährende Blut keiner der Zephyre stillt,
> So, ihr Lieben! auch mir, so will es scheinen, und niemand
>     Kann von der Stirne mir nehmen den traurigen Traum?
> [...][407]

Daneben finden sich jedoch auch andere regelmäßige und zugleich nichtstrophische Kombinationen unterschiedlicher Versmaße. Dazu gehören die verschiedenen Spielarten der auf Archilochos von Paros (um 650 v. Chr.) zurückgehenden Epode und ihre Nachbildungen. Dabei handelt es sich um eine Abfolge von Lang- und Kurzzeilen, beispielsweise von Hexameter und halbem Pentameter, wie sie im Deutschen Friedrich Hölderlin in seiner Ode »An Diotima« verwendet hat:

> Komm und siehe die Freude um uns; in kühlenden Lüften
>     Fliegen die Zweige des Hains,
> Wie die Loken im Tanz': und wie auf tönender Leier
>     Ein erfreulicher Geist
> Spielt mit Reegen und Sonnenschein auf der Erde der Himmel
>     Wie in liebendem Streit
> Über dem Saitenspiel' ein tausendfältig Gewimmel
>     Flüchtiger Töne sich regt,
> Wandelt Schatten und Licht in süßmelodischem Wechsel
>     Über die Berge dahin.
> [...][408]

Das Versmaß läßt sich folgendermaßen schematisch darstellen:

```
    x   x   x   x
X x x X x x X x x X x x X x x X x
    x
X x x X x x X
```

---

[407] Hölderlin 1998, Bd. 1, S. 291-295, hier: S. 291.
[408] Hölderlin 1998, Bd. 1, S. 183.

Die rein jambische Form der Epode, besonders häufig in der Kombination von jambischem Trimeter und jambischem Dimeter, steht seit Archilochos und dem *Epodon liber* (Epodenbuch) des Horaz häufig unter dem Vorzeichen des Satirischen und der politischen Tendenzdichtung. Ein berühmtes Beispiel in der deutschen Lyrik ist Rudolf Borchardts gegen die NS-Herrschaft gerichtetes Gedicht »Nomina odiosa« (1935/36, veröffentlicht posthum 1967), in dem sich die folgende metapoetische Passage findet:

> [...] Hier wird Pest gefegt
> und nicht gefackelt. Keiner geh
> Aufatmend heim des Glaubens, daß der fürstliche
> Gotteingehauchte Vers, zu stolz,
> Die Laus zu spießen, drin die triumphierende
> Fleckseuche wandert, eben drum
> Auch viel zu hoch zieh, viel zu scheu vor Wirklichkeit,
> Zu schweigend des Verachteten,
> Als daß dem schuldigen Nacken Griff, dem Scheitel Blitz
> Von ihm grad zu besorgen sei –
> [...][409]

Bei heterometrischen ungereimten Strophen tritt als vertikales Anordnungsprinzip zur relativen Position der Verszeilen auch die der (langen) Pausen. Eine einfach strukturierte vierzeilige Form hat Herder mit seiner Nachdichtung des »Cid« ins Deutsche eingeführt. Die Verse dieser Erzählstrophe aus vierhebigen Trochäen differieren nur in der Kadenz: Die letzte Zeile ist im Unterschied zu den vorangegangenen katalektisch. Horst Joachim Frank hat ihre Ausdrucksqualität folgendermaßen beschrieben:

> Wirkungsvoll wird der in drei Versen voranschreitende Erzählgang durch den stumpf schließenden vierten Vers gegliedert. So folgt in der Reihe der Strophen Bild auf Bild, folgt der Rede die Gegenrede, der Herausforderung die Tat.[410]

Als Beispiel für diese Strophenform hier der Beginn von Conrad Ferdinand Meyers Ballade »Traumbesitz«:

> »Fremdling, unter diesem Schutte
> Wölbt sich eine weite Halle,
> Blüht des Inka goldner Garten,
> Prangt der Sessel meines Ahns!

---

[409] Borchardt 1985, S. 53-55, hier: S. 54f. Vgl. Schmidt 1990, S. 283-340, bes. S. 328-334.
[410] Frank 1993, S. 193f. (Nr. 4.52), hier: S. 193.

Alles Laub und alle Früchte
Und die Vögel auf den Ästen
Und die Fischlein in den Teichen
Sind vom allerfeinsten Gold.«

»Knabe, du bist zart und dürftig,
Deine greisen Eltern darben –
Warum gräbst du nicht die nahen
Schätze, die dein Erbe sind?«
[…][411]

Wesentlich komplexere, auf der relativen Zeilenposition beruhende Strophenformen finden sich in der Lyrik von Marianne Moore, einer der wenigen englischsprachigen Autoren des 20. Jahrhunderts, die syllabische Verse verwendet haben.[412] Häufig tritt bei ihr neben der Silbenzahl auch die (sporadische) Endreimbindung als versifikatorisches Prinzip auf; es finden sich jedoch auch reimlose Gedichte, wie das folgende (in der rechten Spalte jeweils die Silbenzahl):

The Buffalo

| | |
|---|---|
| Black in blazonry means | 6 |
| prudence; and niger, unpropitious. Might | 10 |
| hematite – | 3 |
| black, compactly incurved horns on bison | 10 |
| have significance? The | 6 |
| soot-brown tail-tuft on | 5 |
| a kind of lion- | 5 |
| | |
| tail; what would that express? | 6 |
| And John Steuart Curry's Ajax pulling | 10 |
| grass – no ring | 3 |
| in his nose – two birds standing on the back? | 10 |
| . . . . . . | |
| | |
| The modern | [3] |
| ox does not look like the Augsburg ox's | |
| [9] | |
| portrait. Yes, | 3 |
| the great extinct wild Aurochs was a beast | 10 |

---

[411] Meyer 1963-1985, Bd. 1, S. 49.
[412] Vgl. Diller 1978, S. 97-101.

| | |
|---|---|
| to paint, with stripe and six- | 6 |
| foot horn-spread – decreased | 5 |
| to Siamese-cat – | 5 |
| | |
| Brown Swiss size or zebu- | 6 |
| shape, with white plush dewlap and warm-blooded | 10 |
| hump; to red- | 3 |
| skinned Hereford or to piebald Holstein. Yet | 10 |
| some would say that sparse-haired | 6 |
| buffalo has met | 5 |
| human notions best – | 5 |
| [...][413] | |

Die Strophen bestehen diesem Gedicht aus sieben Zeilen mit der Silbenzahl 6 - 10 - 3 - 10 - 6 - 5 - 5. Dabei werden die optisch durch Leerzeilen markierten Strophenübergänge häufig akustisch kaum realisiert; ein besonders auffälliger Strophensprung findet sich im zitierten Ausschnitt beim Wechsel von der ersten zur zweiten Strophe (*lion-* | | *tail*). Ungewöhnlich ist auch, daß diese ad hoc gebildete metrische Form bereits unmittelbar nach ihrer Etablierung in der ersten Strophe durch die zweite und dritte Versgruppe unterminiert wird. Dort finden sich lediglich Teile der Sequenz, aber auch offensichtliche Abweichungen (oben durch eckige Klammern hervorgehoben).[414] Erst die nächste Strophe setzt das Metrum wieder in Kraft, das dann bis zum Ende des insgesamt neunstrophigen Gedichts eingehalten wird. Moores »The Buffalo« kann somit als Anschauungsbeispiel dafür dienen, daß auch intern vermeintlich schwach, nämlich nur durch Silbenzahl,[415] regulierte Verszeilen durch ihre regelmäßig wiederholte vertikale Positionierung ein stabiles und widerstandsfähiges Metrum zu bilden imstande sind. Freilich legt die hier originalgetreu wiedergegebene typographische Anordnung nahe, daß die für westliche Ohren unübliche horizontale Regulierung durch die Silbenzahl für ihre Erkennbarkeit zusätzlicher optischer Rekurrenzsignale bedarf. Durch die für Marianne Moore charakteristische gestaffelte Einrückung werden die metrisch parallelen Zeilen der Strophen in eine, wenn auch nicht eineindeutige, vertikale Entsprechung gebracht:

---

[413] Moore 1915, S. 33-35, hier: S. 33.
[414] Zu den verschiedenen Verfahren der Unterminierung des syllabischen Metrums und der Reimbindung bei Marianne Moore vgl. die knappe und informative Untersuchung in Beloof 1958.
[415] Vgl. den oben (S. 99, Anm. 364) erwähnten Ausschluß silbenzählender Metren in Standop 1989.

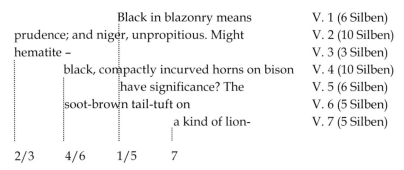

Um John Hollanders eingangs erwähntes anschauliches Modell der Beteiligung von Hör- und Sehsinn bei der Strukturierung und Wahrnehmung von Gedichten[416] aufzugreifen, liegen die Werte auf der akustischen und optischen Koordinatenachse für diesen Text gewiß in einem ähnlichen Bereich.

Bisher wurden ausschließlich Beispiele für die relative Position, d.h. die sich innerhalb eines Gedichts regelmäßig wiederholende identische Abfolge unterschiedlicher Verszeilen angeführt. Doch es existieren auch lyrische Formen, in der die absolute Position bestimmter Verszeilen rekurrenzbildend ist. Freilich realisiert sich diese Regelmäßigkeit hier – ebenso wie bei der absoluten Zeilenzahl[417] – nicht innerhalb des einzelnen Gedichts, sondern in der Regel durch den Bezug auf etablierte Gattungstraditionen.

Eine Beschränkung der versifikatorischen Regulierung auf die Anzahl und Position der Verszeilen findet sich im japanischen *Haiku*.[418] In diesen dreizeiligen reimlosen Gedichten ist die Plazierung der sich lediglich hinsichtlich ihrer Silbenzahl unterscheidenden Verse genau festgelegt: Auf einen Fünfsilbler folgt ein Siebensilbler und wiederum ein Fünfsilbler.

Das Ritornell, eine aus dem Italienischen stammende dreizeilige Strophe, wird in der deutschen Lyrik zumeist als Gedichtform verwendet. Eine seiner wichtigen Ausprägungsformen mit einer Kombination von einer Kurz- und zwei Langzeilen[419] kann hier als weiteres Beispiel für eine Regulierung durch absolute Versposition dienen. Als zusätzliche Anordnungsprinzipien sind auch die Verszahl sowie die Anzahl und Position der Endreime relevant. Eine beliebte thematisch bestimmte Spielart dieser lyrischen Gattung stellt das Blumen-Ritornell dar.[420] Hier ein Beispiel aus Friedrich Rückerts Ritornell-Sammlung:

---

[416] Siehe oben S. 27.
[417] Siehe oben S. 90ff.
[418] Siehe oben S. 80.
[419] Vgl. Schuchardt 1875, S. 33-39.
[420] Vgl. Frank 1993, S. 55f., Nr. 3.1., sowie Schuchardt 1875, S. 40-66.

> Zierliches Glöckchen!
> Vom Schnee, der von den Fluren weggegangen,
> Bist du zurückgeblieben als ein Flöckchen.[421]

Dieses u.a. auch von Theodor Storm in seinen »Frauen-Ritornellen« verwendete Metrum läßt sich folgendermaßen darstellen:

| | |
|---|---|
| (x) X x x X x | a |
| x X x X x X x X x X x | x |
| x X x X x X x X x X x | a |

*Lautliche Übereinstimmungen von Silben oder Silbengruppen*

Die regelmäßige vertikale Anordnung der Endreime und Assonanzen[422] zählt ebenso wie die der Verszeilen zu den wichtigsten rhythmischen Rekurrenzprinzipien. Im Vergleich zu den oben behandelten ›gereimten Freien Rhythmen‹ bzw. ›gereimten Freien Versen‹[423] führt die regelmäßige Plazierung und damit Voraussagbarkeit der Reime zu einer weitaus größeren Geschlossenheit der betreffenden Texte. Zumal die besonders prägnanten und häufigen Reimstellungen, wie Paar-, Kreuz- und Blockreim gelten geradezu als Inbegriff bestimmter Strophen- bzw. Gedichtformen. Es ist bezeichnend, daß Roman Jakobson das Strukturprinzip dieser Reimstellungen gleich in mehreren Gedichtanalysen der eingehenden Untersuchung von Entsprechungen zwischen größeren Texteinheiten (Strophen und Versgruppen) zugrunde gelegt hat.[424] In seiner gemeinsam mit Lawrence G. Jones verfaßten Studie zu Shakespeares Sonett 129 wird der Rückgriff auf das Modell der Reimstellungen explizit thematisiert:

> Die vier strophischen Einheiten stellen drei Arten binärer Entsprechungen zur Schau, auf welche die gängige Klassifikation von Reimschemata übertragen warden kann: 1) Der alternierende Wechsel (a b a b), der die zwei *ungeraden* Strophen miteinander verbindet (I, III) und diese den *geraden* Strophen gegenüberstellt (II, IV); 2) die Rahmung (a b b a), die die umschließenden *äußeren* Strophen (I, IV) zusammen bringt und sie den beiden *inneren* Strophen (II, III) gegenüber stellt; 3) die

---

[421] Rückert 1879, S. 384.
[422] Ich konzentriere mich hier auf Endreim und Assonanz. Allerdings existieren innerhalb der altnordischen Dichtung auch Formen, in denen u.a. die vertikale Position der Stabreime regelmäßige Rekurrenzen bildet, z.B. die in der *Edda* vorkommende sechszeilige Strophenform *Ljóðaháttr* (vgl. Turville-Petre 1976, S. xvf.).
[423] Siehe oben S. 105.
[424] Vgl. Roman Jakobsons Shakespeare-, Blake-, Wierzyński- und Brecht-Analysen (Jakobson/Jones 2007, S. 627; Jakobson 2007g, S. 7f.; Jakobson 2007f, S. 563; Jakobson 2007a, S. 696f.).

Nachbarschaft (a a b b), die Paare von *vorausgehenden* (I, II) und *nachfolgenden* (III, IV) Strophen einander gegenüberstellt.[425]

Dabei geht es Jakobson und Jones nicht etwa lediglich um die Übernahme eines etablierten und bequemen Deskriptionsmusters, sondern sie sehen im Kräftespiel dieser drei Korrespondenzformen den entscheidenden Ausdruck der Einzigartigkeit eines beliebigen viergliedrigen Gedichts: »es ist genau diese Hierarchie der drei interstrophischen Korrelationen [...], welche die vierstrophigen Gedichte jedes Wortkünstlers individualisiert und diversifiziert.«[426]

Die Regulierung der vertikalen Plazierung der Endreime weist in bezug auf ihre Komplexität ein großes Spektrum auf. Die einfachste Spielart ist dabei gewiß der Paarreim am Versende.[427] In seiner *relativen* Ausprägungsform, d.h. als regelmäßige Folge paargereimter Zeilen, kann er auch als (weitgehend) isoliertes Anordnungsprinzip fungieren.[428] Oben wurde bereits auf einschlägige Gedichtformen in verschiedenen Sprachen und Literaturen hingewiesen: den *Sceltonic Verse* im Englischen, den *raëšnyj stich* im Russischen und den Freien Knittelvers im Deutschen.[429] Als Beispiel für die zuletzt genannte Gattung hier Klabunds Sechszeiler »Epitaph als Epilog« aus dem Jahr 1913:

> Hier ruhen siebenundzwanzig Jungfrauen aus Stralsund,
> Denen ward durch einen Interpreten des Dichters neueste Dichtung kund.
> Die hat die empfindsamen Mädchenherzen so sehr begeistert,
> Daß auch nicht eine mehr ihr Gefühl gemeistert.
> Man hängte sich teils auf, teils ging man in die See.
> Nur eine ging zum Dichter selbst. (Und zwar aufs Kanapee.)[430]

Die Anzahl der Silben schwankt zwischen 12 und 19, die der akzentuierten Silben zwischen fünf und neun; Regelmäßigkeiten in der Anzahl und/oder Position der Pausen und der akzentuierten Silben sind nicht zu erkennen. Im Kontrast dazu tritt der kontinuierliche Paarreim besonders deutlich hervor.

Paarreimbindung in relativer Anordnung kann jedoch auch einen erheblichen Komplexitätsgrad erreichen, wie im folgenden anonymen Spaltversgedicht aus dem 16. Jahrhundert:

---

[425] Jakobson/Jones 2007, S. 627.
[426] Jakobson/Jones 2007, S. 635f.
[427] ›Einfach‹ ist der Paarreim natürlich nur in bezug auf seine formale Struktur. Eine aufschlußreiche Fallstudie zu den komplexen poetologischen und genderspezifischen Implikationen des Paarreims am Beispiel der Bouts-rimés »My wife's a vixen...« von Lord und Lady Byron findet sich in Greber 2000.
[428] Neben der vertikalen Position der Endreime ist hier freilich auch deren horizontale Position (am Zeilenende) festgelegt, die, wie oben dargelegt (siehe oben S. 82f.), offenbar immer mit mindestens einer Spielart der Silbenprominenz verbunden ist.
[429] Siehe oben S. 75.
[430] Klabund 1999-2003, Bd. 4/1, S. 40.

| | |
|---|---|
| ich sage gänzlich ab/ | der Römer Lehr und Leben/ |
| dem Luther bis ans Grab/ | will ich mich ganz ergeben/ |
| ich lache und verspott/ | die Messe, Ohrenbeicht/ |
| dem Luther sein Gebot/ | ist mir ganz sanft und leicht/ |
| ich hasse mehr und mehr/ | all, die das Papsttum lieben/ |
| der Lutheraner Lehr/ | hab ich ins Herz geschrieben/ |
| bei mir hat kein Bestand/ | die römisch Priesterschaft/ |
| was Luthern ist verwandt/ | lob ich mit aller Kraft/ |
| wer lutherisch verstirbt/ | das Himmelreich soll erben/ |
| in Ewigkeit verdirbt/ | wer römisch bleibt beim Sterben.[431] |

In diesem Gedicht liegt doppelter Paarreim vor: In den aufeinander folgenden Zeilen reimen jeweils die Wörter vor der Zäsur und am Versende. Dadurch eröffnen sich zwei Möglichkeiten der Rezeption:

(1) Bei Wahrung der Einheit der Langverse ergibt sich ein zehnzeiliges Gedicht in heroischen Alexandrinern (abwechselnd weiblich und männlich) mit radikal reformatorischer Aussage.

(2) Spaltet man die Alexandriner in Kurzverse auf, dann ergibt sich ein Gedicht, das aus zwei Strophen zu je zehn dreihebigen Jamben besteht (oben durch die Kolumnen angedeutet). Die erste Strophe verfügt über durchgehend männliche, die zweite über abwechselnd weibliche und männliche Paarreime. Die Aussage ist derjenigen in (1) diametral entgegengesetzt: In konsequent gegenreformatorischer Argumentation werden zunächst Luther und seine Lehre verdammt, um in der zweiten Strophe die katholische Kirche und ihre Institutionen zu preisen.

Spaltversgedichte, die vor allem in der Barocklyrik anzutreffen sind, sich aber (wohl nicht zuletzt aufgrund der neuen technischen Darstellungsmöglichkeiten durch Java-Programmierung u.ä.) auch in der aktuellen Dichtung finden,[432] machen deutlich, welch starker rekurrenzbildender Impuls von sich konsequent wiederholenden vertikalen Reimpositionen auch im Versinneren ausgeht. Im Zusammenspiel mit der Diärese nach dem dritten Versfuß sind

---

[431] Lüke 1999, S. 60.
[432] Vgl. das folgende poetologische Spaltversgedicht von Timmo Strohm, das in seine Hypertexterzählung *Rettet Seiber! Eine steuerbare Flucht* eingebettet ist (hier freilich in vereinfachter Darstellung):

| | |
|---|---|
| Glaubt es nicht, wenn sie Euch sagen: | INHALT ist bedeutungslos |
| FORM kann nie Bedeutung tragen | Zählt für Vollidioten bloß |
| Der Begriff bestimmt das Wesen | Wenn wir Sprache schärfer sehn |
| Nur, wenn die Naiven lesen | Kann die Form den Inhalt drehn. |

(Strohm 2010).
Wie im o.a. reformatorisch/antireformatorischen Gedicht ergeben sich zwei Lesarten: (1) die inhaltsorientierte Langzeilenversion und (2) die formorientierte Version, die aus zwei Kurzversstrophen besteht.

sie in der Lage, die Einheit des Gedichts aufzubrechen und es senkrecht in zwei Hälften zu spalten.

Ein einprägsames Beispiel für eine versifikatorische Ordnung, in der die *absolute* vertikale Position des Reims reguliert ist, stellt das bereits erwähnte englische oder Shakespeare-Sonett mit seinem abschließenden *couplet* dar.[433] Den »effektvollen asymmetrischen Kontrast zwischen dem *abschließenden* Couplet und den drei Quartetten, die als *nicht-abschließende* Strophen betrachtet werden«[434], d.h. die Absetzung des paargereimten letzten Zweizeilers von den vorausgehenden Kreuzreimstrophen, bewerten manche sogar als allzu drastische Struktur:

> Dieses »couplet« ist für viele Kritiker zu einem Stein des Anstoßes geworden. Häufig empfinden sie es als zu abrupt gegen das Vorausgehende gestellt. Die epigrammatische Wendung erscheint ihnen als zu gewollt, zu sentenziös und in ihrer Schlußfolgerung wenig glaubhaft. Nach glänzendem Anfang nehme manches Sonett – so die Kritiker – ein recht klägliches Ende.[435]

Auch in den späteren Dramen Shakespeares findet das Reimpaar an bestimmten Positionen häufig Verwendung. Gewiß kann dabei nicht von einer strengen Regulierung gesprochen werden; dennoch erscheint der wiederholte Gebrauch von einzelnen gereimten *couplets* am Ende von Szenen alles andere als zufällig. Ina Schabert hat Passagen wie die folgende (*Hamlet*, I, 2) als ›vorhangartigen Schlußszenenakzent‹[436] bezeichnet:

> My father's spirit – in arms! – all is not well;
> I doubt some foul play; would the night were come...
> *Till then sit still, my soul; foul deeds will rise,*
> *Though all the earth o'erwhelm them, to men's eyes.*[437]

Bereits bei der hier vorgenommenen Konzentration auf den Paarreim als einfachste Spielart der vertikalen Plazierung der Endreime ist das strukturelle Potential dieses Anordnungsprinzips deutlich geworden. Es kann und muß hier nicht im größeren Umfang vorgeführt werden, daß komplexere Realisationsformen der relativen und absoluten vertikalen Reimposition, auch wenn sie mit anderen Rekurrenzprinzipien kombiniert sind, gleichfalls von ent-

---

[433] Siehe oben S. 96. Freilich ist hier die absolute Position des Paarreims keineswegs das einzige Rekurrenzprinzip, sondern tritt im Verbund mit weiteren horizontalen und vertikalen Regulierungen auf.
[434] Jakobson/Jones 2007, S. 627. Vgl. insbesondere das Kapitel IX dieses Aufsatzes: »Couplet vs. Quartette«, a.a.O., S. 643-646.
[435] Helmut Castrop in Schabert 1992, S. 653f.
[436] Vgl. Schabert 1992, S. 332.
[437] Shakespeare 1998, S. 82 (I, 2) (meine Hervorhebung). Vgl. die Paarreime als Abschluß weiterer Szenen in *Hamlet*: II, 1; II, 2; III, 2; IV, 1; IV, 3; IV, 4; V, 1 sowie am Ende des Stücks.

scheidender Bedeutung für die formale Organisation der entsprechenden Strophen- oder Gedichttypen sein können (und zumeist auch sind).

Das Beispiel der Terzine soll hierfür genügen. Diese weist zwar ein konstantes Versmaß (in der deutschen Nachbildung zumeist fünfhebige Jamben, d.h. horizontale Regulierung der Anzahl der Silben und der prominenten Silben sowie der relativen Position der prominenten Silben) und eine Gliederung in dreizeilige Versgruppen (Regulierung der relativen vertikalen Pausenposition) auf, ihr eigentlich bestimmendes Kennzeichen ist jedoch die strophenübergreifende Reimanordnung nach dem Schema aba bcb cdc ded ... yzy (|) z. Genau diese Struktur hielt Goethe zunächst von der Verwendung von Terzinen ab. So schrieb er in einem Brief an Schiller vom 21. Februar 1798:

> Ich habe etwas vor das mich reizt Stanzen zu machen, weil sie aber gar zu obligat und gemessen periodisch sind, so habe ich an jenes Sylbenmaß [die Terzinen] gedacht, es will mir aber bey näherer Ansicht nicht gefallen, weil es gar keine Ruhe hat und man wegen der fortschreitenden Reime nirgends schließen kann.[438]

Als Goethe diese Form knapp dreißig Jahre später für den Monolog Fausts in der Szene »Anmutige Gegend« (*Faust II*, 1. Akt) dann doch verwendete, machte er sich genau diese ikonische Relation zwischen Reimstellung und Semantik[439] zunutze, denn »gerade Terzinen [sind] geeignet, Fausts wiedererwachtes Streben [...] zu charakterisieren«[440]:

| | |
|---|---|
| Des Lebens Pulse schlagen frisch lebendig, | a |
| Ätherische Dämmerung milde zu begrüßen; | b |
| Du Erde warst auch diese Nacht beständig | a |
| Und atmest neu erquickt zu meinen Füßen, | b |
| Beginnest schon mit Lust mich zu umgeben, | c |
| Du regst und rührst ein kräftiges Beschließen, | b |
| Zum höchsten Dasein immerfort zu streben. – | c |
| (V. 4679-4685)[441] | |

*Silbenübergänge – Pausen*

Die regelmäßige vertikale Segmentierung von Verstexten ist zumeist graphisch markiert durch Leerzeilen oder Einrückungen, die in der Regel mit pausenheischenden Silbenübergängen am Satz- oder Kolonende zusammenfallen. Sie ist häufig mit anderen rekurrenzbildenden rhythmischen Struktu-

---

[438] WA IV 13, S. 71f.
[439] Vgl. Levý 1966, bes. S. 133f.
[440] Ciupke 1994, S. 98.
[441] FA I 7/1, S. 205.

ren kombiniert, kann jedoch auch isoliert auftreten. Ein Beispiel dafür ist Christian Morgensterns Gedicht »Botschaft des Kaisers Julian an sein Volk«:

1 Kehrt Phoebus Apollo
2 zum zwölften Male,
3 sollen der Christen
4 Tempel fallen!

5 Ihre Säulen
6 sollen gebrochen werden
7 und ihre Kreuze
8 sich in die Erde bohren!

9 Und der Priester unheilig Volk
10 sei in ihnen,
11 als ihren Heimstätten,
12 wenn sie zusammenstürzen!

13 Und alles Volk
14 gehe in Rosen umher
15 und werfe die Steine
16 in seine Schlüchte und Wässer!

17 Und Tag und Nacht
18 solln die Posaunen
19 der neuen Tempel
20 jauchzen!

21 Wann aber der alten
22 Boden flach ward
23 so soll man
24 Gärten darüber breiten!

25 Denn die Zeit ist um,
26 da das Kreuz geragt,
27 der neue Mensch
28 reckt seine Hand.[442]

Daß dieses Gedicht gebunden wirkt, hängt tatsächlich nur von der relativen vertikalen Position der Pausen ab: Die Satzenden fallen regelmäßig auf das

---

[442] Morgenstern 1988, S. 246f.

Ende jeder vierten Verszeile; die nachfolgenden Einschnitte sind durch Freizeilen hervorgehoben. Sämtliche sonstigen Verskonstituenten: Silbe, Silbenprominenz und lautliche Übereinstimmungen bilden in Morgensterns Gedicht keine Rekurrenzstrukturen: Nur sporadisch finden sich Assonanzen ($_2$Male – $_4$fallen, $_5$Säulen – $_7$Kreuze, $_{18}$Posaunen – $_{20}$jauchzen und $_{26}$geragt – $_{28}$Hand), die Silbenzahl pro Zeile schwankt unregelmäßig zwischen 2 (V. 20) und 8 (V. 9 u. 16); auch die akzentuierten Silben sind weder nach Anzahl (1-3 pro Vers) noch nach ihrer Position reguliert. Damit liegen, wie schon bei den ›Freien Jamben‹, ›Freien Trochäen‹ usw., keinerlei akustische ›Anweisungen‹ für die Plazierung der Versgrenzen vor. Die Stropheneinheit wird durch eine Kombination aus akustischen (Satzende) und optischen Signalen (Leerzeile) gewährleistet.[443]

Nicht immer wird die vertikale Segmentierung auch graphisch angezeigt. Als Beispiel kann die Hauptform der klassischen japanischen Lyrik, das fünfzeilige *Tanka*, dienen.[444] Hier beruht die rhythmische Rekurrenz gleich in doppelter Hinsicht auf der vertikalen Position.[445] Einerseits ist die Abfolge der (in sich nach der Silbenzahl bestimmten) Zeilen festgelegt: 5 | 7 | 5 | 7 | 7. Zum anderen ist das Tanka durch eine Pause am Ende des dritten Verses in zwei Teile gegliedert: die Oberstrophe (*kami no ku*, 5 | 7 | 5), aus der das *Haiku*[446] entstanden ist, und die Unterstrophe (*shimo no ku*, 7 | 7).[447] Diese syntaktische Pause wird jedoch traditionell nicht optisch angezeigt. Stattdessen existieren andere Möglichkeiten der Hervorhebung:

> The division was often marked by a participle at the end of the third line; by reversing the syntax and placing in the last two lines the clause that would normally come first; or by dividing the poem into a generalization in the first three lines followed by a syntactically unrelated

---

[443] Das Zusammenfallen von Strophen- und Satzende ist kein notwendiger Bestandteil dieser Rekurrenzform. Freilich verstärkt es die Wahrnehmbarkeit der vertikalen Gruppierung und stabilisiert damit die ansonsten nur lockere Wiederholungsstruktur. Vgl. die identische syntaktische Hervorhebung der vertikalen Pausen in Klabunds Gedichten »Venedig«, »Fannerl«, »Da nun der Regen rinnt...«, »Wie lang ists her...«, »Frühlingsgewölk. Die Stare...« und »Winterkrieg« (Klabund 1999-2003, Bd. 4/2, S. 602f., 612f., 627, 628, 631 u. 712f.). – Goethes drei »Oden an meinen Freund« (1767), sind ebenfalls nur durch die relative Position der vertikalen Pausen reguliert. Auch hier schließen die vierzeiligen Strophen durchwegs mit einem Satzende. (Vgl. FA I 1, S. 71-79.) Dies gilt auch im Falle Klopstocks, der für die Ausgabe von 1771 eine »Umstellung der freirhythmischen Oden zu Vierversstrophen« vorgenommen hat. Vgl. dazu ausführlich Albertsen 1971, S. 137-151.
[444] Vgl. Brower 1972, bes. S. 45-47.
[445] Im Japanischen verläuft die Schrift traditionell von oben nach unten und von rechts nach links. Somit liegt hier eigentlich keine vertikale, sondern eine horizontale Segmentierung vor. Der Vergleichbarkeit halber werden jedoch die eingeführten Bezeichnungen beibehalten.
[446] Siehe oben S. 80.
[447] Vgl. Ulenbrook 1987, S. 87.

symbolic description – often terminating in a noun – in the last two, as in this poem by the priest Saigyō (1118-90):

| | |
|---:|:---|
| *Kokoro naki* | While denying his heart |
| *Mi ni wa aware wa* | Even a priest cannot but know |
| *Shirarekeri* | The depths of a sad beauty: |
| *Shigi tatsu sawa no* | Snipe that rise to wing away |
| *Aki no yūgure.* | From a marsh at autumn twilight.[448] |

*Übersicht zur vertikalen Regulierung der Position*

Analog zur horizontalen Positionsübersicht (s.o. S. 110) werden auch hier die absolute und die relative Position getrennt behandelt.

A) Absolute Position

|     | Verszeile | Reim | Pause |
|-----|-----------|------|-------|
| (1) | +         | –    | +     |
| (2) | –         | +    | –     |
| (3) | –         | –    | +     |
| (4) | +         | +    | –     |
| (5) | +         | –    | +     |
| (6) | –         | +    | +     |
| (7) | +         | +    | +     |

(1) Das japanische Haiku: Fünfsilbler – Siebensilbler – Fünfsilbler (s.o. S. 80).

(2) Das persische Rubâi: vierzeilige Gedichtform aus isometrischen Versen mit der Reimstellung a a x a. Als Beispiel hier ein Rubâi aus Georg Friedrich Daumers *Hafis. Eine Sammlung persischer Gedichte* (1856):

> Der Ost geriet in Streit mit der Natur,
> Er wollte nicht mehr auf der Rosenflur,
> Er wollte wehn auf einer schöneren,
> Er wollte wehn auf deiner Wange nur.[449]

(3) Eine lyrische Gattung, in der die (freilich extern realisierte) Rekurrenz ausschließlich auf der absoluten vertikalen Regulierung der Pausen beruht, ist mir nicht bekannt. – Als ad-hoc-Phänomen, d.h. ohne genaue Festlegungen im Sinne von Gattungstraditionen, sind unregelmäßig auftretende vertikale Pausen von großer struktureller Bedeutung in Dialoggedichten. Liegt hier Isometrie und Reimlosigkeit oder periodisch wiederkehrende Reimstellung vor, dann bewirken die Pausen eine deutliche vertikale Gliederung. Beispiel: Goethes »Suleika.

---

[448] Brower 1972, S. 45.
[449] Daumer 1945, S. 10.

Warum du nur oft so unhold bist?«[450]: acht vierhebige Verse mit freier, ein- bis zweisilbiger Senkung (vierhebiger *dol'nik*, s.u. S. 144), Paarreim, Pause und Sprecherwechsel (Suleika → Hatem) nach V. 1.

(4) Das Blumen-Ritornell, z.B. Rückerts »Zierliches Glöckchen...«: V. 1 – Kurzvers (hier als Adoneus), V. 2 u. 3 – fünfhebiger hyperkatalektischer Jambus; Reimstellung: a x a (s.o. S. 117).[451]

(5) Das japanische Tanka: Fünfsilbler – Siebensilbler – Fünfsilbler – Siebensilbler – Siebensilbler, feste syntaktische Pause am Ende des dritten Verses teilt das Tanka in Ober- und Unterstrophe (s.o. S. 124).

(6) Die verschiedenen Formen des Sonetts, z.B. die italienische, wie in Bürgers »Der versetzte Himmel«: 14 isometrische Verse (hier: fünfhebige akatalektische Trochäen), Reimordnung: abba abba cde cde, syntaktische Pausen am Ende von V. 4, 8 u. 11 (s.o. S. 95).

(7) Das aus Frankreich stammende Rondeau: 15zeilige Gedichtform mit ›Langzeilen‹ (V. 1-8 u. V. 10-14) und einem kurzen Refrain, der zumeist aus dem ersten Halbvers des Gedichts gebildet wird (V. 9 u. 15); Reimordnung: a a b b a | a a b R | a a b b a R; syntaktische Pausen nach V. 5 und V. 9.[452] Vgl. z.B. das folgende Gedicht von Georg Rodolf Weckherlin:

*Rund umb.*

Ohn müh und schwaiß kan man kein werck vollführen,
Werck, welches Uns mit Lob und Ehr kan zieren,
Dan nur umb müh der Tugent preiß und pracht
Und wahrer Ruhm zu wegen wirt gebracht,
Daß ewiglich sie sich nicht mehr verlieren.
    Kein Herr, kein Held, zu der Ehr zu passieren,
Und über Noht und Tod zu jubilieren,
Kan sigreich sein durch ein Glor-reiche Schlacht
    Ohn müh und schwaiß.
Wolan dan, Printz, wan schon die feind stoltzieren,
Und ungerecht als torrecht dominieren,
In ewerm Land: wirt doch der Tugent macht,
Die ewer Liecht in ewers unglicks nacht,
Endlich mit Euch hie und dort triumfieren
    Ohn müh und schwaiß.[453]

---

[450] Vgl. FA I 3/1, S. 106.
[451] Allerdings zieht die Anrufung im ersten Vers fast zwangsläufig eine syntaktische Pause nach sich, so daß das Blumenritornell zur Form (7) tendiert.
[452] Vgl. Elwert 1961, S. 161, § 215.
[453] Weckherlin 1894/1895, Bd. 2, S. 310.

B) Relative Position

|     | Verszeile | Reim | Pause |
|-----|-----------|------|-------|
| (1) | +         | −    | −     |
| (2) | −         | +    | −     |
| (3) | −         | −    | +     |
| (4) | +         | +    | −     |
| (5) | +         | −    | +     |
| (6) | −         | +    | +     |
| (7) | +         | +    | +     |

(1) Jambischen Epoden, z.B. Rudolf Borchardts »Nomina odiosa«: jambischer Trimeter und jambischer Dimeter folgen abwechselnd aufeinander (s.o. S. 114).

(2) Freier Knittelvers, z.B. Klabunds »Epitaph als Epilog«: aufeinanderfolgende Paarreime (s.o. S. 119).

(3) Christian Morgensterns Gedicht »Botschaft des Kaisers Julian an sein Volk«: eine deutliche syntaktische Pause nach je vier Versen (s.o. S. 123).

(4) Unstrophische Verstexte mit periodisch wechselndem Metrum und regelmäßiger Reimbindung. Sie finden sich in der Barockdichtung, beispielsweise in der Szene »Die zween Engel im Grabe« in Johann Klajs Leseoratorium Aufferstehung Jesu Christi (1644), in dem periodisch ein gereimtes Verspaar in vierhebigen Amphibrachen und eines in katalektischen zweihebigen Daktylen (bzw. adonischen Versen) aufeinanderfolgen:

    Was suchet ihr Gottesergebenen Frauen/
    Was kommet ihr finstere Gräber zu schauen?
                   Christus der Krieger/
                   Höllen Besieger
    Ist heute mit hüpfender Sonnen erstanden/
    und hat euch errettet von eisernen Banden/
                   Stillet das Leiden/
                   Heget nur Frewden!
    Der traurige Winter ist gäntzlich verschwunden/
    Es haben sich Blumen vnd Blüten gefunden/
                   Gehet zu schauen
                   Wiesen und Auen.
    Last Himmel und Erden erfreulichen singen/
    und Buchen vnd Eichen in Wäldern erklingen:
                   Christus der Krieger
                   Höllen Besieger!

   Nun gehet/ die fröliche Zeitung zu bringen
   Dem Petrus von solchen behäglichen Dingen/
     Höret ihr Brüder!
     Christus kömbt wider.[454]

(5) Gedichte in ungereimten, periodisch heterometrischen Strophen, z.B. Marianne Moores »The Buffalo«: Strophen zu je sieben Zeilen mit der Silbenzahl 6 - 10 - 3 - 10 - 6 - 5 - 5, jeweils gefolgt von einer optisch mittels Durchschuß gekennzeichneten Pause (s.o. S. 115).

(6) Gedichte in gereimten isometrischen Strophen, z.B. Goethes Divan-Gedicht »Schenke spricht. Du mit deinen braunen Locken...«: sogenannte Schenkenstrophen zu vier Zeilen aus vierhebigen (hier durchgehend akatalektischen) Trochäen, halber Kreuzreim (es reimen jeweils die ungeraden Verse), optisch mittels Durchschuß gekennzeichnete Pause nach je vier Zeilen (s.o. S. 94).

(7) Gedichte in gereimten, periodisch heterometrischen Strophen, z.B. Eichendorffs »Der Einsiedler«: Schweifreimstrophen zu sechs Zeilen, V. 1 und 2 sowie 4 und 5 als vierhebige Jamben, V. 3 und 6 als dreihebige hyperkatalektische Jamben, Reimstellung a a b c c b, optisch mittels Durchschuß gekennzeichnete Pause nach je sechs Zeilen (s.o. S. 70).

## *Deskriptiv-typologische Matrix der gebundenen Verse*

Die in den vorangegangenen Abschnitten dieses Kapitels entwickelten Ebenen der Versifikation – die sprachlichen Konstituenten und die Formen ihrer regelmäßigen Anordnung im Gedicht – lassen sich für die gebundenen Verse in der folgenden Übersicht zusammenfassen:

| Anordnungsprinzipien \ Konstituenten | | | Silbe | Silbenprominenz | Reim usw. | Pause |
|---|---|---|---|---|---|---|
| Anzahl | horizontal | | | | | |
| | | | Verszeile | | | |
| | vertikal | | | | | |
| Position | horizontal | absolut | ▓▓▓ | | | (+) |
| | | relativ | ▓▓▓ | | | |
| | vertikal | | Verszeile | | | |
| | | absolut | | | | |
| | | relativ | | | | |

---

[454] Klaj 1965, S. 6f. [14f.], V. 145-164.

Die beiden basalen Prinzipien der vorliegenden Untersuchung treten hier deutlich vor Augen: (1) die gleichberechtigte Berücksichtigung von Konstituenten- und Anordnungsebene und (2) die klare Trennung dieser beiden Ebenen, d.h. der Verzicht auf die Festlegung typischer oder gar ausschließlicher Kombinationen einzelner Konstituenten mit bestimmten Anordnungsprinzipien. In Punkt (1) unterscheidet sich das hier präsentierte Modell grundsätzlich von sämtlichen in Kapitel 4 vorgestellten metrischen Typologien, in denen durchwegs die Konstituentenebene im Vordergrund steht. Dies zeigt sich besonders deutlich in der Einbeziehung der vertikalen Gedichtdimension, die in den bisherigen Modellen ausgespart wurde. Damit können nun erstmals offenkundig regelmäßige, allein auf Anzahl und/oder Position bestimmter Konstituenten im vertikalen Gedichtverlauf beruhende Texte, wie Reinhard Döhls Dreizeiler[455] oder Christian Morgensterns strophisch gegliedertes Gedicht »Botschaft des Kaisers Julian an sein Volk«[456] innerhalb einer Versifikationstypologie erfaßt und beschrieben werden. Die in Punkt (2) vorgenommene Differenzierung und Vervollständigung der Systemstellen zur Erfassung möglicher Kombinationen von Konstituenten und Anordnungsprinzipien wird vor allem im Vergleich mit der Typologie Christian Wagenknechts deutlich. Vermieden wurden sowohl unnötigerweise alternativlose Koppelungen (bei Wagenknecht: Reim mit vertikaler Position) als auch unterbestimmte Sammelkategorien (bei Wagenknecht: ›nach Größen geordnet‹ als Verbindung des Prinzips der Anzahl sowie mehrerer Formen des Prinzips der horizontalen Position).[457]

Eingeschlossen sind verschiedene metrische Gliederungsformen, die in bisherigen Ansätzen teils überhaupt nicht, teils unter differierender Bezeichnung und an unterschiedlichen Systemstellen berücksichtigt wurden. Dazu gehören insbesondere:
- die Ordnung nach Versfüßen: als Regulierung der relativen horizontalen Position prominenter Silben (Spalte 2, Zeile 4) bei identischen Versfüßen bzw. als Regulierung der absoluten horizontalen Position (Spalte 2, Zeile 3) bei der Kombination unterschiedlicher Versfüße
- die interne Gliederung des Verses durch syntaktische Grenzen (›Zäsuren‹): als Regulierung der horizontalen Anzahl der Pausen (Spalte 4, Zeile 1); ist die Plazierung der Grenzen festgelegt (wie z.B. beim Alexandriner), dann ist auch die horizontale Position reguliert (und zwar zusätzlich zur Minimalbedingung des Verses, der Pause am Zeilenende; Spalte 4, Zeile 3),

---

[455] Siehe oben S. 93.
[456] Siehe oben S. 123.
[457] Siehe oben S. 53ff.

- die Strophengliederung: Minimalbedingung ist die Regulierung der relativen vertikalen Pausenposition (Spalte 4, Zeile 6)
- die ›globale Ordnung‹ eines Gedichts, wie z.B. beim Sonett: Minimalbedingung ist die Regulierung der Verszahl (Spalte 1/2, Zeile 2).

Die deskriptiv-typologische Matrix erlaubt es, jede Gedichtform im Hinblick auf die in ihr verwendeten Grundtypen regelmäßiger rhythmischer Rekurrenz exakt zu beschreiben. Dabei wird durch den Eintrag von ›+‹ oder ›–‹ im entsprechenden Feld zunächst nur die Relevanz des Regulierungstyps erfaßt. Allerdings können auch Hinweise auf dessen konkrete Ausprägungsform ergänzt werden. So bietet es sich an, in den Zeilen 1 und 2 die konkrete Anzahl der betreffenden Verskonstituenten in Klammern zu vermerken. In Zeile 3, Spalte 3 kann Endreim am Zeilenende (z.B. mit ›ER‹) und Zäsurreim (z.B. mit ›ZR‹) notiert werden. Entsprechend besteht die Möglichkeit, in Zeile 4, Spalte 2 die Art der Versfußbindung zu vermerken (z.B. ›j‹ für jambisch, ›t‹ für trochäisch, ›d‹ für daktylisch usw.); zusätzliche Spezifizierungen können ergänzt werden. Diese erweiterte Notation wird unten am Beispiel des Sonetts vorgeführt.

Die Kombination von Konstituenten und Anordnungsprinzipien wird vollständig, aber nicht mechanisch durchgeführt. So werden zum einen bei der Betrachtung vertikaler Regulierungstypen die Kategorien Silbe und Silbenprominenz zur Einheit ›Verszeile‹ zusammengefaßt.[458] Zum anderen wird dem Umstand Rechnung getragen, daß das Anordnungsprinzip der Position nur bei Konstituenten vorliegen kann, die auf einer Differenzqualität beruhen (Prominenz vs. Nicht-Prominenz usw.).[459] Demgemäß wurden die Felder der (horizontalen) Position für die Silbe als irrelevant gesperrt.

Allen Versformen – den gebundenen wie den ungebundenen – liegt der Einschnitt am Versende als Differenzmerkmal zwischen Vers und Prosa zugrunde. Deshalb ist in der Übersicht die absolute horizontale Position der Pause als permanentes Merkmal ›gesetzt‹.

Aus der exakten typologischen Einordnung von Vers- und Gedichtformen nach den insgesamt 19 Rekurrenztypen ergibt sich der Umfang der Regulierung der betreffenden Gattung bzw. des betreffenden Einzeltextes. Ein direkter Rückschluß auf den Grad der metrischen Bindung ist dabei allerdings nicht möglich, denn die meisten Systemstellen können durch unterschiedlich strenge bzw. komplexe Regulierungsformen realisiert sein. Das läßt sich am Beispiel der horizontalen Anzahl und Position des Reims verdeutlichen. Der Standardfall ist hier die Festlegung auf einen Reim, und zwar am Versende. In dieselbe Kategorie der Matrix fällt jedoch auch die Form des Spaltversgedichts – hier tritt allerdings ein zweites Reimwort, wiederum an fester Posi-

---

[458] Siehe oben S. 89.
[459] Siehe oben S. 98.

tion (vor der Zäsur), hinzu. Dies führt zu einer erheblichen Steigerung der Komplexität, wie oben anhand des nachreformatorischen Gedichts »Ich sage gänzlich ab...« deutlich geworden ist.[460]

Damit eine Gedichtform dem Bereich der gebundenen Verse zuzuordnen ist, muß sie über die Pause am Zeilenende hinaus mindestens *eine* weitere rhythmische Regelmäßigkeit aufweisen. Die oben vorgenommene Unterscheidung zwischen dominant akustisch organisierten *gebundenen* und dominant optisch organisierten *ungebundenen* Versen[461] kann somit auf ein konkretes Differenzkriterium zurückgeführt werden. Obwohl dies keine notwendige Bedingung ist, schlägt sich die zusätzliche Regulierung und damit die Zugehörigkeit zu den gebundenen Versen in der Regel in der Besetzung einer wieteren Systemstelle nieder.[462]

Einige der insgesamt 19 Rekurrenztypen treten nur in Kombination mit anderen Regulierungsformen auf. So setzt die regelmäßige (absolute oder relative) vertikale Position der Verszeile (Spalte 1/2, Zeile 5 und 6) voraus, daß es mindestens zwei verschiedene ›Sorten‹ von Versen gibt, von denen wiederum mindestens eine in bezug auf bestimmte horizontale Anordnungsprinzipien festgelegt ist. – Die Regulierung der (absoluten oder relativen) vertikalen Reimposition beruht ihrerseits auf der einheitlichen horizontalen Plazierung der Reimglieder – sei es am Zeilenende oder vor der Zäsur.

Andererseits schließen sich jeweils innerhalb einer Spalte Einträge in den Zeilen 3 und 4 sowie 5 und 6 in der Regel gegenseitig aus. Für die regelmäßige horizontale Position prominenter Silben kann dies am Beispiel des fünfhebigen Trochäus (wie in der nachfolgend analysierten Gedichtform) demonstriert werden: Hier läßt sich zwar aus der relativen Position der Hebungen (auf jeder ungeraden Silbe) durch die festgelegte Hebungszahl pro Zeile (5) auch ihre absolute Position ermitteln: Sie fallen auf die 1., 3., 5., 7. und 9. Silbe. In der Matrix wird jedoch nur das primäre Ordnungsprinzip (hier: die relative Position) erfaßt.[463]

Die Funktionsweise und Leistungsfähigkeit der deskriptiv-typologischen Matrix läßt sich am besten anhand eines konkreten Beispiels – hier: der italie-

---

[460] Siehe oben S. 119.
[461] Siehe oben S. 41ff.
[462] Es sind auch Verse denkbar (mir allerdings aus der Dichtungspraxis nicht bekannt), die zusätzlich zur Pause am Zeilenende eine oder mehrere weitere festgelegte Pausenposition aufweisen, ohne über eine regelmäßige Pausenzahl pro Vers oder sonstige Formen der rhythmischen Regulierung zu verfügen.
[463] Diese streng alternative Besetzung der Kategorien ›absolute‹ und ›relative Position‹ gilt allerdings nur innerhalb ein und derselben konkreten Regulierungsform (hier: des trochäischen Versgangs). Tritt eine weitere Form der regelmäßigen Rekurrenz hinzu – beispielsweise die Festlegung auf eine bestimmte Silbenquantität am Versende –, dann würde sowohl eine relative als auch eine absolute Regulierung der horizontalen Position prominenter Silben vorliegen.

nischen Sonettform, so wie sie Gottfried August Bürger im Deutschen nachgebildet hat (hier als ›Bürger-Sonett‹ bezeichnet),[464] – verdeutlichen:

| Anordnungsprinzipien | Konstituenten | | Silbe | Silbenprominenz | Reim usw. | Pause |
|---|---|---|---|---|---|---|
| Anzahl | horizontal | | + (10) | + (5) | + (1) | – |
| | vertikal | | Verszeile | | | |
| | | | | + (14) | + (14/5) | + (3) |
| Position | horizontal | absolut | | – | + (ER) | (+) |
| | | relativ | | + (t) | – | – |
| | vertikal | | Verszeile | | | |
| | | absolut | | – | + | + |
| | | relativ | | – | – | – |

Zur Erläuterung (die Numerierung der Zeilen und Spalten bezieht sich nur auf den inneren Bereich der Matrix):

Zeile 1: Der Vers ist zehnsilbig, verfügt über fünf Hebungen und einen Endreim. Die Anzahl der syntaktischen Pausen im Versinneren ist nicht reguliert.

Zeile 2: Das ›Bürger-Sonett‹ besteht aus vierzehn Versen, die vierzehn Reimglieder in fünf Reimgruppen aufweisen. An drei Stellen innerhalb des Sonetts finden sich besonders stark ausgeprägte Pausen (in der Regel fallen dort Satz- und Versende zusammen).

Zeile 3: Die Position der Hebungen beruht auf nicht auf der absoluten, sondern auf der relativen Anordnung. Der Endreim ist am Zeilenende plaziert; dort findet sich selbstverständlich auch die obligatorische Pause.

Zeile 4: Die Hebungen folgen in regelmäßigen Abständen aufeinander. (Hier realisiert als trochäischer Versgang mit Hebung auf jeder ungeraden Silbe.)

Zeile 5: Die Verszeilen sind isometrisch; ihre vertikale Position ist also irrelevant. Die absolute vertikale Position der Glieder von Reimgruppen ist folgendermaßen festgelegt: abba abba cde cde. Pauseheischende Silbenübergänge (in der Regel Satz- oder Kolonende) finden sich im Gedichtinneren an bestimmten Stellen: am Ende von V. 4, V. 8 und V. 11.

---

[464] Siehe oben S. 95.

Zeile 6: Das ›Bürger-Sonett‹ ist unstrophisch und weist auch keinerlei sonstige im vertikalen Gedichtverlauf regelmäßig aufeinanderfolgende Verszeilen, Reimstellungen oder Pausen auf.

## *Ungebundene Verse*

Auf dem nun erreichten Stand der verstheoretischen Argumentation können jetzt vorliegende Modelle für die Deskription und die interne Differenzierung der ungebundenen Verse vorgestellt und durch eigene Vorschläge bzw. Ausblicke ergänzt werden. Anders als im Bereich der gebundenen Verse wird hierbei freilich kein geschlossenes klassifikatorisches System angestrebt, das es erlaubt, jede Form (genaugenommen sogar jedes einzelne Gedicht) in rhythmischer Beziehung adäquat zu beschreiben und von anderen Formen abzugrenzen. Denn jenseits der Minimalbedingung des Verses, der Pause am Zeilenende, ist es ja gerade die Unverbindlichkeit und Unvorhersagbarkeit des Rhythmus, die wesensbestimmend für die ungebundenen Verse ist. Vielmehr geht es darum, relevante Merkmale zu benennen, die in dem Sinne typenbildend sein können, als sie in einem Teil der ungebundenen Verse häufig, in einem anderen Teil dagegen nur selten zu beobachten sind. Im Unterschied zu den gebundenen Versen stehen hier also nicht mehr absolute, sondern nur noch tendenzielle Eigenschaften der betreffenden Versformen zur Debatte. Die Differenz zwischen beiden Teilbereichen wird deutlich, wenn man Roman Jakobsons abstraktes Beschreibungsmodell für gebundene Verse heranzieht:

> Neben [...] Charakteristika, die für alle Zeilen, die in einem bestimmten Metrum verfaßt sind, verbindlich sind, gibt es einige Eigenschaften, die mit hoher Wahrscheinlichkeit auftreten, ohne ständig präsent zu sein. Neben den Signalen, die sicher auftreten (»Wahrscheinlichkeit eins«), kommen weniger wahrscheinliche Signale (»Wahrscheinlichkeit kleiner als eins«) beim Metrum ins Spiel.[465]

In den ungebundenen Versen ist das Verhältnis genau umgekehrt: Die obligatorischen Merkmale sind auf ein einziges reduziert (die Pause am Zeilenende); in den Vordergrund treten die fakultativen ›weniger wahrscheinlichen Signale‹.

Auch in einer weiteren Beziehung läßt sich ein komplementäres Verhältnis zwischen den gebundenen und den ungebundenen Versen beobachten. Oben[466] wurde bereits darauf hingewiesen, daß zentrale Konstituenten der gebundenen Verse für die ungebundenen nur von zweitrangiger Bedeutung

---

[465] Jakobson 2007d, S. 177.
[466] Siehe oben S. 66.

sind und umgekehrt: Ausgerechnet die in allen betrachteten früheren Typologien komplett ausgesparte Art der Silbenübergänge avanciert bei den ungebundenen Versen zur wichtigsten versifikatorischen Konstituente. Denn es ist allein die Pause am Zeilenende, die hier im unmittelbaren Zusammenspiel mit der graphischen Anordnung des Textes die ›Einheit der Verszeile‹ gewährleistet. Die Standardkonstituenten der gebundenen Verse – Silbenhaftigkeit, Silbenprominenz, lautliche Übereinstimmungen und versinterne wie interstrophische Pausen – fallen in den ungebundenen Versen dagegen auf die Stufe ausschließlich fakultativer Relevanz zurück. Nichtsdestoweniger sind sie es, die in weiten Bereichen der Metriktheorie die Diskussion über eine interne Unterteilung der ungebundenen Verse beherrschen. Sie werden deswegen hier zuerst behandelt.

*Fakultative Merkmale: Formen rhythmischer Rekurrenz*

Wenn in verstheoretischen und -geschichtlichen Darstellungen überhaupt in nennenswertem Umfang auf die ungebundenen Verse eingegangen wird,[467] so geschieht dies (zumal in der westeuropäisch-amerikanischen Metrik) häufig mehr oder minder explizit unter der Perspektive der Abweichung vom ›Normalfall‹ der gebundenen Formen. Ungebundene Verse werden dabei in Abhängigkeit davon untersucht und gruppiert (nicht selten aber auch bewertet), in welchem Umfang sie, sei es tradierte, sei es eigens neu definierte, Formen rhythmischer Rekurrenz aufweisen bzw. erkennen lassen.

**Traditionelle metrische Bausteine**

Das Fehlen eines metrischen Schemas in den ungebundenen Versen zieht es nach sich, daß die Identifikation entsprechender tradierter Bausteine (in erster Linie Takte, Versfüße und äolische Versmaße) zwangsläufig im Grenzbereich zwischen Analyse und Interpretation angesiedelt ist. Otto Paul und Ingeborg Glier haben das mit Bezug auf die Freien Rhythmen deutlich gemacht:

> Aus der Anordnung der hebungs- und senkungsfordernden Silben wird zwar der rhythmische Verlauf des einzelnen Verses bis zu einem

---

[467] Die geringe Aufmerksamkeit, die den ungebundenen Versen häufig entgegengebracht wird, läßt sich an zwei Standardwerken verdeutlichen. In der 1966 erschienenen 6. Auflage der *Deutschen Metrik* von Otto Paul und Ingeborg Glier beschäftigen sich gerade 3 (!) von 156 Paragraphen mit diesem Gebiet (vgl. Paul/Glier 1966, S. 168-170 u. 180-182, §§142 u. 154f.). – In Ewald Standops *Abriß der englischen Metrik* aus dem Jahr 1989 wird die Existenz ungebundener Verse für den Bereich der englischen und deutschen Literatur sogar völlig in Abrede gestellt: »Wir können zwar unrhythmischen Tonstrecken [...] nicht ihren Charakter als Verse absprechen, wenn sie innerhalb einer Kulturgemeinschaft so bezeichnet werden, behaupten aber, daß wir es im Rahmen der englischen und deutschen Literatur durchweg mit Versen zu tun haben, für die der Rhythmus im Sinne unserer Definition konstituierendes Element ist.« (Standop 1989, S. 24. Zu Standops Rhythmuskonzeption in Anlehnung an Heusler s.o. S. 99, Anm. 364.)

gewissen Grade deutlich, bleibt aber im einzelnen grundsätzlich mehrdeutig. Metrisch-rhythmische Deutung und subjektive Interpretation greifen gerade bei den freien Rhythmen besonders eng ineinander.[468]

*Takt*

Offenkundig wird diese Flexibilität (oder zugespitzt: Beliebigkeit) insbesondere dort, wo die ungebundenen Verse mit Bezug auf das Taktprinzip charakterisiert werden, das nicht umsonst in der vorliegenden Studie keine typologische Berücksichtigung findet.[469] Ein deutliches Beispiel findet sich in Jakob Minors *Neuhochdeutscher Metrik*. Minor reklamiert für die Freien Rhythmen eine weitgehende Isochronie der Takte und der Verse: Bei Klopstock dominieren nach seiner Meinung viertaktige und bei Goethe dreitaktige Zeilen.[470] Die stark differierende Silbenzahl zwischen den Akzenten und mithin die silbische Heterogenität der Takte stellt für Minor nicht etwa eine Schwächung, sondern eine Stärkung seiner Isochroniethese dar:

> Der Takt ist gerade in den freien Versen sicherer und fester als bei den Versen mit regelmässigem Wechsel von Hebung und Senkung, weil nicht bloss die Taktdauer instinktiv geschont wird, sondern auch die Accente schon in der natürlichen Betonung stark hervortreten. Der musikalische Charakter des Verses ist also hier vollkommener als irgend sonst in deutschen Versen […].[471]

Die hier beschworene ›Sicherheit des Taktes‹ steht und fällt, wie aus Minors Erläuterung unmißverständlich klar wird, mit der Entscheidung für eine von mehreren möglichen Vortragsweisen:

> Die […] Verse aus Klopstock *ánbetend, váter, sínk ich in den stáub und fleh* oder *sie dúldeten es nícht und schmähten den hímmel weg* werden erst rhythmisch, wenn man mit der Taktdauer die Silben *sínk ich in den* und *dúldeten es* im schnellsten Tempo spricht, denn bei der kleinsten Dehnung der Silben stellt sich der Accent ein: *sínk ich ìn den, dúldetèn es*, und *fléh* und *wég*.[472]

Diese Argumentation ist offensichtlich zirkulär: Die Takte sind nur dann isochron, wenn man die gewählte Vortragsweise besonders radikal umsetzt (eben die nicht-prominenten Silben »im schnellsten Tempo spricht«). Und

---

[468] Paul/Glier 1966, S. 169.
[469] Siehe oben S. 66.
[470] Vgl. Minor 1902, S. 328f.
[471] Minor 1902, S. 331.
[472] Minor 1902, S. 331. Vgl. auch die Kritik an Minor in Albertsen 1971, S. 81f.

eine solche Festlegung auf ein bestimmtes *delivery design*[473] zieht es natürlich zwangläufig nach sich, daß der Takt besonders ›sicher‹ und ›fest‹ erscheint.

Eine Fortführung dieser taktmetrischen Position findet sich, wenngleich in abgeschwächter Form, noch bei Wolfgang Kayser. Er besteht im Unterschied zu Minor (und Heusler[474]) nicht mehr auf der weitgehenden Homogenität der Verse, sondern beschränkt sich auf die Isochronie der Takte. So charakterisiert er die Freien Rhythmen als »das freie Maß, das sich nur noch durch die Wiederkehr der Hebungen in gleichen Abständen von der Prosa unterscheidet«.[475] Allerdings findet diese These keine argumentative Begründung; ja sie steht sogar im Widerspruch zu anderen Äußerungen in seiner *Kleinen deutschen Versschule*.[476] Auch diese Festlegung auf den taktierenden Vortrag vollzieht letztlich den Übergang »vom Deskriptiven zum Normativen«.[477]

*Klassisch verbürgte Silbenmaße*

Besonders einflußreich und weit verbreitet ist zumal innerhalb der deutschen Verstheorie die Betrachtung ungebundener Verse im Hinblick darauf, ob sie wohldefinierte, aus der Nachahmung antiker Formen verbürgte metrische Bausteine (Versfüße und äolische Versmaße) aufweisen bzw. erkennen lassen.[478] Christian Wagenknecht hat unter dieser Perspektive in seiner *Deutschen Metrik* eine Typologie der ungebundenen Verse vorgelegt. Nach der Art der Bausteine und des Umfangs ihrer Verwendung unterscheidet er:

(1) *Freie Rhythmen*: umfangreiche Verwendung von Bausteinen vor allem aus der antikisierenden Odendichtung »in allerdings freier Anordnung und Abwandlung«;[479]

(2) *Freie Verse*: freies Anknüpfen an »wechselnde Muster der herkömmlichen Versdichtung [...] – im Unterschied zu den Freien Rhythmen also nicht allein oder vor allem an die klassischen Odenmaße«;[480]

(3) *Unregelmäßige Rhythmen*: eigens für Brechts ›reimlose Lyrik mit unregelmäßigen Rhythmen‹ geschaffene Kategorie von ungebundenen Versen, »die aber metrisch insofern reguliert scheinen, als sich ihrem

---

[473] Vgl. Jakobson 2007d, S. 185.
[474] Vgl. z.B. Heuslers in Paul/Glier 1966, S. 169f., kritisch kommentierte taktmetrische ›Rekonstruktion‹ von Goethes »Harzreise im Winter«.
[475] Kayser 1992, S. 36. Vgl. Albertsen 1971, S. 82f.
[476] Vgl. Kayser 1992, S. 22: »Die gleichen Freiheiten in der Füllung kennzeichnen auch die einzelne Zeile innerhalb des *Freien Rhythmus*; in ihr ist aber auch die Zahl der Hebungen völlig frei. Da der Leser hier wie beim Knittel nicht voraus weiß, wann eine Betonung zu lesen ist, muß der Dichter durch ausdrucksvolle Tonsilben jeden Zweifel ausschalten [...].«
[477] Albertsen 1971, S. 83.
[478] Vgl. v.a. Wagenknecht 2007, S. 117-131, und Moennighoff, S. 86-96; daneben auch Jünger 1966, S. 130-151, Breuer 1994, S. 199, 205f., 235 u.ö., und Arndt 1990, S. 192-198.
[479] Wagenknecht 2007, S. 159.
[480] Wagenknecht 2007, S. 126f.

ausdrucksvollen (Brecht: ›gestischen‹) Vortrag ein einheitliches Metrum (wenigstens madrigalischer Art) unterlegen läßt«;[481]

(4) *Prosaische Lyrik*: Texte ohne erkennbare Bezugnahme auf klassisch verbürgte Versmaße mit »nur noch graphischer Gedichtförmigkeit«.[482]

Die unter (3) angeführten ›unregelmäßigen Rhythmen‹ stellen innerhalb dieser Typologie der ungebundenen Verse einen Fremdkörper dar. Ein deutliches Indiz dafür sind sowohl die Beschränkung auf nur einen Autor (Brecht) als auch die von Wagenknecht gewählte distanzierte Formulierung: Brechts ›Reimloser Lyrik mit unregelmäßigen Rhythmen‹ »soll sich durchaus ein regelmäßiger Rhythmus (selbst alternierender Art) unterlegen lassen – so aber, daß dabei auch emphatische (›gestische‹) Hervorhebungen durch Dehnung oder Pausierung zu verrechnen sind.«[483] Die einschlägigen Begriffe ›Dehnung‹ und ›Pausierung‹ machen deutlich, daß es sich hierbei um eine spezifische Vortragskonvention handelt; die Kategorie liegt auf der Ebene des *delivery design* und nicht (wie Freie Rhythmen, Freie Verse und Prosaische Lyrik) auf der des *verse design*. Brechts Formulierung in dem von Wagenknecht zugrunde gelegten Aufsatz »Über reimlose Lyrik mit unregelmäßigen Rhythmen«[484] aus dem Jahr 1939 ist zwar in der Tat »terminologisch rätselhaft«,[485] hinsichtlich der ins Auge gefaßten Sprachebene jedoch eindeutig. Er analysiert die Endstrophen von »Die Jugend und das Dritte Reich« folgendermaßen:

Wie ist das zu lesen? Wir legen zunächst einen regelmäßigen Rhythmus unter:

–∪ –∪  –∪ –  ∪ –  ∪ –  ∪  –∪
Ja, wenn die Kin der Kin der blie ben, dann
 –∪ –  ∪ –  ∪ –   ∪ –∪–  ∪–  ∪ –  ∪–∪
Könn te man ih nen im mer Mär chen er zäh len
 – ∪ – ∪ –   ∪ –  ∪  –  ∪
Da sie a- ber äl- ter wer- den
 –  ∪ –  ∪ – ∪ –
Kann man es nicht.

Die fehlenden Versfüße müssen beim Sprechen durch Verlängerung des vorhergehenden Fußes oder durch Pausen berücksichtigt werden.[486]

---

[481] Wagenknecht 2007, S. 170.
[482] Wagenknecht 2007, S. 165.
[483] Wagenknecht 2007, S. 127.
[484] Brecht 1988-2000, Bd. 22, S. 357-364.
[485] Birkenhauer 1971, S. 76.
[486] Brecht 1967, S. 401. Vgl. Brecht 1988-200, Bd. 22, S. 362 (mit abweichender Notation).

Ob und inwiefern der hier vorgeschriebene Vortrag durch die sprachliche Struktur der Verse (ihre ›gestische Formulierung‹) gestützt ist, d.h. welche Texte sich einer solchen Skansion mehr oder weniger leicht unterziehen lassen, ist unter typologischer Perspektive irrelevant: Brechts Vorgabe zielt eindeutig auf die Ebene der akustischen Realisation.[487]

Im Folgenden stehen daher nur die Kategorien (1), (2) und (4) zur Diskussion. Die dabei zum System erhobene ›Suche nach dem Regelmäßigen im Unregelmäßigen‹ findet sich in der Auseinandersetzung mit ungebundenen Versen (vor allem in der Phase ihrer Etablierung) in den verschiedensten Nationalliteraturen.[488] In der historisch perspektivierten deutschen Verstheorie erscheint dieser Zugang besonders naheliegend, da er gattungsgeschichtlich hochgradig motiviert ist: Die Erfindung der Freien Rhythmen in der Mitte des 18. Jahrhunderts – die »epochale verstechnische Neuschöpfung Klopstocks, mit der er den bedeutendsten Beitrag der deutschen Dichtung zur internationalen Formensprache des Verses leistete«,[489] – ist sowohl in Klopstocks Schaffen wie auch generell in der Dichtung dieser Zeit direkt verbunden mit der Nachbildung antiker Formen im Deutschen.[490] Für die Freien Rhythmen Klopstocks, seiner Zeitgenossen und Nachfolger (in erster Linie Goethes, Novalis' und Hölderlins) ist es deshalb unter entstehungsgeschichtlicher Perspektive geradezu unverzichtbar, den Blick darauf zu richten, inwiefern die neu geschaffenen ungebundenen Verse sich von den klassisch verbürgten Formen emanzipierten bzw. sich in diesen absicherten.

Christian Wagenknecht hat dies anhand eines prägnanten Beispiels vorgeführt:

> Zumal Klopstocks Verse in Freien Rhythmen umspielen nur leicht die Maße der eigenen Odendichtung. Da setzt die ›Frühlingsfeyer‹ genau wie eine von Klopstocks Sapphischen Oden ein:
>
>     – ∪ ∪ –∪– ∪ – ∪ –∪
> Nicht in den Ozean der Welten alle
>
> und schließt auch gleich den adonischen Schlußvers dieser Strophe an:
>
>     – ∪ ∪ – ∪
> Will ich mich stürzen! schweben nicht,

---

[487] Vgl. Albertsen 1971, S. 59, Anm. 26 (mit direktem Bezug auf Brechts Aufsatz): »Man kann wohl solche Rhythmen durch Akzentuation oder durch kanonisierte Bandaufnahmen fixieren; dem Leser springt aber keineswegs eindeutig ›der qualitative Unterschied ins Auge‹. Vortragslehre ist immer schulbedingt [...].« – Siehe auch Albertsen 1997, S. 128-130 (§ 58).

[488] Für das Russische (mit Seitenblicken auf weitere Literaturen) vgl. Donat 2002, S. 370-408, sowie Donat 2005.

[489] Knörrich 1992, S. 69.

[490] Vgl. Wagenknecht 2007, Kapitel »Antiker Form sich nähernd« (S. 102-116) und »Freie Rhythmen« (S. 117-123).

Die Dritte Zeile nimmt hingegen den Schlußvers der Alkäischen Strophe auf:

– ∪ ∪   –   ∪ ∪   – ∪   – ∪

Wo die ersten Erschaffnen, die Jubelchöre der Söhne des Lichts,

Der Schluß der Zeilengruppe hört sich genau wie die zweite Hälfte eines Pentameters an:

– ∪ ∪   –   ∪   ∪ –

Anbeten, tief anbeten! und in Entzückung vergehn!«[491]

Die Dichte der von Wagenknecht herausgearbeiteten metrischen ›Anleihen‹ ist zweifellos beeindruckend. Gleichwohl können solche und ähnliche Rekonstruktionen aus systematischen Gründen immer nur bis zu einem gewissen Punkt überzeugen. So läßt im vorliegenden Beispiel bereits die Tatsache aufmerken, daß Wagenknecht einen relativ breiten Einzugsbereich bemühen muß, um für jeden Vers einen ›einschlägigen‹ metrischen Baustein anführen zu können: Innerhalb von nur vier Zeilen erkennt er Bruchstücke aus der sapphischen und alkäischen Odenstrophe sowie aus dem Pentameter.[492] Dabei sind die Vorschläge immer dort unproblematisch, wo antikes Vorbild und freirhythmische Nachbildung in eins fallen, wie bei der Anfangszeile (sapphischer Vers). Gut nachvollziehbar (allerdings keineswegs alternativlos) erscheint auch noch die Rekonstruktion der zweiten Zeile: Hier erstreckt sich der Adoneus genau über die erste deutliche syntaktische Einheit innerhalb des Verses. Doch bereits in Vers drei ist der Bezug zum Schlußvers der alkäischen Strophe alles andere als zwingend. Wiederum sind metrischer Baustein und freirhythmischer Vers nicht deckungsgleich. Dabei fällt der vorgeschlagene Schlußvers der alkäischen Strophe jedoch nicht einmal auf den Anfang oder das Ende des längeren »Frühlingsfeyer«-Verses und erstreckt sich auch nicht über eine syntaktische Einheit. Diese fehlende rhythmische Verankerung fordert die Frage nach alternativen Rekonstruktionen (oder besser: Interpretationen) geradezu heraus. Und richtig: Ebenso gut (vielleicht sogar mit noch besseren Argumenten) könnte man hier den dritten Vers der dritten asklepiadeischen Strophe (Pherekrateus) ins Spiel bringen:

– ∪ – ∪ ∪   – ∪

Wo die ersten Erschaffnen, die Jubelchöre der Söhne des Lichts

---

[491] Wagenknecht 2007, S. 119f. – Vgl. Klopstock 1962, S. 89-92, hier: S. 89.
[492] Vgl. als Extremfall Dieter Breuers Rückführung von Nietzsches 12zeiligem Venedig-Gedicht (»An der Brücke stand…« aus *Ecce homo*) auf folgende klassisch verbürgte Versmaße: »Zwei Asklepiadeen, bei denen die Zäsur jeweils die Versgrenze bildet, gefolgt von einem alcaius-ähnlichen Vers, einem asklepiadäischen Anvers und einem archilochischen Vers in Abversfunktion; in der zweiten Versgruppe glyconeus-, pherecrateus- und alcaius-ähnliche Verse mit einem abschließenden asklepiadeischen Anvers […].« (Breuer 1994, S. 135.)

Die Rückbindung des letzten Teils der vierten Zeile an die zweite Hälfte des Pentameters kann demgegenüber die Schlußbündigkeit und das Zusammenfallen von metrischem Baustein und syntaktischer Einheit für sich verbuchen. Allerdings ist hier die Prägnanz des antiken Vorbilds dadurch deutlich eingeschränkt, daß es sich nur um ein Bruchstück handelt.

Damit stellt sich bereits bei den Freien Rhythmen, d.h. bei der engsten Bezugnahme ungebundener Verse auf klassisch verbürgte Silbenmaße, die Frage, ob sich aus der vershistorischen Argumentation wirklich ein auf alle einschlägigen Texte gleichermaßen anwendbares und zuverlässiges Deskriptionsverfahren ableiten läßt.[493] Die »freie Anordnung und Abwandlung klassisch verbürgter Versmaße (vor allem aus der antikisierenden Odendichtung)«,[494] die Wagenknecht als zentrales Merkmal dieser Gattung der ungebundenen Verse herausgestellt hat, liefert dafür jedenfalls eine wenig spezifische Vorgabe, die die Gefahr birgt, daß die exakte rhythmische Analyse zugunsten von Interpretation (wenn nicht Spekulation) zurücktritt.

Die Probleme nehmen bei den historisch späteren »Spielarten freier Versgestaltung«,[495] d.h. bei Wagenknechts Typen (2) und (4), zu. Denn die ungebundenen Verse des 20. Jahrhunderts, die durch den veränderten literarhistorischen Kontext keine derart intensive Wechselbeziehung zu den klassischen Strophen- und Versformen aufweisen wie 150 Jahre zuvor die Freien Rhythmen, stehen aufgrund der gewählten Perspektive permanent unter dem Vorzeichen der »Auflösungstendenz«.[496] Dies zeigt sich in Formulierungen, wie der ›Aufgabe der herkömmlichen Bindung an klassische Versmaße‹[497] oder der »Dichtung, die sich jeder metrischen Bindung zu versagen scheint«.[498] Damit ist häufig auch eine mehr oder weniger explizite Wertung verbunden: Je schwächer der Bezug zu verbürgten Versmaßen, desto weniger begründet

---

[493] Für einzelne Gedichte, wie Goethes »Grenzen der Menschheit«, ist die Relevanz bestimmter metrischer Bausteine (hier: des Adoneus) offenkundig (siehe oben S. 47). Allerdings führt in diesem Fall die Manier des »isolierten Zugriffs auf ein einziges ›Modul‹« (Menninghaus 2005, S. 30) zu einer so großen Regelmäßigkeit, daß das Gedicht zumindest im Grenzbereich zwischen gebundenen und ungebundenen Versen anzusiedeln ist.
[494] Wagenknecht 2007, S. 159.
[495] Vgl. das gleichnamige Kapitel in Wagenknecht 2007, S. 126-129.
[496] Wagenknecht 2007, S. 125. – Vgl. die verwandte, freilich in ihrer Bewertung stark zugespitzte Charakterisierung der ungebundenen Verse als ›formale Verfallserscheinung spätbürgerlicher Kunstübung‹ bei Erwin Arndt (Arndt 1990, S. 245). Pikanterweise wird Arndt durch den ideologischen Rahmen seiner in der DDR erschienenen Deutschen Verslehre gezwungen, die formal identischen freien Verse Brechts, Bechers und anderer anerkannter ›fortschrittlicher‹ Autoren positiv zu bewerten: »Mögen diese Gedichte auch rein äußerlich denen im freien Zeilenstil spätbürgerlicher Dichter ähneln, so sind sie als Ganzes doch grundverschieden. Die Einmaligkeit der Aussage ist nicht mehr Selbstzweck, sondern ist Ausgangspunkt für die Gestaltung des Allgemeingültigen, ja manchmal sogar des Monumentalen. Damit gewinnen die Dichter neue Ausdrucksformen für die progressiv-parteiliche Gestaltung der gesellschaftlichen Wahrheit und des Typischen.« (Arndt 1990, S. 247; vgl. Donat 2002, S. 365-368.)
[497] Vgl. Wagenknecht 2007, S. 125.
[498] Wagenknecht 2007, S. 126.

erscheint den Vertretern dieser Richtung die Einstufung des betreffenden Textes als ›echtes‹ Gedicht.[499] Besonders deutlich wird dies in der Charakterisierung der (bereits unverkennbar pejorativ benannten) »Prosaischen Lyrik«:

> Sie begründet ihre gedichtmäßige Darbietung in der Hauptsache nur mehr aus dem Anspruch: mit so viel gesammelter Aufmerksamkeit gelesen zu werden, wie der Leser sie eben nur einem Gedicht gewohntermaßen entgegenbringt.[500]

Dieser Art der ungebundenen Verse wird damit faktisch die Berechtigung abgesprochen, strukturbedingt zur Lyrik gerechnet zu werden.

Doch die Untersuchung der Spielarten freier Versgestaltung seit dem 20. Jahrhundert ausschließlich oder zumindest vorwiegend unter dem Blickwinkel ihrer Entfernung von klassisch verbürgten Versmaßen führt nicht nur zur tendenziellen Abwertung der betreffenden Formen. Folgt man der Logik dieser Argumentation, so müßte dieses Analyseverfahren mit zunehmender Freiheit bzw. abnehmender Relevanz der metrischen Regulierung auch immer weniger geeignet sein, die Spezifik der Gedichte zu erfassen. Denn in den Freien Versen findet sich laut Wagenknecht nur noch ein »gewisses Maß an rhythmischer Gleichförmigkeit«,[501] die Bezugnahme auf die klassische Odendichtung sei deutlich reduziert.[502] Die ›Prosaische Lyrik‹ kann aus seiner Sicht sogar nur noch negativ, nämlich durch das Fehlen jedweden Bezugs auf klassisch verbürgte Versmaße, beschrieben werden.

Um vorschnelle Schlüsse zu vermeiden, muß hier allerdings nochmals auf das bereits angesprochene problematische Verhältnis zwischen Diachronie (d.h. der versgeschichtlichen Herleitung) und Synchronie (d.h. den systematisch beschreibbaren konkreten Einzelversen bzw. -gedichten) zurückgekommen werden. Nicht jeder noch so gut belegbare und intensive ›Einfluß‹ muß sich in spezifischen, vorhersagbaren Formen im Text niederschlagen. Vor allem aber kann im Gegenzug das Auftreten bestimmter rhythmischer Muster nicht monokausal auf einen solchen spezifischen Einfluß zurückgeführt werden. Mit anderen Worten: Die im Entstehungskontext der Freien Rhythmen

---

[499] Im Extremfall führt dies dazu, daß, wie bei Ewald Standop, den freien Formen überhaupt der Verscharakter abgesprochen wird (siehe oben S. 99, Anm. 364).
[500] Wagenknecht 2007, S. 128.
[501] Wagenknecht 2007, S. 127.
[502] Vgl. Wagenknecht 2007, S. 159: Die Freien Verse sind »von [den Freien Rhythmen] unterschieden darin, daß sie auch deren Bezugnahme auf Pindars Odendichtung nicht mehr teilen.« – Moennighoff, der Wagenknechts Typologie der ungebundenen Verse übernimmt, formuliert das Differenzkriterium allgemeiner: Die Freien Verse »ähnlen den Freien Rhythmen insofern, als sie überhaupt einen Rückbezug zur literarischen Tradition aufweisen, unterscheiden sich aber von ihnen dadurch, dass sich dieser Bezug nicht auf die klassischen Odenmaße richtet.« (Moennighoff 2004, S. 91.)

wichtigen ›klassisch verbürgten Versmaße‹ müssen sich in den Texten der neuen ungebundenen Form nicht unbedingt deutlich ›zu erkennen geben‹, und vice versa: Nicht alle strukturellen Parallelen zur Fußmetrik und zu den äolischen Versmaßen sind ein Beleg dafür, daß hier ein intendierter Bezug zur Nachbildung klassischer Dichtung im Deutschen vorliegt.

Besonders bedenkenswert erschient in diesem Zusammenhang die Tatsache, »daß die Wortstruktur neuhochdeutscher Wörter trochäisch und daktylisch ist und daß diese Eigenschaft der Wörter grundlegend für den gesamten Rhythmus unserer Sprache ist«.[503] Im deutschen Prosarhythmus sind mithin alternierende Passagen (wie in entsprechenden fußmetrischen Versen) oder Kombinationen aus zwei- und dreisilbigen Füßen (wie in den äolischen Versmaßen) nicht die Ausnahme, sondern die Regel.

So ist es denn kein Wunder, daß sich auch in den Gedichten, die den ›Prosaischen Versen‹ zugeordnet werden, Rhythmusstrecken in der Art der ›klassisch verbürgten Versmaße‹ finden. Sie sind sogar besonders auffällig in Durs Grünbeins »Ohne Titel« – einem Text, der von Burkhard Moennighoff als Musterfall eines ›außermetrischen Gedichts‹ zitiert wird:

| | | |
|---|---|---|
| 1 | Ein neues Gedicht hat | x x́ x x x́ x |
| 2 | begonnen an diesem | x x́ x x x x́ |
| 3 | Nebelmorgen von Garcia | x́ x x x́ x x x x́ x |
| 4 | Lorcas Ermordungstag. Eis | x́ x x x́ x x x́ |
| 5 | essende Kinder und alte | x́ x x x́ x x x́ x |
| 6 | Männer mit komisch | x́ x x x́ x |
| 7 | geschwollenen Köpfen | x x́ x x x́ x |
| 8 | begegnen uns auf der | x x́ x x x́ x |
| 9 | Straße zum Standesamt wo | x́ x x x́ x x x́ |
| 10 | unser Kreuzschiff vom | x́ x x́ x x |
| 11 | Stapel gelassen wird ohne | x́ x x x́ x x x́ x |
| 12 | das übliche Winken ganz | x x́ x x x́ x x́ |
| 13 | und gar ungeweiht aber | x x́ x x x́ x x́ |
| 14 | dennoch von allen bösen | x́ x x x́ x x́ x |
| 15 | Familiengeistern besetzt. | x x́ x x x́ x x x́ |
| | [...][504] | |

Der als wichtiger rhythmischer Baustein aus Hölderlins »Hälfte des Lebens« und Goethes »Grenzen der Menschheit« vertraute Adoneus (X x x X x) ist auch hier unübersehbar (bzw. unüberhörbar): Er eröffnet das Gedicht, wird in V. 2 wiederholt (beide Male mit einsilbigem Auftakt) und damit als rhythmi-

---

[503] Vennemann 1995, S. 210f.
[504] Grünbein 1994, S. 55f., hier: S. 55. Vgl. Moennighoff 2004, S. 93-95.

sches Leitmotiv bzw. ›metrische Floskel‹[505] etabliert. Deutliche Wiederaufnahmen finden sich in V. 5, 6, 7, 12, 14 und 15. Dabei wurden nur die Fälle gerechnet, in denen der Adoneus mit syntaktischen Einheiten des Textes zusammenfällt und sich zudem (teilweise mit einsilbigem Auftakt) am Versanfang findet (bzw. über den gesamten Vers erstreckt). Neben dieser (sich im weiteren Verlauf des Gedichts fortsetzenden) Wiederholung des Adoneus können auch Einzelverse auf ›klassisch verbürgte Versmaße‹ zurückgeführt werden. Beispielsweise V. 5 auf einen dreihebigen, zweisilbig katalektischen Daktylus oder der rhythmisch besonders auffällige V. 13 auf die Kombination zweier Antispaste (x X X x).

Ohne daß hier der Beweis dafür erbracht werden kann, spricht somit doch einiges dafür, daß sich aus der versgeschichtlichen Argumentation kein trennscharfes Kriterium für die Differenzierung einzelner, durch die zunehmende ›Aufgabe der herkömmlichen Bindung an klassische Versmaße‹ gekennzeichneter Gattungen der ungebundenen Verse ableiten läßt. Dies liegt wohl vor allem an der großen Vielfalt der ›klassisch verbürgten Versmaße‹, die als Vorbilder in Frage kommen, und an der Spezifik des deutschen Prosarhythmus, in dem diese Muster keine Ausnahme darstellen, sondern häufig zufällig produziert werden.

Damit stünde zwar die vershistorische Anbindung des deskriptiven Rasters in Frage; das Raster selbst könnte sich jedoch im Gegenzug als überhistorisch anwendbar und relevant erweisen. Allerdings müßten dafür strengere systematische Kriterien entwickelt werden. Welche Richtung dabei zweckmäßigerweise einzuschlagen wäre, läßt sich bereits anhand der beiden knappen Analysen (Klopstock und Grünbein) erkennen. Metrische Floskeln (um einen versgeschichtlich unbelasteten Begriff aufzugreifen) können nur dann begründeter Weise für die Beschreibung der rhythmischen Form ungebundener Verse geltend gemacht werden, wenn sie im jeweiligen Gedicht strukturell relevant sind. Dafür wiederum sind quantitative und qualitative Kriterien ausschlaggebend: einerseits die Anzahl verschiedener Floskeln (je geringer, desto relevanter) sowie die Anzahl der Wiederholungen einer bestimmten Floskel (je höher, desto relevanter) und andererseits die strukturelle Verankerung bzw. Erkennbarkeit der jeweiligen metrischen Floskel. Sie ist am größten bei der Deckungsgleichheit von kompletter Floskel und Vers und nimmt in dem Maße ab, wie der metrische Baustein an weniger prominenten Stellen des Verses auftritt oder nur fragmentarisch vorliegt.

Ob aus dieser Beschreibung fakultativer rhythmischer Elemente ungebundener Verse nach dem Kriterium der absoluten oder relativen horizontalen Position prominenter Silben sinnvollerweise eine Typologie abgeleitet werden

---

[505] Vgl. Knörrich 1992, S. 146.

kann, ließe sich erst dann entscheiden, wenn größere Textcorpora untersucht worden sind. Aus systematischer Perspektive steht dem jedenfalls nichts im Weg.

**Variable Rekurrenzformen**

Um dem unregelmäßigen Rhythmus der ungebundenen Verse besser gerecht werden zu können, sind Versuche unternommen worden, ebenfalls auf Variabilität beruhende und damit adäquatere Beschreibungskategorien zu entwickeln und anzuwenden. Die beiden hier vorgestellten Entwürfe operieren entweder horizontal auf der Ebene des Segments (Grade der Füllungsfreiheit) oder streben entlang der vertikalen Gedichtdimension eine Erfassung flexibler Formen der Rekurrenz an (wechselnde Wiederholungsglieder).

*Grade der Füllungsfreiheit: Dol'nik, taktovik, akcentnyj stich*

In der russischen Metriktheorie wurde eine Beschreibungskategorie entwickkelt und auch auf die ungebundenen Verse angewandt, die in ihrer Konzentration auf die Akzenteinheiten im Vers (d.h. auf die Segmente, die aus einer prominenten Silbe und den nachfolgenden nicht-prominenten Silben bestehen,) eine gewisse Parallele zum Konzept des Takts aufweist. Sie bezieht sich jedoch nicht auf eine bestimmte Vortragskonvention, sondern behandelt das Gedicht als sprachliches Gebilde. Die prinzipiell unvorhersagbare Abfolge von akzentuierten und nicht-akzentuierten Silben, im Deutschen unter dem Begriff der ›Füllungsfreiheit‹ geläufig, wird dabei genau erfaßt und im Hinblick auf verschiedene Grade der Unregelmäßigkeit spezifiziert. Nach der Variationsbreite der Anzahl unbetonter zwischen den betonten Silben unterscheidet man drei Untergruppen von Versen mit Füllungsfreiheit: den *dol'nik* (1-2 unbetonte Silben),[506] den *taktovik* (0-2 bzw. 1-3 unbetonte Silben)[507] und den *akcentnyj stich* (0-mehr als 3 unbetonte Silben).[508]

Damit liegt ein Beschreibungsraster vor, das insbesondere für akzentuierende Verse (reguliert nur nach der Anzahl der prominenten Silben pro Vers) und ungebundene Verse geeignet ist. Im Unterschied zur Identifikation ›klassisch verbürgter Silbenmaße‹ bzw. ›metrischer Floskeln‹ handelt es sich bei

---

[506] Vgl. Gasparov 2001b sowie Gasparov 1968. – Miloš Sedmidubský hat der frühesten, um den Beginn des 20. Jahrhunderts entwickelten tschechischen Spielart dieser »völlig neuen, bereits jenseits der Grenzen des syllabotonischen Verssystems liegenden Versform« eine detaillierte Untersuchung gewidmet. Vgl. »Der ›anarchistische dol'nik‹ (am Beispiel der Poesie von F. Gellner)«, in: Sedmidubský 1988, S. 226-251.

[507] Vgl. Gasparov 2001d.

[508] Vgl. Gasparov 2001a. – Innerhalb der deutschen Verstheorie hat Wolfgang Kayser mit seiner Unterscheidung von »Freiheit zwischen ein- und zweisilbiger Senkung« und »Gänzlich unregelmäßiger Füllung« ein ähnliches System skizziert (vgl. Kayser 1992, S. 21-26). M.W. ist dieser Vorschlag jedoch nicht aufgegriffen oder weiterentwickelt worden.

der Bestimmung der Füllungsfreiheit um ein weitgehend objektives Deskriptionsverfahren.

Im Bereich der ungebundenen Verse können dabei im Anschluß an Vadim Baevskijs Typologie[509] folgende Formen unterschieden werden:

(1) 1-2silbige Senkung (*dol'nik*), z.B. Goethes »Prometheus« (hier die zweite Versgruppe):

| ₁₃ Ich kenne nichts ärmers | x x́ x x x́ x |
| ₁₄ Unter der Sonn als euch Götter. | x́ x x x x́ x x x́ x |
| ₁₅ Ihr nähret kümmerlich | x x́ x x x́ x x |
| ₁₆ Von Opfersteuern | x x́ x x́ x |
| ₁₇ Und Gebetshauch | x́ x x́ x |
| ₁₈ Eure Majestät | x́ x x́ x x́ |
| ₁₉ Und darbtet wären | x x́ x x x́ x |
| ₂₀ Nicht Kinder und Bettler | x x́ x x x x́ x |
| ₂₁ Hoffnungsvolle Toren. | x́ x x x́ x x |

[...][510]

(2) 0-3silbige Senkung (*taktovik*), z.B. Goethes »Gruß« (aus dem *West-östlichen Divan*):

| ₁ Die schön geschriebenen, | x x́ x x x́ x x |
| ₂ Herrlich umgüldeten, | x́ x x x́ x x |
| ₃ Belächeltest du | x x x́ x x x́ |
| ₄ Die anmaßlichen Blätter, | x x x́ x x x́ x |
| ₅ Verziehst mein Prahlen | x x́ x x́ x |
| ₆ Von deiner Lieb' und meinem | x x́ x x x́ x x́ x |
| ₇ Durch dich glücklichen Gelingen, | x x́ x́ x x x x́ x |
| ₈ Verziehst anmuthigem Selbstlob. | x x́ x́ x x x x́ x |

[...][511]

(3) 0-mehr als 3silbige Senkung (*akcentnyj stich*),[512] z.B. Aleksandr Bloks »Ona prišla s moroza« (›Sie kam aus der Kälte‹; hier die zweite Versgruppe):

---

[509] Vgl. Baevskij 1972, S. 68. – Baevskij rechnet allerdings auch die ungereimten ungleichhebigen Jamben, Trochäen, Daktylen, Anapäste und Amphibrachen zu den ungebundenen Versen, die ich aufgrund der regelmäßigen relativen Position der Hebungen dem Bereich der gebundenen Verse zuordne.

[510] FA I 1, S. 203f., hier: S. 203.

[511] FA I 3/1, S. 82-84, hier: S. 82f.

[512] Diese Form tritt sprachbedingt im Englischen und Deutschen kaum auf. Vgl. dazu die Bemerkung zum trochäisch-daktylischen Prosarhythmus im Deutschen (siehe oben, S. 142) sowie Christoph Küpers Ausführungen zur metrischen Konsequenz der Unterschiede in der mittleren Wortlänge im Englischen (1,4 Silben), Deutschen (1,7 Silben) und Russischen (2,2 Silben). (Vgl. Küper 1988, S. 116-119.)

₈ Oná nemédlenno uroníla ná pol
₉ Tólstyj tóm chudóžestvennogo žurnála,
₁₀ I sejčás že stálo kazát'sja,
₁₁ Čto v moéj bol'šój kómnate
₁₂ Óčen' málo mésta.
[...]⁵¹³

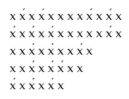

In der russischen Metriktheorie besitzen diese Grade der Füllungsfreiheit längst den Status eines etablierten und unverzichtbaren Analyserasters; ihre Anwendung im Bereich der ungebundenen Verse ist dort dementsprechend selbstverständlich. Es liegt auf der Hand, daß sich dieses Verfahren, gegebenenfalls mit sprachbedingter Modifikation der jeweils unterschiedenen Grade, auch auf andere Nationalliteraturen übertragen läßt. Die Leistungsfähigkeit dieser Untergliederung, d.h. die Frage, ob damit eine relevante rhythmische Binnendifferenzierung der ungebundenen Verse möglich ist, müßte allerdings analog zum Russischen durch entsprechende Corpusanalysen geklärt werden.⁵¹⁴

### Wechselnde Wiederholungseinheiten

Ein weiterer Versuch, den spezifischen Rhythmus der ungebundenen Verse nicht negativ, d.h. durch die (unterschiedlich große) Entfernung von regelmäßigen Rekurrenzformen, sondern mittels besser geeigneter Kategorien positiv zu beschreiben, geht wesentlich auf Arbeiten von Viktor Žirmunskij zurück. Dieser hatte 1921 seiner Untersuchung von Michail Kuzmins »Aleksandrijskie pesni« (›Alexandrinische Gesänge‹, 1908), dem ersten Gedichtzyklus mit umfangreicher Verwendung von ungebundenen Versen in der russischen Literatur, als deren entscheidendes Merkmal die verschiedenen Formen des rhythmisch-syntaktischen Parallelismus herausgearbeitet:

> Die Abwesenheit einer strengen metrischen Komposition im gewöhnlichen Sinn des Wortes, d.h. der Gliederung in metrisch gleiche Verse, Perioden und Strophen, rückt andere wichtige Faktoren des Kompositionsaufbaus in den Vordergrund, vor allem die verschiedenen Formen des rhythmisch-syntaktischen Parallelismus. Die künstlerische Regelung der syntaktischen Reihen und die mit ihnen verbundene, mehr oder weniger gesetzmäßige Verteilung der Betonungen tritt an die Stel-

---

⁵¹³ Blok 1971, Bd. 2, S. 227f., hier: S. 228. – Übersetzung: ›Sie ließ sofort auf den Boden | Den dikken Band der Kunstzeitschrift fallen, | Und gleich schien es, | Daß in meinem großen Zimmer | Sehr wenig Platz wäre.‹

⁵¹⁴ Vorarbeiten dazu finden sich bereits in Gottfried Fittbogens 1909 erschienener Untersuchung *Die sprachliche und metrische Form der Hymnen Goethes*. (Vgl. Fittbogen 1909, S. 73-75.)

le des strengen metrischen Schemas, an das wir aus der strophischen Lyrik gewöhnt sind.[515]

Die fehlende metrische Bindung wird laut Žirmunskijs These durch die Komposition auf der Basis anderer Wiederholungsformen ›wettgemacht‹; die künstlerische Vollwertigkeit der ungebundenen Verse bleibt somit gesichert.

Dieser Kompensationsansatz hat ab den 1960er Jahren in der russischen Verstheorie beträchtlichen Einfluß gewonnen.[516] Sein wichtigster Vertreter, Aleksandr Žovtis, machte 1966 den folgenden Vorschlag für eine positive synthetische Definition der Freien Verse:

> Im Freien Vers gibt es im Unterschied zu allen ›unfreien‹ Systemen keine *durchgehenden* Wiederholungseinheiten (die Silbe im syllabischen, der Versfuß im syllabotonischen, die Betonung im tonischen System). *Der freie Vers gründet auf der Wiederholung einander abwechselnder phonetischer Einheiten verschiedener Ebenen, wobei die Wiederholungskomponenten in den parallelen, korrespondierenden Reihen in der russischen Dichtung Phonem, Silbe, Versfuß, Betonung, Kadenz, Wort, Wortgruppe und Phrase sein können.* Die Anwesenheit oder Abwesenheit der Einstellung auf die Korrespondenz soll als Grundlage für die Zurechnung des Werks zur Lyrik oder zur Prosa dienen.[517]

Damit stellt Žovtis vor allem im Anschluß an Zygmunt Czerny und Roman Jakobson[518] um von der Beschreibung globaler rhythmischer Wiederholungsstrukturen auf solche Formen der metrisch-syntaktischen Rekurrenz, die nur bestimmte, hinsichtlich des jeweils relevanten Kriteriums parallele Verse betreffen.

Was genau unter diesen ›wechselnden Wiederholungseinheiten‹ zu verstehen ist, kann eine kurze Beispielanalyse von Žovtis verdeutlichen. Sie gilt dem folgenden Ausschnitt aus Michail Michajlovs Übersetzung von Heinrich Heines Gedicht »Krönung«:

| | |
|---|---|
| U tebjá skorochódami búdut | x x x́ x x x́ x x x́ x |
| Moi ostrotý, | x x x x x́ |
| Pridvórnym šútom | x x x́ x x |
| Moja fantázija, | x x x x́ x x |

---

[515] Žirmunskij 1975a, S. 527f. (Meine Übersetzung.)
[516] Es ist bezeichnend, daß der einschlägige Artikel zum Freien Vers im literaturtheoretischen Standardlexikon, der neunbändigen *Kratkaja Literaturnaja Ènciklopedia* (1962-1978), von Žovtis stammt (vgl. Žovtis 1971).
[517] Žovtis 1966, S. 118 (meine Übersetzung); vgl. Žovtis 1970a, v.a. S. 70-72, sowie die nahezu identische Definition im Autoreferat zu seiner Habilitationsschrift (Žovtis 1975, S. 15).
[518] Vgl. die Bezugnahme auf Czerny 1961 und Jakobson 1961 in Žovtis 1970a, S. 70-72 u. S. 76f.

>     Geról'dom s smejúščejsja slézkoj v ščité    x x́ x x x́ x x x́ x x x́
>     Moj júmor.⁵¹⁹                                x x́ x

Žovtis beschreibt diese sechs Verse folgendermaßen:

> Als Wiederholungseinheit tritt hier die Gleichhebigkeit auf (Zeilen 2, 4, 6). Man kann sagen, daß diese Gleichhebigkeit in Verbindung mit dem syntaktischen Parallelismus wichtiger für den vorliegenden Textausschnitt ist, als der dreisilbige Versfuß in den ungeraden Versen. Sie übernimmt die Funktion des führenden Elements der rhythmisch-intonatorischen Komposition.[520]

Bereits der kurze Michajlov-Auszug erfüllt damit zwei wesentliche Bedingungen, die Žovtis für den Freien Vers aufstellt: (1) das Vorhandensein von klar erkennbaren lautlich-rhythmischen Parallelen zwischen einer begrenzten Zahl von Versen und (2) die Relevanz von mehreren unterschiedlichen ›Wiederholungseinheiten‹ im Text (hier: Gleichhebigkeit, syntaktischer Parallelismus und dreisilbiger Versfuß). Um als *verlibr* ›*pravil'nyj*‹ (›»echter« freier Vers‹) gelten zu können, dürfte zudem keine der Rekurrenzformen im Gedicht dominieren.[521]

Aus seiner Definition der ungebundenen Verse und den genannten Zusatzkriterien hat Žovtis eine Klassifikation entwickelt, die auch die angrenzenden Bereiche, die gebundenen Verse und die Kunstprosa, einschließt:[522]

| Merkmale / Typen | Gliederung in Verszeilen | Anwesenheit von fakultativen Lautwiederholungen auf verschiedenen Ebenen | Darunter eine dominierende Wiederholungseinheit | Anwesenheit einer oder mehrerer durchgehender Einheiten der phonetischen Wiederholung |
|---|---|---|---|---|
| Unmetrisches Prosagedicht | − | + | 0 | − |
| Metrisches Prosagedicht | − | 0 | 0 | + |
| Prosa-Vers | + | − | − | − |

---

[519] ›Du wirst als Läufer haben | Meine Witze/geistreichen Äußerungen, | Als Hofnarren | Meine Phantasie, | Als Herold mit einem lachenden Tränchen im Schild – | Meinen Humor.‹ (Meine Übersetzung.) – Zit. nach Žovtis 1970b, S. 400. Vgl. Donat 2002, S. 388-390 (dort auch der Vergleich mit dem Original von Heine).

[520] Žovtis 1970b, S. 400 (meine Übersetzung).

[521] In dem kurzen Ausschnitt dominieren laut Žovtis die Gleichhebigkeit und der syntaktische Parallelismus. An anderer Stelle spricht Žovtis allgemeiner von der relativ stark ausgeprägten ›metrischen Reguliertheit‹ der freien Verse Michajlovs (vgl. Žovtis 1970b, S. 402). Die geringe Flexibilität hängt allerdings auch damit zusammen, daß die 1859 erschienenen Heine-Übersetzungen zu den frühesten Versuchen gehören, in Rußland ungebundene Verse zu bilden bzw. nachzubilden.

[522] Žovtis 1966, S. 122 (meine Übersetzung).

| ›echter‹ freier Vers | + | + | – | – |
| --- | --- | --- | --- | --- |
| ›unechter‹ freier Vers | + | + | + | – |
| Metrischer Vers | + | 0 | 0 | + |

Dabei steht ›+‹ für das Vorhandensein des betreffenden Merkmals, ›–‹ für seine Abwesenheit und ›0‹ für seine typologische Irrelevanz.

Überzeugend an Aleksandr Žovtis' Modell ist seine im Anschluß an Žirmunskij formulierte Grundannahme von der besonderen Aktivierung bzw. Aktualisierung unterschiedlicher fakultativer Wiederholungsformen in den ungebundenen Versen aufgrund der spezifischen, durch die graphische Versgliederung gesteuerten Wahrnehmung bei gleichzeitigem Fehlen durchgehender metrischer Bindung.[523] Auf die gesteigerte Relevanz der verschiedenen Formen des Parallelismus in ungebundenen Versen hat auch Roman Jakobson, auf dessen poetologische Grundlagenaufsätze sich Žovtis explizit bezieht, in seiner Analyse von Bertolt Brechts »Wir sind sie« hingewiesen: »Die Unterdrückung des Reims und der metrischen Norm läßt die grammatische Architektonik des Verses im ganzen Gedicht besonders deutlich hervortreten.«[524]

Problematisch erscheint hingegen die Tatsache, daß Žovtis die rhythmisch-lautliche Variabilität zum Ideal der ungebundenen Verse erhebt und daraus das Kriterium für ihre interne, unverkennbar normative Differenzierung in ›echte freie Verse‹, ›unechte freie Verse‹ und ›Prosa-Verse‹ ableitet. Denn zunächst stellt sich zwangsläufig die Frage, warum ein Gedicht in ungebundenen Versen mit dominierender Wiederholungseinheit ›unechter‹ und damit geringerwertig sein soll als eines, in dem sich keine solche Schwerpunktsetzung beobachten läßt. Weitaus grundsätzlicher ist jedoch ein zweiter Einwand, mit dem Žovtis und die anderen Vertreter des Kompensationsansatzes von Beginn an konfrontiert wurden: Es wurde angezweifelt, ob der ›Wechsel der Wiederholungseinheiten‹ überhaupt in dem Sinne strukturbildend ist, daß er Rückschlüsse auf eine bewußte und zudem künstlerisch anspruchsvolle Textgestaltung erlaubt.

Michail Gasparov hat diesen pauschalen Nexus zwischen der Wiederholung unterschiedlicher lautlicher, grammatischer und syntaktischer Bausteine einerseits und der planvollen und hochqualitativen Komposition eines Textes andererseits auf gleichermaßen originelle wie überzeugende Weise in Frage gestellt.[525] In seinem 1980 erschienenen Aufsatz »V poiskach ›nastojaščego

---

[523] Vgl. Žovtis 1970a, S. 71, sowie meinen Definitionsvorschlag für die ungebundenen Verse in Donat 2002, S. 407f.
[524] Jakobson 2007a, S. 691.
[525] Zum Nachfolgenden vgl. Donat 2002, S. 393-395.

verlibra‹«« (›Auf der Suche nach dem »echten freien Vers«‹)[526] überführte er ein und denselben Ausschnitt aus einer verstheoretischen Arbeit von Ol'ga Ovčarenko[527] (einer weiteren wichtigen Verfechterin der These von den ›wechselnden Wiederholungseinheiten‹) durch die Einfügung von bewußt unterschiedlich plazierten Zeilenumbrüchen in drei verschiedene ›Gedichte in Freien Versen‹. In dieser zweifellos nur ›in Zeilen aufgeschriebenen Prosa‹[528] ohne jeden künstlerischen Anspruch wies er zwischen den Versen zahlreiche Korrespondenzen auf der Grundlage ›wechselnder Wiederholungseinheiten‹ nach (versfußmetrische Bausteine, Hebungszahl, syntaktische Parallelismen, Lautwiederholungen) und kam zu folgender Schlußfolgerung: »der Widerspruch zwischen den beiden Standpunkten erweist sich als scheinbar – in jeder beliebigen ›in Zeilen aufgeschriebenen Prosa‹ kann man alle möglichen ›verschiedenartigen Wiederholungseinheiten‹ auffinden«.[529]

Aus diesem Experiment folgt allerdings nach Einschätzung Gasparovs keineswegs die Gleichberechtigung beider Definitionsvarianten des Freien Verses – der Komposition auf der Grundlage ›wechselnder Wiederholungseinheiten‹ einerseits und der lediglich ›in Zeilen aufgeschriebenen Prosa‹, d.h. der graphischen Gliederung des Textes andererseits. Angesichts der unbestreitbar prosaischen Natur des Ausgangsmaterials für seine ›Gedichte‹ in Freien Versen gelangt Gasparov statt dessen zu einer prinzipiellen Zurückweisung der grundlegenden These Žovtis':

> [...] es lohnt sich nicht, die Aufmerksamkeit auf ›verschiedenartige Wiederholungen‹ zu konzentrieren, die im guten Freien Vers angeblich häufiger vorkommen als im schlechten und erst recht häufiger als in der Prosa. Ihre Anzahl ist identisch [...]. Man kann nicht sagen: »in der Prosa gibt es keine Wiederholungseinheiten, doch im Freien Vers gibt es sie, aber sie sind unvorhersagbar«. [...] sowohl die Anzahl als auch die Unvorhersagbarkeit der lautlichen, syntaktischen und anderen Wiederholungen in der Prosa und im Freien Vers sind vollkommen identisch.[530]

---

[526] Vgl. Gasparov 1980.
[527] Vgl. Ovčarenko 1980.
[528] Vgl. Gasparov 1980, S. 209. Gasparov nimmt damit eine Formulierung von Ovčarenko auf: »Leider meinen einige junge Dichter, daß der Freie Vers [...] die völlige Freiheit vom Vers bedeute und in der Praxis auf *in Zeilen aufgeschriebene Prosa* hinauslaufe.« – Ovčarenko 1980, S. 205 (Übersetzung und Hervorhebungen von mir).
[529] Gasparov 1980, S. 209 (meine Übersetzung). – Hier tut sich eine interessante Parallele zu Jonathan Cullers erstmals 1975 erschienener Kritik an Roman Jakobson auf. Auch Culler verwendet einen Absatz wissenschaftlicher Prosa (hier: den Beginn von Jakobsons Nachwort zur französischen Ausgabe seiner Schriften), um Jakobsons (vermeintliches!) Differenzkriterium der Lyrik von der Prosa – die größere Anzahl von Symmetrien – zu widerlegen. (Vgl. Culler 1976, S. 62-65.)
[530] Gasparov 1980, S. 210 (meine Übersetzung).

Als ›hartes‹, quantitativ nach Kriterien wie Anzahl, Variationsbreite und -häufigkeit bestimmbares Kriterium für die Abgrenzung der ungebundenen Verse von der Prosa und von den gebundenen Formen sowie für ihre interne Differenzierung kommen die ›wechselnden Wiederholungseinheiten‹ damit gewiß nicht in Frage. Gleichwohl dürfen diese Formen des rhythmisch-syntaktischen Parallelismus nicht generell als irrelevant abgetan werden. Denn sie können – beispielsweise in der Ausprägungsform als ›klassisch verbürgte Silbenmaße‹ bzw. ›metrische Floskeln‹ – wenn nicht typenbildend, so doch hochgradig relevant für die rhythmische Struktur einzelner Gedichte sein. Roman Jakobson hat dies in einer Vielzahl von Lyrikanalysen überzeugend vorgeführt, indem er Übereinstimmungen und Kontraste bzw. genauer: symmetrische, antisymmetrische, spiegelsymmetrische und gespiegelt antisymmetrische Relationen zwischen paarweisen Verszeilen in bezug auf die rhythmischen Standardmerkmale, aber auch hinsichtlich sekundärer Kennzeichen wie der Lautform der Hebungsvokale, der Plazierung der Wortgrenzen, der Position der akzentuierten Silben im Vers oder in der Worteinheit u.v.a.m. herausgearbeitet hat.[531] Daß es dabei fast durchwegs um Gedichte in gebundenen Versen ging, stellt keinen Hinderungsgrund dar: Die genannten und ein großer Teil weiterer primärer und sekundärer rhythmischer Faktoren (bzw., in der Terminologie von Aleksandr Žovtis, ›fakultativer Lautwiederholungen auf verschiedenen Ebenen‹) sind für sämtliche lyrischen Gattungen relevant. Und in den ungebundenen Versen erscheint ihre Untersuchung besonders naheliegend und wichtig, denn hier können sie – darin stimmen die Verstheoretiker von Žirmunskij bis Gasparov überein – aufgrund des Fehlens regelmäßiger rhythmischer Rekurrenzformen sogar besonders starke Aufmerksamkeit für sich beanspruchen.

*Notwendige Konstituente: Pause am Versende*

Ungebundene Verse verfügen – abgesehen von der Minimalbedingung des Verses, der Pause am Zeilenende – über keine regelmäßigen Formen rhythmischer Rekurrenz. Damit gewinnt das fundamentale Unterscheidungsmerkmal zwischen Vers und Prosa besondere Bedeutung: die optische Segmentierung des Textes. Als regelmäßig und somit voraussagbar wiederkehrendes Element fungiert nur noch die Verszeile als bewußt hergestellte und in sich abge-

---

[531] Die kommentierte deutsche Übersetzung aller Gedichtanalysen Jakobsons (Jakobson 2007e) mit ihrem umfangreichen rhetorischen, metrischen und linguistischen Glossar (Birus/Donat/Mendoza 2007) sowie dem detaillierten Sachregister ermöglicht es erstmals, auch und besonders seine rhythmischen Analysekategorien und -methoden in ihrer Anwendung auf sehr unterschiedliche Texte nachzuvollziehen und entsprechende Querverbindungen wahrzunehmen.

schlossene Einheit.[532] Jurij Tynjanov hat ihre Kennzeichen unter besonderer Berücksichtigung der ungebundenen Verse bereits 1924 folgendermaßen beschrieben:

> *Objektives Merkmal des Versrhythmus ist aber gerade die Einheit und Dichte der Reihe*; beide Merkmale sind eng miteinander verbunden: der Begriff der Dichte setzt bereits die Vorstellung der Einheit voraus; aber auch die Einheit ist von der Dichte der Reihen des Sprachmaterials abhängig; eben deshalb ist der Inhalt der Versreihe quantitativ beschränkt […]. Nun schaffen aber diese beiden Merkmale – Einheit und Dichte – das dritte spezifische Merkmal der Versreihe, die *Dynamisierung des Redematerials*. Die in sich geschlossene und dichte Sprachreihe ist hier stärker verbunden und stärker verdichtet als in der Umgangssprache; entfaltet sich ein Gedicht, so hebt es notwendig die *Verseinheit* hervor; wir haben gesehen, daß im systemgebundenen Vers ein Teil der Reihe – ein Abschnitt (oder sogar ein Versfuß) – eine solche Einheit darstellt, während die Einheit im *vers libre* veränderlich ist und von der jeweils vorausgehenden Reihe in Bezug auf die folgende gebildet wird.[533]

In den ungebundenen Versen ordnet sich die Verszeile keinem äußerlichen metrischen Schema unter, sondern ist allein dem Gestaltungswillen des Dichters verpflichtet. Dabei können unterschiedliche Schwerpunktsetzungen vorliegen.

Zunächst die rhetorische Instrumentalisierung der Versgliederung für den Aussagezweck: »Freie Rhythmen heißt hier nichts anderes als rhetorische Prosa so aufgestellt, daß der diesem Inhalt gemäßeste Vortrag dadurch verdeutlicht wird«.[534] Leif Ludwig Albertsen hat diese auf der weitgehenden Übereinstimmung von Vers und syntaktischen Einheiten beruhende Spielart anhand der Erstfassungen von Klopstocks freirhythmischen Hymnen beschrieben. Hier eine Versgruppe aus der Ode »Das Landleben« (1759):

---

[532] Vgl. Diller 1978, S. 17f.: »Seit dem 19. Jh. treten in der europäischen Dichtungsgeschichte Verse auf, die weder eine geregelte Silbenzahl noch eine bestimmte Zahl von Versfüßen oder Hebungen aufweisen. Wo ist hier die ›geregelte Wiederkehr gleicher Elemente‹? Als rekurrent ist hier allenfalls die Einheit der Verszeile anzusprechen, diese aber weist in ihrem inneren Bau keine Gesetzmäßigkeiten auf, die sie als Element einer Klasse von gleichen Elementen legitimieren würden. Die Verszeile ist rekurrent nur kraft ihrer Setzung durch den Dichter, sie existiert als Einheit nur aus der Machtvollkommenheit des Autors (unter Mithilfe des Druckers: vor dem Zeitalter der mechanischen Reproduzierbarkeit wären freie Verse nicht möglich gewesen).«
[533] Tynjanov 1977, S. 66.
[534] Albertsen 1971, S. 141.

₈₂ Der Wald neigt sich!
₈₃ Der Strom flieht!
₈₄ Und ich falle nicht auf mein Angesicht?[535]

Die Verseinheit kann allerdings auch nach dominant ästhetischen Kriterien gebildet werden, beispielsweise zur Produktion von Alliterationen innerhalb der Zeile. Wenn aus diesem Grund die Versaufteilung in Spannung zur syntaktischen Gliederung gerät, spricht Albertsen vom ›ornanten Enjambement‹.[536] Als Beispiel führt er V. 19/20 von Klopstocks Ode »Wink« an:

₁₇ Bevor er geweiht, und, an der Hand
₁₈ Der Entdeckung, so tiefer Erfinder wird,
₁₉ Daß zu seiner Saite Klang mit der vollen
₂₀ *Harmonie* das *Herz* der *Hörenden* klingt![537]

In einer dritten Form weicht das Textarrangement im Vers von der syntaktischen Gliederung ab, damit spezifische inhaltliche Hervorhebungen erzielt werden können:

> Signifikant nennen wir die Enjambements, deren akustischer und optischer Pauseneffekt entweder ein Wort vor der Pause hervorhebt, das dadurch an Bedeutung gewinnt, oder aber den Beginn des folgenden Verses inhaltlich bedeutend an den folgenden Text knüpft statt an das dem Enjambement vorhergehende Wort, mit dem es im prosaischen Text näher verbunden gewesen wäre.[538]

Ein bekanntes Beispiel findet sich in Klopstocks Überarbeitung der freirhythmischen Ode »Das Landleben«, die 1771 unter dem Titel »Die Frühlingsfeier« erschien:

₆₁ Der Wald neigt sich, der Strom fliehet, und *ich*
₆₂ Falle nicht auf mein Angesicht?
₆₃ Herr! Herr! Gott! barmherzig und gnädig!
₆₄ Du Naher! erbarme dich meiner![539]

---

[535] Klopstock 1962, S. 85-89, hier: S. 87; vgl. Albertsen 1971, S. 144.
[536] Vgl. Albertsen 1971, S. 158.
[537] Klopstock 1962, S. 123 (meine Hervorhebung); vgl. Albertsen 1971, S. 159. – Allerdings ist »Wink« nicht völlig ungebunden, sondern in vierzeilige Blöcke gegliedert. Für die hier interessierende bewußte Gestaltung der Verseinheit ist diese Regulierung nach dem Prinzip der relativen vertikalen Position der Pausen jedoch irrelevant.
[538] Albertsen 1971, S. 158.
[539] Klopstock 1962, S. 89-92, hier: S. 91 (meine Hervorhebung; zur hier ebenfalls vorliegenden Gliederung in vierzeilige Blöcke vgl. Anm. 537). Vgl. Albertsen 1971, S. 81 u. 163, sowie Albertsen 1997, S. 121-123 (§ 54).

Der Kontrast zur oben angeführten Erstfassung ist unübersehbar: Das sonst proklitische Personalpronomen rückt durch die Isolation vom Verb ins Zentrum der Aufmerksamkeit:

> Dies ›ich‹ steht vor dem Verswechsel wie eine Frage und eine Anklage: bin ich eine Parallele zur Natur oder nicht? All dies wird in die Pause gefüllt, die aller Syntax entgegen entsteht, in dem das Auge die Wanderung bis zum Beginn des nächsten Verses macht.[540]

Diese Aufzählung der verschiedenen Motivationen für die Bildung der Zeileneinheit erhebt keinerlei Anspruch auf Vollständigkeit.[541] Entscheidend ist, daß die Verszeile in den ungebundenen im Vergleich zu den gebundenen Versen durch eine weitaus größere Geschlossenheit und Eigenständigkeit gekennzeichnet ist.

Auch die ausschließlich im Vers zu beobachtende doppelte Gliederung des Textes in syntaktische und versifikatorische Einheiten äußert sich in den gebundenen und ungebundenen Versen auf unterschiedliche Weise. In den verschiedenen metrisch regulierten Formen resultiert dieser spezifische Rhythmus des Einzelverses in erster Linie aus der mehr oder minder großen Spannung zwischen der im metrischen Schema repräsentierten vollständigen Wiederholung und Voraussagbarkeit aller relevanten Konstituenten einerseits und der tatsächlichen sprachlichen Realisierung andererseits: Silbenzahlen können über- oder unterschritten, Hebungen (wie auch Senkungen), Reime und Pausen an den betreffenden Positionen realisiert oder nicht realisiert werden.[542] In jedem Fall handelt es sich um ein komplexes Verhältnis, da mindestens zwei Regulierungsformen betroffen sind.[543] Die Pause am Versende spielt dabei zumeist nur eine untergeordnete Rolle. – In den ungebundenen Versen dagegen kann eine rhythmische Spannung im engeren Sinne nur zwischen der Verszeile (als einziger wiederkehrender versifikatorischer Einheit) und der Syntax entstehen. Die Art, in der die Pause am Versende realisiert wird, erlangt entscheidende rhythmische Bedeutung. Die bisher in diesem Kapitel untersuchten metrischen und variablen Bausteine hingegen treten nur als fakultative, sekundäre Phänomene hinzu.

Prinzipiell können beim Verhältnis zwischen Verszeile und Syntax zwei Formen unterschieden werden: Die Deckungsgleichheit oder das Auseinanderfallen von Vers und syntaktischer Einheit.[544] In der (selten verwendeten)

---

[540] Albertsen 1971, S. 163.
[541] Vgl. Tynjanov 1977, S. 84-93, mit Beispielen u.a. für die sekundäre Semasiologisierung und die Wiederbelebung von erstarrten Metaphern, allerdings vorwiegend anhand gebundener Verse.
[542] Vgl. Kurz 1987, S. 45.
[543] Siehe oben S. 131.
[544] Ersteres ist aus der germanischen Stabreimdichtung als ›strenger Zeilenstil‹ bekannt. Vgl. Paul/Glier 1966, S. 35 (§ 32).

konsequenten Spielart der ersten Form findet sich an jedem Vers- auch ein Satzende. Hier ein Beispiel aus Walt Whitmans *Leaves of Grass*:

O Hymen! O Hymenee!

O hymen! O hymenee! why do you tantalize me thus?
O why sting me for a swift moment only?
Why can you not continue? O why do you now cease?
Is it because if you continued beyond the swift moment you would soon
certainly kill me?[545]

Die Nichtübereinstimmung von Vers und Satz tritt in zwei Formen auf: Entweder wird die syntaktische Einheit durch eine Versgrenze durchbrochen oder umgekehrt der Vers durch das Ende einer syntaktischen Einheit.[546] Ersteres ist geläufig als Enjambement bzw. Zeilensprung, letzteres als Zäsur. Dabei steht hier das Enjambement im Zentrum des Interesses, da es unmittelbar die einzige notwendige versifikatorische Konstituente der ungebundenen Verse betrifft: die Pause am Zeilenende. Doch auch jenseits dieser systematisch bedingten Schwerpunktbildung besitzt das Enjambement für die Untersuchung der Verszeile die größere Bedeutung:

> The middle of a poetic line [...] is as a rule »weaker«, or less prominent, than its boundary: the most telling point of a line as a discrete unit is its boundary. This hierarchy is absolute [...], in the »trial of strength« between the boundary and the middle the former is always relatively stronger. In the process of formal recognition of line units, line boundaries are first to be noticed, last to be ignored.[547]

Das Phänomen des Zeilensprungs und seine Wahrnehmung hat Kurt Oppert plastisch beschrieben:

> Es widerstreiten sich in ihm [dem Enjambement] zwei Prinzipien: Der Vers ist zu Ende und verlangt, daß er vom nächsten durch eine Pause deutlich merkbar getrennt werde, der Satz aber ist noch nicht geschlossen und wehrt sich gegen eine Einkerbung, die in *seinem* Verlauf sinnwidrig erschient. Es fragt sich, wie beim Lesen zu verfahren sei: Soll das Gesetz des Verses oder das des Satzes geopfert oder kann zwischen beiden vermittelt werden?[548]

---

[545] Whitman 1959, S. 81.
[546] Vgl. Golomb 1979, S. 8.
[547] Golomb 1979, S. 9.
[548] Oppert 1926, S. 235. – Vgl. die linguistische Definition in Golomb 1979, S. 41: »Enjambment is the occurrence of a line boundary at a point where the structure of the preversified text, for

Das Enjambement tritt häufig gemeinsam mit der zweiten Form der Diskrepanz zwischen Vers und Satz auf, der Zäsur als »Sinnpause innerhalb des Verses, wo also, umgekehrt, der Satz geschlossen und der Vers noch unfertig ist«.[549] In einem solchen Fall kann man in Abhängigkeit von der Position des Satzendes innerhalb der Zeile zwei Formen des Zeilensprungs unterscheiden[550]:

(1) Ein kurzer Überhang der syntaktischen Einheit (das *rejet*) wird in den folgenden Vers verwiesen, z.B. in V. 23/24 und V. 24/25 von Goethes »Prometheus«:

21 Da ich ein Kind war,
22 Nicht wußte aus noch ein,
23 Kehrt' ich mein verirrtes Auge
24 *Zur Sonne*, als wenn drüber wär'
25 *Ein Ohr*, zu hören meine Klage[551]

(1) Kurz vor dem Versende beginnt eine neue syntaktische Einheit (das *contre-rejet*), z.B. in V. 41/42 von Goethes »Wanderers Sturmlied«:

39 Soll der zurückkehren
40 Der kleine, schwarze, feurige Bauer?
41 Soll der zurückkehren, *erwartend*
42 Nur deine Gaben, Vater Bromius,
43 Und helleuchtend umwärmend Feuer?[552]

Die Begriffe *rejet* und *contre-rejet* werden teilweise nicht nur für die jeweilige Art des syntaktischen Überhangs, sondern auch für die entsprechende Form des Enjambements verwendet.[553]

Nach der Art des vertikalen Übergangs kann beim Enjambement zwischen dem schwächeren Zeilen- und dem stärkeren Versgruppensprung[554] unterschieden werden. Das folgende Gedicht aus Klabunds Zyklus *Die gefiederte Welt. Grotesque sentimentale* (1919) weist beide Formen auf: Zeilensprung in V. 1-7 und V. 8-11 sowie Versgruppensprung von V. 11 nach V. 12:

---

reasons of syntax, lingual meaning and/or literary interpretation, does not permit the oral execution or the aural imagination of a pausal juncture.«
549 Oppert 1926, S. 237.
550 Vgl. Elwert 1961, S. 67 (§ 99).
551 FA I 2, S. 298-300, hier: S. 299 (meine Hervorhebung).
552 FA I 2, S. 292-295, hier: S. 293 (meine Hervorhebung).
553 Vgl. Taranovski 1963, S. 80f., Golomb 1979, S. 98-101, sowie Gasparov/Skulačeva 2004, S. 174.
554 Dem entspricht in strophisch geordneten, gebundenen Gedichten der Strophensprung.

₁ Schmetterlingsfink
₂ Sich paarend
₃ Mit
₄ Citronenfalter
₅ Über den Horizonten
₆ Im
₇ Zauberzenith.

₈ Passion der Wolken
₉ Rote Raupe
₁₀ Schwarze Puppe
₁₁ Süßester Falter

₁₂ Du![555]

Mit der Differenzierung zwischen Zeilen- und Versgruppenübergang wird die Qualität der Pause auf der Ebene des Verses erfaßt.[556] Für eine adäquate Beschreibung der versfinalen Pause als einziger notwendiger versifikatorischer Konstituente der ungebundenen Verse muß freilich ebenso die sprachliche Ebene berücksichtigt werden. Unter der Perspektive des Enjambements, also der Nichtübereinstimmung von Vers und Syntax, ist es sinnvoll, hierbei nicht die Pausenstärke, sondern umgekehrt die Bindungsenge der durch den Zeilenumbruch getrennten Wörter zu betrachten. Die Qualität der ›metrischen‹ Pause und die Enge der sprachlichen Bindung ergeben gemeinsam die Stärke des Enjambements.

Der enorme Nutzen einer solchen Skalierung liegt auf der Hand: Sie würde eine adäquate, weil auf das einzige notwendige Merkmal bezogene Beschreibung und typologische Differenzierung der ungebundenen Verse ermöglichen. Der Konjunktiv wurde an dieser Stelle bewußt gewählt. Denn auf dem gegenwärtigen Stand der Forschung ist eine umfassende und exakte Deskription der sprachlichen Bindungsenge noch nicht möglich. Zwar existieren einige wegweisende Studien im Rahmen der englischsprachigen und vor allem der russischen Metriktheorie, doch zumal für den deutschsprachigen Bereich ist hier noch Grundlagenarbeit zu leisten, die nur in enger Koopera-

---

[555] Klabund 1999-2003, Bd. 4.1, S. 305.
[556] Fowler 1970, S. 88, unterscheidet analog dazu unterschiedlich starke metrische Pausen am Zeilenende in gebundenen Versen: »[...] there are metrical boundaries of different weights, the pause after the second rhyme of a couplet, for example, being more ›final‹ than that after the first line«. – Diese graduelle Abstufung auf der versifikatorischen Ebene wird von Harai Golomb zu Unrecht als »virtually nonexistent« abgetan (Golomb 1979, S. 80).

tion zwischen Linguistik und Literaturwissenschaft wirklich erfolgversprechend erscheint.[557]

Abschließend kann deshalb hier nur Vorläufiges skizziert werden. Innerhalb der wenigen ausgearbeiteten Vorschläge zur Skalierung des Enjambements lassen sich zwei Schwerpunktbildungen erkennen. So spielt in allen Ansätzen zunächst die Stärke der syntaktischen Verbindungen zwischen den durch den Zeilenumbruch getrennten Wörtern eine zentrale Rolle. In der Linguistik ist dieses wenig untersuchte Phänomen unter dem Begriff der ›Fügungsenge‹[558] bzw. der ›bondedness hierarchy‹[559] bekannt. In den einschlägigen Darstellungen wird zumeist nur auf die Existenz unterschiedlich starker syntaktischer Verbindungen hingewiesen und dies anhand weniger Beispiele illustriert.[560]

Daneben findet in zwei Ansätzen auch die Länge der syntaktischen Überhänge Berücksichtigung.[561] Dabei wird folgende Relation vermutet: Je kürzer der durch den Zeilensprung abgetrennte Bestandteil der syntaktischen Einheit bzw. je geringer der Abstand der entsprechend vorangehenden oder sich anschließenden versinternen Zäsur vom Zeilenende bzw. -anfang, desto stärker das Enjambement.[562]

Den mit Abstand am detailliertesten ausgearbeiteten Vorschlag zur Skalierung des Enjambements haben Michail Gasparov und Tat'jana Skulačeva vorgelegt. Er wurde von beiden an einem einschlägigen Textcorpus – den »Aleksandrijskie pesni« (›Alexandrinische Gesänge‹) von Michail Kuzmin[563] – erfolgreich erprobt. Dabei steht für Gasparov/Skulačeva das Versende im Zentrum; in einem zweiten Schritt untersuchen sie auch die Enge der Bin-

---

[557] Die im entstehen begriffene Arbeit von Wolfgang Schindler verspricht, in dieser Frage die Problemlage abzustecken und Lösungsstrategien zu skizzieren. Vgl. Schindler 2010.
[558] Vgl. Lehmann 1984, S. 207-209, sowie Schindler 2010.
[559] Vgl. das gleichnamige Kapitel in Foley 1976, S. 17-24. – Vgl. Golomb 1979, S. 92-94, wo der unbefriedigende linguistische Forschungsstand konstatiert wird.
[560] Vgl. Minor 1902, S. 204f. (dort erfolgt die bemerkenswert detaillierte und geordnete Aufzählung – von der Verbindung zwischen Subjekt und Prädikat bis zu der Vergleichspartikel vom Substantiv – allerdings unter starkem argumentatorischem Vorbehalt, da Minor aufgrund seiner akustischen Verskonzeption ›rein optische‹ Enjambements nicht anerkennt); Taranovski 1963, S. 83f. (Taranovski unterscheidet sechs Grade des Enjambements von der Aufteilung eines Worts über die Abtrennung von Pro- und Enklitika bis zur Aufteilung und verschiedenen Formen der Abgrenzung nicht näher spezifizierter ›Syntagmen‹; vgl. dazu Golomb 1979, S. 83-92); Fowler 1970, S. 82-92 (Fowler geht nicht von den Einzelworten, sondern von einer Skala der ›grammatischen Einheiten‹ aus: »morpheme, word, phrase, clause, sentence, in ascending order of magnitude«, S. 84; vgl. dazu Golomb 1979, S. 77-83) sowie Albertsen 1971, S. 155 (hier werden lediglich drei unterschiedliche Formen des ›radikalen Enjambements‹ unterschieden: Adjektiv/Substantiv, Genitivattribut/Substantiv, nach proklitischem Wort).
[561] Vgl. Taranovski 1963, S. 81f., und Fowler 1970, S. 88.
[562] Als m.W. einzige einschlägige Monographie ist außerdem die allerdings fast ausschließlich linguistisch argumentierende Arbeit von Harai Golomb anzuführen. Golomb strebt die Beschreibung des Enjambements als Störung der syntaktisch-intonatorischen Kohäsion an; dabei spielen Konzepte der Psycholinguistik eine wichtige Rolle.
[563] Siehe oben S. 146.

dungen im Versinneren. Grundlage ist die von beiden »auf der Basis von Untersuchungen syntaktischer Verbindungen im englischen und russischen klassischen Vers«[564] entwickelte elfstufige Hierarchie abnehmender Fügungsenge[565]:

I   Trennung von Prädikatsteilen, Präposition/Nominalphrase
II   Attributive Verbindung
    Verbindung zwischen direktem Objekt und Prädikat
    Verbindung zwischen indirektem Objekt und Prädikat
    Verbindung zwischen Adverbialbestimmung und Satzglied (v.a. Prädikat)
    Verbindung zwischen Subjekt- und Prädikatsgruppe
III   Verbindung zwischen gleichartigen Satzgliedern (Koordination)
    Verbindung von Partizipialkonstruktion und Restsatz
IV   Verbindung zwischen Haupt- und Nebensatz
    Verbindung gleichrangiger (koordinierter) Teilsätze
    Verbindung abgeschlossener Sätze (durch Punkt etc. abgeschlossen)

Die römischen Ziffern stehen für die Teilbereiche: (I) überenge, (II) enge, (III) mittelstarke und (IV) schwache syntaktische Verbindungen. Dabei liegt direkte Proportionalität vor: Je größer die Fügungsenge am Versende, desto stärker das Enjambement.

Die von Gasparov/Skulačeva durchgeführten Analysen machen deutlich, daß diese Skala sowohl für die präzise Beschreibung von Einzeltexten geeignet ist als auch die Unterscheidung von verschiedenen Typen unregelmäßiger Verse ermöglicht. Daß dabei poetologisch relevante Gruppierungen gebildet werden, macht – auch ohne daß hier die zugrundeliegende Analyse im Detail wiedergegeben werden kann – bereits eines der Teilresultate deutlich:

> Vielleicht kann man sagen, daß der freie Vers bei Belyj[566] mit seiner syntaktischen Überdetailliertheit ein Vers mit Ausrichtung auf das Wort, der freie Vers Kuzmins ein Vers mit Ausrichtung auf den Satzteil und der freie Vers von Chlebnikovs »Nächtlicher Durchsuchung« ein Vers mit Ausrichtung auf den Satz ist.[567]

Diese Skala der Fügungsenge läßt sich nicht ohne weiteres vom Russischen/Englischen auf das Deutsche oder auf andere Sprachen übertragen.[568] Zudem

---

[564] Gasparov/Skulačeva 2004, S. 182 (meine Übersetzung).
[565] Vgl. Gasparov/Skulačeva 2004, S. 182-184, sowie Schindler 2010.
[566] Untersucht wurde »Argonavty« (›Die Argonauten‹) aus Andrej Belyjs postum veröffentlichter Sammlung *Zovy vremen* (›Die Rufe der Zeiten‹). Vgl. Gasparov/Skulačeva 2004, S. 183.
[567] Gasparov/Skulačeva 2004, S. 184 (meine Übersetzung).
[568] Vgl. Schindler 2010, der insbesondere auf die Unterschiede zwischen dem Russischen, Deutschen und Englischen hinsichtlich der Ausprägung der Flexion und, damit verbunden, der Wortstellungsfreiheit hinweist.

wird man für eine angemessene Beschreibung des Enjambements nicht bei punktuellen Modifikationen (etwa der Reihenfolge innerhalb der Hierarchie) stehen bleiben können, sondern mit der topologischen und der informationellen Satzstruktur weitere komplexe Parameter mit einbeziehen müssen.[569]

Die strukturelle Relevanz der Pause am Zeilenende und die Ergebnisse der Pionierarbeit von Gasparov/Skulačeva[570] lassen jedoch keinen Zweifel aufkommen, daß der zu erwartende Nutzen für eine gleichermaßen adäquate wie exakte Deskription und typologische Differenzierung der ungebundenen Verse so hoch ist, daß sich dieser nicht unbeträchtliche Forschungsaufwand im Überschneidungsbereich von Linguistik und Poetik allemal auszahlen wird.

---

[569] Vgl. Schindler 2010.
[570] Vgl. als Vorläuferstudie in diesem Bereich das letzte Kapitel in Albertsen 1971, S. 166-182, das trotz der im Vergleich zu Gasparov/Skulačeva holzschnittartigen Kategorien und der Beschränkung auf punktuelle Analysen zu bemerkenswerten typologischen wie historischen Resultaten gelangt.

# Literatur

Siglen:

FA: Goethe, Johann Wolfgang (1985-1999) *Sämtliche Werke. Briefe, Tagebücher und Gespräche. Vierzig Bände*, hg. v. Friedmar Apel u.a., Frankfurt/Main: Deutscher Klassiker Verlag. (Zitiert unter Angabe der Abteilung und Bandnummer.)

HA: Goethe, Johann Wolfgang (1988) *Hamburger Ausgabe in 14 Bänden*, München: Deutscher Taschenbuch Verlag. (Zitiert unter Angabe der Bandnummer.)

WA: *Goethes Werke. Herausgegeben im Auftrage der Großherzogin Sophie von Sachsen*, 133 Bde., Weimar: Böhlau 1887-1919, Reprint München: Deutscher Taschenbuch Verlag 1987. (Zitiert unter Angabe der Abteilung und Bandnummer.)


Albertsen, Leif Ludwig (1971) *Die freien Rhythmen. Rationale Bemerkungen im allgemeinen und zu Klopstock*, Aarhus: Akademisk Boghandel.

Albertsen, Leif Ludwig (1997) *Neuere deutsche Metrik*, 2. Aufl. Berlin: Weidler Buchverlag 1997 (= Germanistische Lehrbuchsammlung, Bd. 55b).

Angelus Silesius (1949-1952) *Sämtliche poetische Werke. In drei Bänden*, hg. v. Hans Ludwig Held, 3. Aufl. München: Carl Hanser.

Anz, Thomas (2003) »Der kranke Klabund und die Editionen seiner Werke« (20.11.2003), in: *literaturkritik.de* 3 (2002). www.literaturkritik.de/public/druckfassung_rez.php?rez_id=4776 (besucht: 12.6.2010).

Arndt, Erwin (1990) *Deutsche Verslehre. Ein Abriß*, 12. Aufl. Berlin: Volk und Wissen.

Bachmann, Ingeborg (1993) *Werke*, 4 Bde., hg. v. Christine Koschel, Inge von Weidenbaum u. Clemens Münster, 4. Aufl. München u. Zürich: Piper.

Baehr, Rudolf (1962) *Spanische Verslehre auf historischer Grundlage*, Tübingen: Max Niemeyer.

Baevskij, Vadim Solomonovič (1972) »O prirode russkogo svobodnogo sticha« (›Über die Natur des russischen freien Verses‹), in: ders.: *Stich russkoj sovetskoj poèzii. Posobie dlja slušatelej speckursa*, Smolensk: Smolenskij pedagogičeskij institut imeni Karla Marksa, S. 57-91.

Barsch, Achim (1991) *Metrik, Literatur und Sprache. Generative Grammatik zwischen Empirischer Literaturwissenschaft und generativer Phonologie*, Braunschweig: Vieweg (= Konzeptionen Empirische Literaturwissenschaft, Bd. 12).

Beaver, Joseph C. (1969) »Contrastive Stress and Metered Verse«, in: *Language and Style* 2, S. 257-271.

Beißner, Friedrich (1964) »Satzton und Verston«, in: *Der Deutschunterricht* 16, H. 6, S. 33-49.

Beloof, Robert (1958) »Prosody and Tone. The ›Mathematics‹ of Marianne Moore«, in: *Kenyon Review* 20, S. 115-123.

Belyj, Andrej (1969) *Maski* (›Masken‹), Nachdr. d. Ausg. Moskau 1932, München: Wilhelm Fink (= Slavische Propyläen, Bd. 46).

Benedix, Roderich (1879) *Katechismus der Deutschen Verskunst*, 2. Aufl. Leipzig: J. J. Weber.

Benn, Gottfried (1986) *Sämtliche Werke. Band 1. Gedichte 1*, in Verb. m. Ilse Benn hg. v. Gerhard Schuster, Stuttgart: Klett-Cotta.

Birkenhauer, Klaus (1971) *Die eigenrhythmische Lyrik Bertolt Brechts. Theorie eines kommunikativen Sprachstils*, Tübingen: Max Niemeyer.

Birus, Hendrik (2008) »Mündlichkeit und Schriftlichkeit im *West-östlichen Divan*«, in: *Die Gabe des Gedichts. Goethes Lyrik im Wechsel der Töne*, hg. v. Gerhard Neumann u. David E. Wellbery, Freiburg i. Br., Berlin u. Wien: Rombach, S. 95-111.

Birus, Hendrik, Donat, Sebastian u. Mendoza, Imke (2007) »Rhetorisches, metrisches und linguistisches Glossar«, in: Jakobson: *Poesie der Grammatik und Grammatik der Poesie. Sämtliche Gedichtanalysen. Kommentierte deutsche Ausgabe*, 2 Bde., hg. v. Hendrik Birus u. Sebastian Donat, Berlin u. New York: De Gruyter, Bd. 2, S. 789-813.

Blok, Aleksandr Aleksandrovič (1971) *Sobranie sočinenij v šesti tomach* (›Sammlung der Werke in sechs Bänden‹), Moskva: Izdatel'stvo »Pravda«.

Borchardt, Rudolf (1926) *Ewiger Vorrat deutscher Poesie*, besorgt v. Rudolf Borchardt, München: Verlag der Bremer Presse.

Borchardt, Rudolf (1985) *Gedichte II. Übertragungen II*, hg. v. Marie Luise Borchardt u. Ulrich Ott unter Beratung v. Ernst Zinn, Stuttgart: Klett-Cotta.

Brecht, Bertolt (1967) *Schriften 2. Zur Literatur und Kunst. Zur Politik und Gesellschaft*, Redaktion: Werner Hecht, Frankfurt/Main: Suhrkamp (= *Gesammelte Werke in acht Bänden*, Bd. 8).

Brecht, Bertolt (1988-2000) *Werke. Große kommentierte Berliner und Frankfurter Ausgabe*, 31 Bde., hg. v. Werner Hecht u.a., Berlin u. Weimar: Aufbau sowie Frankfurt/Main: Suhrkamp.

Breuer, Dieter (1994) *Deutsche Metrik und Versgeschichte*, 3. Aufl. München: Wilhelm Fink.

Brower, Robert (1972) »Japanese«, in: *Versification. Major Language Types*, hg. v. William Kurtz Wimsatt, New York: Modern Language Association/ New York University Press, S. 38-51.

Buchštab, Boris Jakovlevič (1973) »Ob osnovach i tipach russkogo sticha« (›Über die Grundlagen und Typen des russischen Verses‹), in: *International Journal of Slavic Linguistics and Poetics* 16, S. 96-118.

Buck, Theo (1956) *Die Entwicklung des deutschen Alexandriners*, Phil. Diss. Tübingen.

Bürger, Gottfried August (1987) *Sämtliche Werke*, hg. v. Günter u. Hiltrud Häntzschel, München: Carl Hanser Verlag.

Busch, Wilhelm (1962) *Dieses war der erste Streich*, m. e. Einleitung v. Herbert Sandberg u. erläuternden Texten v. Wolfgang Teichmann, 3. Aufl. Berlin: Eulenspiegel Verlag (= *Werke*, Bd. 1).

Cheng, François (1982) *Chinese Poetic Writing. With an Anthology of T'ang Poetry*, übs. v. Donald A. Riggs u. Jerome P. Seaton, Bloomington: Indiana University Press.

Chisholm, David (1981) »Prosodische Aspekte des Blankversdramas. Eine Untersuchung zu sechs Dramen von Goethe, Schiller, Kleist, Grillparzer und Hebbel«, in: *Literaturwissenschaft und empirische Methoden. Eine Einführung in aktuelle Projekte*, hg. v. Helmut Kreuter u. Reinhold Viehoff, Göttingen: Vandenhoeck & Ruprecht (= Zeitschrift für Literaturwissenschaft und Linguistik, Beiheft 12), S. 142-159.

Chon, Young-Ae (2005) *Eine kleine Sammlung vormoderner koreanischer Lyrik*, ausgew. u. übs. v. Young-Ae Chon, Seoul (Privatdruck).

Ciupke, Markus (1994) *Des Geklimpers vielverworrner Töne Rausch. Die metrische Gestaltung in Goethes »Faust«*, Göttingen: Wallstein.

Culler, Jonathan (1976) »Jakobson's Poetic Analyses«, in: ders.: *Structuralist Poetics. Structuralism, Linguistics and the Study of Literature*, Ithaca/N.Y: Cornell University Press, S. 55-74.

Czerny, Zygmunt (1961) »Le vers libre français et son art structural«, in: *Poetics. Poetyka. Poètika*, Warszawa: Państwowe Wydawnictwo Naukowe u. s'Gravenhage: Mouton, S. 249-279.

*Deutsche Lyrik von Luther bis Rilke* (2002), Berlin: Directmedia (= Digitale Bibliothek, Bd. 75).

Daumer, Georg Friedrich (1945) *Hafis. Eine Sammlung persischer Gedichte*, hg. v. Jan Tschichold, Basel: Verlag Birkenhäuser (= Sammlung Birkenhäuser, Bd. 7).

Diller, Hans-Jürgen (1978) *Metrik und Verslehre*, Düsseldorf: August Bagel Verlag sowie Bern u. München: Francke Verlag (= Studienreihe Englisch, Bd. 18).

Döhl, Reinhard (1981) »aus den botnanger sudelheften«, in: *Aus Wörtern eine Welt. Zu Helmut Heißenbüttel*, Frankfurt/Main u. Paris: Qumran (= Portrait, Bd. 1), S. 42-48.

Donat, Sebastian (2002) »*Es klang aber fast wie deine Lieder...*« *Die russischen Nachdichtungen aus Goethes* »*West-östlichem Divan*«, Göttingen: Wallstein (= Münchener Komparatistische Studien, Bd. 1).

Donat, Sebastian (2003) »Stille Post oder Wie Goethe vor dem Ersaufen gerettet wurde. Deutsche, russische und englische *Grenzen der Menschheit*«, in: *arcadia* 38, S. 179-192.

Donat, Sebastian (2005) »(A)Metrische Mythen. Zum Streit um die Freien Verse in der sowjetischen Literaturwissenschaft«, in: *Stereotyp und Geschichtsmythos in Kunst und Sprache. Die Kultur Ostmitteleuropas in Beiträgen zur Potsdamer Tagung, 16.-18. Januar 2003*, hg. v. Katrin Berwanger u. Peter Kosta, Frankfurt/Main u.a.: Peter Lang (= Vergleichende Studien zu den slavischen Sprachen und Literaturen, Bd. 11), S. 353-369.

Donat, Sebastian (2008a) »Klabunds Prosa-Camouflagen als medial inszenierte Überschreitung von Gattungsgrenzen«, in: *Dogilmunhak. Koreanische Zeitschrift für Germanistik* 106, S. 90-111.

Donat, Sebastian (2008b) »Optische Rhythmen. Metriktheoretische Überlegungen zu Jakobsons Analyse einer Miniatur von Paul Klee« in: *Visual Culture. Beiträge zur XIII. Tagung der Deutschen Gesellschaft für Allgemeine und Vergleichende Literaturwissenschaft. Potsdam, 18.-21. Mai 2005*, hg. v. Monika Schmitz-Emans u. Gertrud Lehnert, Heidelberg: Synchron Wissenschaftsverlag der Autoren (= Hermeia. Grenzüberschreitende Studien zur Literatur- und Kulturwissenschaft, Bd. 10), S. 353-365.

Drommel, Raimund (1974) *Die Sprechpause als Grenzsignal im Text*, Göppingen: Verlag Alfred Kümmerle (= Göppinger akademische Beiträge, Bd. 89).

Duden-Grammatik (2005) *Duden. Die Grammatik*, hg. v. d. Dudenredaktion, 7. Aufl. Mannheim u.a. (= *Der Duden in zwölf Bänden*, Bd. 4).

Eichendorff, Joseph von (1987) *Gedichte. Versepen* hg. v. Hartwig Schultz, Frankfurt/Main: Deutscher Klassiker Verlag (= *Werke in sechs Bänden*, hg. v. Wolfgang Frühwald, Brigitte Schillbach u. Hartwig Schultz, Bd. 1).

Elwert, W. Theodor (1961) *Französische Metrik*, München: Max Hueber Verlag.

Fedotov, Oleg Ivanovič (2002) *Osnovy russkogo stichosloženija. Teorija i istorija russkogo sticha. Kniga 1. Metrika i ritmika* (›Grundlagen der russischen Versifikation. Theorie und Geschichte des russischen Verses. Buch 1. Metrik und Rhythmik‹), Moskva: Izdatel'stvo »Flinta«/Izdatel'stvo »Nauka«.

Fittbogen, Gottfried (1909) *Die sprachliche und metrische Form der Hymnen Goethes*, Halle/Saale: Max Niemeyer.

Foley, William Auguste (1976) *Comparative Syntax in Austronesian*, Phil. Diss. University of California, Berkeley.

Fónagy, Iván (1960) »Die Redepausen in der Dichtung«, in: *Phonetica* 5, S. 169-203.

Fowler, Roger (1970) »›Prose Rhythm‹ and Metre«, in: *Essays on Style and Language. Linguistic and Critical Approaches to Literary Style*, hg. v. Roger Fowler, London: Routledge and Kegan Paul, S. 82-99.

Frank, Horst Joachim (1993) *Handbuch der deutschen Strophenformen*, 2. Aufl. Tübingen u. Basel: Francke.

Fricke, Harald (1981) »Entwicklungslinien der modernen Lyrik«, in: ders.: *Norm und Abweichung. Eine Philosophie der Literatur*, München: C. H. Beck, S. 167-182.

Gasparov, Michail Leonovič (1968): »Russkij trechudarnyj dol'nik XX v.« (›Der russische dreihebige dol'nik des 20. Jh.‹), in: *Teoria sticha*, hg. v. V. E. Cholševnikov u.a., Leningrad: Izdatel'stvo »Nauka«, S. 59-106.

Gasparov, Michail Leonovič (1970): »Oppozicija ›stich – proza‹ v stanovlenii russkogo stichosloženija« (›Die Opposition »Vers – Prosa« während der Entstehung der russischen Versifikation‹), in: *Tezisy dokladov IV Letnej školy po vtoričnym modelirujuščim sistemam. 17-24 avgusta 1970 g.*, hg. v. Jurij Michajlovič Lotman, Tartu: Tartuskij gosudarstvennyj universitet, S. 140f.

Gasparov, Michail Leonovič (1980) »V poiskach ›nastojaščego verlibra‹« (›Auf der Suche nach dem »echten freien Vers«‹), in: *Literaturnaja učeba* 6, S. 208-211.

Gasparov, Michail Leonovič (1989) *Očerk istorii evropejskogo sticha* (›Abriß der Geschichte des europäischen Verses‹), Moskva: Nauka.

Gasparov, Michail Leonovič (1999) *Metr i smysl. Ob odnom iz mechanizmov kul'turnoj pamjati* (›Metrum und Sinn. Über einen der Mechanismen des kulturellen Gedächtnisses‹), Moskva: Rossijskij Gosudarstvennyj Gumanitarnyj Universitet.

Gasparov, Michail Leonovič (2000) *Očerk istorii russkogo sticha. Metrika. Ritmika. Rifma. Strofika* (›Abriß der Geschichte des russischen Verses. Metrik. Rhythmik. Reim. Strophik‹), 2. Aufl. Moskva: »Fortuna limited«.

Gasparov, Michail Leonovič (2001a) Art. »Akcentnyj stich«, in: *Literaturnaja ėnciklopedija terminov i ponjatij*, hg. v. A. N. Nikoljukin, Moskva: NPK »Intelvak«, Sp. 25.

Gasparov, Michail Leonovič (2001b) Art. »Dol'nik«, in: *Literaturnaja ėnciklopedija terminov i ponjatij*, hg. v. A. N. Nikoljukin, Moskva: NPK »Intelvak«, Sp. 235f.

Gasparov, Michail Leonovič (2001c) Art. »Logaėdy«, in: *Literaturnaja ėnciklopedija terminov i ponjatij*, hg. v. A. N. Nikoljukin, Moskva: NPK »Intelvak«, Sp. 485f.

Gasparov, Michail Leonovič (2001d) Art. »Taktovik«, in: *Literaturnaja ėnciklopedija terminov i ponjatij*, hg. v. A. N. Nikoljukin, Moskva: NPK »Intelvak«, Sp. 1057f.

Gasparov, Michail Leonovič u. Tat'jana Vladimirovna Skulačeva (2004) »Ritm i sintaksis v svobodnom stiche« (›Rhythmus und Syntax im Freien Vers‹), in: dies.: *Stat'i o lingvistike sticha*, Moskva: Jazyki slavjanskoj kul'tury, S. 170-201.

Geibel, Emanuel (1918) *Werke*, 3 Bde., hg. v. Wolfgang Stammler, Leipzig: Bibliographisches Institut o.J. [1918].

Georges, Karl Ernst (2003) *Ausführliches lateinisch-deutsches Handwörterbuch. Aus den Quellen zusammengetragen und mit besonderer Bezugnahme auf Synonymik und Antiquitäten unter Berücksichtigung der besten Hilfsmittel*, 2 Bde., hg. v. Heinrich Georges, 8. Aufl. Hannover: Hahnsche Buchhandlung 1913, Nachdr. 2003.

Golomb, Harai (1979) *Enjambment in Poetry. Language and Verse in Interaction*, Tel Aviv: The Porter Institute for Poetics and Semiotics (= Meaning and Art, Bd. 3).

Greber, Erika (2000) »Paarreime. Ein Streitgedicht von Lord und Lady Byron«, in: *Bi-Textualität. Inszenierungen des Paares. Ein Buch für Ina Schabert*, hg. v. Annegret Heitmann u.a., Berlin: Erich Schmidt Verlag, S. 142-155.

Greber, Erika (2002) *Textile Texte. Poetologische Metaphorik und Literaturtheorie. Studien zur Tradition des Wortflechtens und der Kombinatorik*, Köln, Weimar u. Wien: Böhlau (= Pictura et poesis, Bd. 9).

Groot, A. Willem de (1933) »Zur Grundlegung der allgemeinen Versbaulehre«, in: *Archives néerlandaises de phonétique expérimentale* 8-9, S. 68-81.

Groot, A. Willem de (1964) »The Description of a Poem«, in: *Proceedings of the Ninth International Congress of Linguists. Cambridge, Mass., August 27-31, 1962*, hg. v. Horace G. Lunt, London, The Hague u. Paris: Mouton (= Janua Linguarum. Series Maior, Bd. 12), S. 294-301.

Grünbein, Durs (1994) *Von der üblen Seite. Gedichte 1985-1991*, Frankfurt/Main: Suhrkamp.

Gryphius, Andreas (1963) *Sonette*, hg. v. Marian Szyrocki, Tübingen: Max Niemeyer (= *Gesamtausgabe der deutschsprachigen Werke*, hg. v. Marian Szyrocki u. Hugh Powell, Bd. 1).

Häntzschel, Günter (1977) *Johann Heinrich Voß. Seine Homer-Übersetzung als sprachschöpferische Leistung*, München: C. H. Beck (= Zetemata, Bd. 68).

Heine, Heinrich (1997) *Sämtliche Schriften*, 6 Bde., hg. v. Klaus Briegleb, München: Deutscher Taschenbuch Verlag.

Heißenbüttel, Helmut (1969) »Gedicht über Hoffnung«, in: *Ein Gedicht und sein Autor. Lyrik und Essay*, hg. v. Walter Höllerer, München: Deutscher Taschenbuch Verlag, S. 307-316.

Heißenbüttel, Helmut (1970) *Das Textbuch*, Neuwied u. Berlin: Luchterhand.

Heißenbüttel, Helmut (1980) *Textbücher 1-6*, Stuttgart: Klett-Cotta.

Heißenbüttel, Helmut (1983) »Text oder Gedicht? Anmerkungen zur theoretischen und praktischen Aktualität dieser Frage – eine Abschweifung«, in: *Textsorten und literarische Gattungen. Dokumentation des Germanistentages in Hamburg vom 1. bis 4. April 1979*, hg. v. Vorstand der Vereinigung der deutschen Hochschulgermanisten, Berlin: Erich Schmidt Verlag, S. 3-24.

Helm, Karin (1955) *Goethes Verskunst im West-östlichen Divan*, Phil. Diss. Göttingen.

Heusler, Andreas (1956) *Deutsche Versgeschichte mit Einschluß des altenglischen und altnordischen Stabreimverses*, 3 Bde., 2. Aufl. Berlin: Walter de Gruyter (= Grundriß der germanischen Philologie, Bd. 8/1-8/3).

Hofmannsthal, Hugo von (1988) *Gedichte 2*, hg. v. Andreas Thomasberger u. Eugene Weber, Frankfurt/Main: S. Fischer (= *Sämtliche Werke. Kritische Ausgabe*, Bd. 2).

Hölderlin, Friedrich (1998) *Sämtliche Werke und Briefe*, 3 Bde., hg. v. Michael Knaupp, Darmstadt: Wissenschaftliche Buchgesellschaft.

Hollander, John (1975) »The Poem in the Eye«, in: ders.: *Vision and Resonance. Two Senses of Poetic Form*, New York: Oxford University Press, S. 245-306.

Hölty, Ludwig Christoph Heinrich (1968) *Sämtliche Werke*, 2 Bde., hg. v. Willhelm Michael, Weimar: Gesellschaft der Bibliophilen 1914 u. 1918, Nachdr. Hildesheim: Georg Olms.

Jacoby, Leopold (1893) *Es werde Licht! Poesieen*, 4. Aufl. München: M. Ernst.

Jakobson, Roman Osipovič (1961) »Poèzija grammatiki i grammatika poèzii« (›Poesie der Grammatik und Grammatik der Poesie‹), in: *Poetics. Poetyka, Poètika*, Warszawa: Państwowe Wydawnictwo Naukowe u. s'Gravenhage: Mouton, S. 397-417.

Jakobson, Roman Osipovič (1966a) »Slavic Epic Verse. Studies in Comparative Metrics«, in: ders.: *Selected Writings IV. Slavic Epic Studies*, The Hague u. Paris: Mouton, S. 414-463.

Jakobson, Roman Osipovič (1966b) »Über den Versbau der serbokroatischen Volksepen«, in: ders.: *Selected Writings IV. Slavic Epic Studies*, The Hague u. Paris: Mouton, S. 51-60.

Jakobson, Roman Osipovič (1974) *Über den tschechischen Vers. Unter besonderer Berücksichtigung des russischen Verses*, übs. v. F. Boldt u.a., Bremen: K-Presse (= *Postilla Bohemica* 2-4).

Jakobson, Roman Osipovič (1979a) »Ob odnosložnych slovach v russkom stiche« (›Über einsilbige Wörter im russischen Vers‹), in: ders.: *Selected Writings V. On Verse, Its Masters and Explorers*, hg. v. Stephen Rudy u. Martha Taylor, The Hague, Paris u. New York: Mouton, S. 201-214.

Jakobson, Roman Osipovič (1979b) »The Modular Design of Chinese Regular Verse«, in: ders.: *Selected Writings V. On Verse, Its Masters and Explorers*, hg.

Jakobson, Roman Osipovič (2007a) »Der grammatische Bau des Gedichts von B. Brecht ›Wir sind sie‹«, komm. v. Hendrik Birus, in: Jakobson: *Poesie der Grammatik und Grammatik der Poesie. Sämtliche Gedichtanalysen. Kommentierte deutsche Ausgabe*, 2 Bde., hg. v. Hendrik Birus u. Sebastian Donat, Berlin u. New York: Walter de Gruyter, Bd. 2, S. 687-716.

v. Stephen Rudy u. Martha Taylor, The Hague, Paris u. New York: Mouton, S. 215-223.

Jakobson, Roman Osipovič (2007b) »Deržavins letztes Gedicht und M. Halles erster literaturwissenschaftlicher Aufsatz«, übs. u. komm. v. Sebastian Donat, in: Jakobson: *Poesie der Grammatik und Grammatik der Poesie. Sämtliche Gedichtanalysen. Kommentierte deutsche Ausgabe*, 2 Bde., hg. v. Hendrik Birus u. Sebastian Donat, Berlin u. New York: Walter de Gruyter, Bd. 2, S. 45-54.

Jakobson, Roman Osipovič (2007c) »Die grammatische Struktur von Janko Králs Dichtung«, übs. v. Raoul Eshelman, komm. v. Miloš Sedmidubský, in: Jakobson: *Poesie der Grammatik und Grammatik der Poesie. Sämtliche Gedichtanalysen. Kommentierte deutsche Ausgabe*, 2 Bde., hg. v. Hendrik Birus u. Sebastian Donat, Berlin u. New York: Walter de Gruyter, Bd. 2, S. 319-353.

Jakobson, Roman Osipovič (2007d) »Linguistik und Poetik«, übs. v. Stephan Packard, komm. v. Hendrik Birus, in: Jakobson: *Poesie der Grammatik und Grammatik der Poesie. Sämtliche Gedichtanalysen. Kommentierte deutsche Ausgabe*, 2 Bde., hg. v. Hendrik Birus u. Sebastian Donat, Berlin u. New York: Walter de Gruyter, Bd. 1, S. 155-216.

Jakobson, Roman Osipovič (2007e) *Poesie der Grammatik und Grammatik der Poesie. Sämtliche Gedichtanalysen. Kommentierte Ausgabe*, 2 Bde., hg. v. Hendrik Birus u. Sebastian Donat, Berlin u. New York: Walter de Gruyter.

Jakobson, Roman Osipovič (2007f) »Über die Wortkunst Kazimierz Wierzyńskis«, übs. v. Sebastian Donat, komm. v. Imke Mendoza u. Małgorzata Zemła, in: Jakobson: *Poesie der Grammatik und Grammatik der Poesie. Sämtliche Gedichtanalysen. Kommentierte deutsche Ausgabe*, 2 Bde., hg. v. Hendrik Birus u. Sebastian Donat, Berlin u. New York: Walter de Gruyter, Bd. 2, S. 555-569.

Jakobson, Roman Osipovič (2007g) »Zur Wortkunst von William Blake und anderen Dichter-Malern«, übs. v. Roger Lüdeke, Dieter Münch u. Grete Lübbe-Grothues, komm. v. Roger Lüdeke u. Sebastian Donat, in: Jakobson: *Poesie der Grammatik und Grammatik der Poesie. Sämtliche Gedichtanalysen. Kommentierte deutsche Ausgabe*, 2 Bde., hg. v. Hendrik Birus u. Sebastian Donat, Berlin u. New York: Walter de Gruyter, Bd. 2, S. 1-43.

Jakobson, Roman Osipovič u. Jones, Lawrence G. (2007) »Shakespeares Wortkunst in ›Das Versprühen des Geistes‹«, übs. v. Evi Zemanek, komm. v. Andreas Höfele, in: Jakobson: *Poesie der Grammatik und Grammatik der Poesie. Sämtliche Gedichtanalysen. Kommentierte deutsche Ausgabe*, 2 Bde., hg.

v. Hendrik Birus u. Sebastian Donat, Berlin u. New York: Walter de Gruyter, Bd. 1, S. 623-655.

Jakobson, Roman Osipovič u. Lotz, John (1979) »Axioms of a Versification System – Exemplified by the Mordvinian Folksong«, in: Jakobson, *Selected Writings V. On Verse, Its Masters and Explorers*, hg. v. Stephen Rudy u. Martha Taylor, The Hague, Paris u. New York: Mouton, S. 160-166.

Jünger, Friedrich Georg (1966) *Rhythmus und Sprache im deutschen Gedicht*, 2. Aufl. Stuttgart: Ernst Klett (= Versuche, Bd. 3).

Kaulla, Guido v. (1971) *Brennendes Herz Klabund. Legende und Wirklichkeit*, Zürich u. Stuttgart: Werner Classen Verlag.

Kayser, Wolfgang (1971): *Geschichte des deutschen Verses. Zehn Vorlesungen für Hörer aller Fakultäten*, hg. v. Ursula Kayser, 2. Aufl. München: A. Francke.

Kayser, Wolfgang (1992) *Kleine deutsche Versschule*, 24. Aufl. Tübingen u. Basel: A. Francke.

Kelletat, Alfred (1949) *Johann Heinrich Voss und die Nachbildung antiker Metren in der deutschen Dichtung (Ein Beitrag zur deutschen Versgeschichte seit Klopstock)*, Phil. Diss. Tübingen.

Kelletat, Alfred (1964) »Zum Problem der antiken Metren im Deutschen«, in: *Der Deutschunterricht* 16, H. 6, S. 50-85.

Kiermeier-Debre, Joseph (2003) »Zu dieser Ausgabe«, in: Klabund (2003), S. 175-183.

Kim, Jaihiun (1997) »A note on Korean poetry, written in traditional form«, in: *Modern Korean Verse in Sijo Form*, ausgew. u. übs. v. Jaihiun Kim, hg. v. Ronald B. Hatch, Vancouver: Ronsdale Press, S. 233-241.

Kiparsky, Paul (1966) »Über den deutschen Akzent«, in: *Studia Grammatica VII. Untersuchungen über Akzent und Intonation im Deutschen*, Berlin: Akademie-Verlag, S. 69-98.

Klabund (1927) *Die Harfenjule. Neue Zeit-, Streit- und Leidgedichte*, Berlin: Verlag die Schmiede.

Klabund (1930) *Gesammelte Gedichte. Lyrik. Balladen. Chansons*, Wien: Phaidon-Verlag (= *Gesammelte Werke in Einzelausgaben*, Bd. 1).

Klabund (1967) *Kunterbuntergang des Abendlandes. Lyrik. Kleine Prosa. Tagebücher. Briefe*, hg. v. Klaus Schuhmann, Berlin: Rütten & Loening.

Klabund (1968) *Der himmlische Vagant. Eine Auswahl aus dem Werk*, hg. v. Marianne Kesting, Köln: Phaidon Verlag.

Klabund (1989) *Die Harfenjule*, hg. v. Joachim Schreck, 3. Aufl. Berlin: Eulenspiegel Verlag.

Klabund (1998a) *Sämtliche Werke. Band I. Lyrik*, 2 Teile, hg. v. Ramazan Şen, Amsterdam u. Atlanta/Georgia: Rodopi u. Würzburg: Königshausen und Neumann 1998.

Klabund (1998b) *Wo andre gehn, da muß ich fliegen... Ein Lesebuch*, hg. v. Matthias Wegner, München: Goldmann.

Klabund (1999-2003) *Werke in acht Bänden*, i. Zusammenarbeit m. Ralf Georg Bogner, Joachim Grage u. Julian Paulus hg. v. Christian v. Zimmermann, Heidelberg u. Berlin: Elfenbein Verlag.

Klabund (2003) *Das Leben lebt. Gedichte*, ausgewählt u. hg. v. Joseph Kiermeier-Debre, München: Deutscher Taschenbuch Verlag 2003.

Klaj, Johann (1965) *Redeoratorien und »Lobrede der Teutschen Poeterey«*, hg. v. Conrad Wiedemann, Tübingen: Max Niemeyer.

Kloepfer, Rolf (1971) »Vers libre – Freie Dichtung: Eine poetische Tradition jenseits von Metrik und linguistischer Poetik?«, in: *Zeitschrift für Literaturwissenschaft und Linguistik* 3, S. 81-106.

Klopsch, Paul (1991) »Der Übergang von quantitierender zu akzentuierender lateinischer Dichtung«, in: *Metrik und Medienwechsel. Metrics and Media*, hg. v. Hildegard L. C. Tristram, Tübingen: Gunter Narr (= ScriptOralia, Bd. 35), S. 95-106.

Klopstock, Friedrich Gottlieb (1962) *Ausgewählte Werke*, hg. v. Karl August Schleiden, München: Carl Hanser.

Knörrich, Otto (1992) *Lexikon lyrischer Formen*, Stuttgart: Alfred Kröner (= Kröners Taschenausgabe, Bd. 479).

Kraus, Karl (1969) *Die Sprache*, München: Deutscher Taschenbuch Verlag.

Krueger, Joachim (1966) »Vorwort«, in: William Shakespeare: *Hamlet. Prinz von Dänemark*, übs. v. Theodor Fontane, hg. v. Joachim Krueger, Berlin u. Weimar: Aufbau-Verlag, S. 5-11.

Küper, Christoph (1988) *Sprache und Metrum. Semiotik und Linguistik des Verses*, Tübingen: Niemeyer.

Kurz, Gerhard (1987) »Zu einer Poetik des Enjambements«, in: *Sprache und Literatur in Wissenschaft und Unterricht* 61, S. 45-51.

Lamping, Dieter (1989) *Das lyrische Gedicht. Definitionen zu Theorie und Geschichte der Gattung*, Göttingen: Vandenhoeck & Ruprecht.

Lamping, Dieter (1991) *Moderne Lyrik. Eine Einführung*, Göttingen: Vandenhoek & Ruprecht (= Kleine Vandenhoeck-Reihe, Bd. 1557).

Lebenwaldt, Adam von (1685) *Lebenwalds 255. Leoninische Verss / Mit Teutschen Reimen erläutert*, o.O. o.J. [1685].

Lee, Don Y. (1994) *Korean Literature. Sijo*, Bloomington/Indiana: Eastern Press.

Lee, Peter H. (2002) *The Columbia Anthology of Traditional Korean Poetry*, hg. v. Peter H. Lee, New York: Columbia University Press.

Lehmann, Christian (1984) *Der Relativsatz. Typologie seiner Strukturen. Theorie seiner Funktionen. Kompendium seiner Grammatik*, Tübingen: Gunter Narr (= Language Universal Series, Bd. 3).

Lehmann, W. P. (1972) »Germanic«, in: *Versification. Major Language Types. Sixteen Essays*, hg. v. William Kurtz Wimsatt, New York: Modern Language Association/New York University Press, S. 122-135.

Levý, Jiři (1966) »Preliminaries to an Analysis of the Semantic Function of Verse«, in: *Teorie Verše I – Theory of Verse I – Teorija sticha I. Sborník Brněnské versologické konference (18.-20. října 1966)*, hg. v. Jiři Levý u. Karel Palas, Brno: Universita J. E. Purkyně, S. 15-22.

Levý, Jiři (1971) »A Contribution to the Typology of Accentual-Syllabic Versification«, in: ders.: *Paralipomena*, Brno: J. E. Purkyně University Philosophical Fakulty (= Opera Universitatis Purkynianae Brunensis Facultas Philosophica, Bd. 155), S. 9-21.

Lotz, John (1960) »Metric Typology«, in: *Style in Language*, hg. v. Thomas A. Sebeok, New York u. London: Technology Press of Massachusetts Institute of Technology u. John Wiley & Sons, S. 135-148.

Lotz, John (1972) »Elements of Versification«, in: *Versification. Major Language Types. Sixteen Essays*, hg. v. William Kurtz Wimsatt, New York: Modern Language Association/New York University Press, S. 1-21.

Lüdtke, Helmut (1991) »Kontinuität und Innovation: Zur Entstehung des Reimes in der abendländischen Dichtung«, in: *Metrik und Medienwechsel. Metrics and Media*, hg. v. Hildegard L. C. Tristram, Tübingen: Gunter Narr (= ScriptOralia, Bd. 35), S. 81-93.

Lüke, Ulrich (1999) *Gesellschaft mit beschränkter Hoffnung? Anstößige Gedanken im Kirchenjahr*, Leipzig: Benno Verlag.

Luther, Martin (1883ff.) *D. Martin Luthers Werke. Kritische Gesamtausgabe (Wiemarer Ausgabe)*, 97 Bde. in 4 Abteilungen, Weimar: Hermann Böhlaus Nachfolger.

März, Christoph (2003) Art. »Vers«, in: *Reallexikon der deutschen Literaturwissenschaft*, 3 Bde., hg. v. Georg Braungart u.a., Berlin u. New York: Walter de Gruyter 1997-2003, Bd. 3, S. 760-763.

McCann, David Richard (1988) *Form and Freedom in Korean Poetry*, Leiden u.a.: E. J. Brill.

Menninghaus, Winfried (2005) *Hälfte des Lebens. Versuch über Hölderlins Poetik*, Frankfurt/Main: Suhrkamp.

Meyer, Conrad Ferdinand (1963-1985) *Sämtliche Werke. Historisch-kritische Ausgabe*, 15 Bde., hg. v. Hans Zeller u. Alfred Zäch, Bern: Benteli-Verlag.

Minor, Jakob (1902) *Neuhochdeutsche Metrik. Ein Handbuch*, 2. Aufl. Straßburg: Karl J. Trübner.

Moennighoff, Burkhard (2004) *Metrik*, Stuttgart: Reclam.

Moore, Marianne (1951) *Collected Poems*, London: Faber and Faber.

Morgenstern, Christian (1988) *Lyrik 1887-1905*, hg. v. Martin Kießig, Stuttgart: Urachhaus (= *Werke und Briefe. Stuttgarter Ausgabe*, Bd. 1).

Morgenstern, Christian (1990) *Humoristische Lyrik*, hg. v. Maurice Cureau, Stuttgart: Urachhaus (= *Werke und Briefe. Stuttgarter Ausgabe*, Bd. 3).
Moritz, Karl Philipp (1975) *Versuch einer deutschen Prosodie*, Berlin: Arnold Wever 1786, Nachdr. Darmstadt: Wissenschaftliche Buchgesellschaft.
Noel Aziz Hanna, Patrizia (2003) *Sprachrhythmus in Metrik und Alltagssprache. Untersuchungen zur Funktion des neuhochdeutschen Nebenakzents*, München: Wilhelm Fink (= Studien zur Theoretischen Linguistik, Bd. 15).
Opitz, Martin (1995) *Buch von der Deutschen Poeterey*, hg. v. Cornelius Sommer, Stuttgart: Reclam.
Oppert, Kurt (1926) »Möglichkeiten des Enjambements«, in: *Zeitschrift für Ästhetik und allgemeine Kunstwissenschaft* 20, S. 235-238.
Ostriker, Alicia (1965) *Vision and Verse in William Blake*, Madison u. Milwaukee: The University of Wisconsin Press.
Ovčarenko, Ol'ga A. (1980) »Verlibr v russkoj sovetskoj poèzii« (›Der freie Vers in der russisch-sowjetischen Dichtung‹), in: *Literaturnaja učeba* 6, S. 205-208.
Paasonen, H. (1910) »Über den Versbau des mordwinischen Volksliedes«, in: *Finnisch-Ugrische Forschungen* 10, S. 153-192.
Pak, Chol-hui (1984) »Sijo«, übs. v. Un-je Cho, in: *Korean Poetry. An Anthology with Critical Essays*, Seoul: The Korean Culture & Arts Foundation, S. 49-55.
Pätzold, Hartmut (1975) *Theorie und Praxis moderner Schreibweisen am Beispiel von Siegfried Lenz und Helmut Heißenbüttel*, Phil. Diss. Köln.
Paul, Otto u. Ingeborg Glier (1966) *Deutsche Metrik*, 6. Aufl. München: Max Hueber Verlag.
Primus, Beatrice (2002) »Unreine Reime und phonologische Theorie«, in: *Sounds and Systems. Studies in Structure and Change. A Festschrift for Theo Vennemann*, hg. v. David Restle u. Dietmar Zaefferer, Berlin u. New York: Mouton de Gruyter (= Trends in Linguistics. Studies and Monographs, Bd. 141), S. 269-298.
Puškin, Aleksandr Sergeevič (1912) *Sočinenija Puškina. Izdanie Imperatorskoj Akademii Nauk. Tom tretij: Liričeskie stichotvorenija (1821-1824). Brat'ja razbojniki (1821-1822). Otryvki iz poèmy (1822). Bachčisarajskij fontan (1822-1823). Cygany (1823-1824)* (›Werke Puškins. Ausgabe der Kaiserlichen Akademie der Wissenschaften. Dritter Band: Lyrische Gedichte [1821-1824]. Die Räuberbrüder [1821-1822]. Fragmente aus einem Poem [1822]. Die Fontäne von Bachčisaraj [1822-1823]. Die Zigeuner [1823-1824]‹), hg. v. P. O. Morozov, Sanktpeterburg: Tipografija Imperatorskoj Akademii Nauk.
Puškin, Aleksandr Sergeevič (1974-1978) *Sobranie sočinenij v desjati tomach* (›Gesammelte Werke in zehn Bänden‹), Moskva: Chudožestvennaja literatura.

Puškin, Aleksandr Sergeevič (1994) *Stichotvorenija 1817-1825. Licejskie stichotvorenija v pozdnejšich redakcijach* (›Gedichte 1817-1825. Lyzeumsgedichte in den späteren Fassungen‹), 2 Bde., hg. v. M. A. Cjavlovskij u.a., Moskva u. Leningrad: Izdatel'stvo Akademii Nauk SSSR 1949 (= *Polnoe sobranie sočinenij. V 17 tomach*, Bd. 2.1 u. 2.2), Nachdr. Moskva: Voskresen'e.

Puškin, Aleksandr Sergeevič (1995) *Stichotvorenija 1826-1836. Skazki* (›Gedichte 1826-1836. Märchen‹), 2 Bde., hg. v. M. A. Cjavlovskij u.a., Moskva u. Leningrad: Izdatel'stvo Akademii Nauk SSSR 1948 (= *Polnoe sobranie sočinenij. V 17 tomach*, Bd. 3.1 u. 3.2), Nachdr. Moskva: Voskresen'e.

Pyl'dmjaė, Ja. (1970): »O tipologii sistem stichosloženija« (›Über die Typologie der Systeme der Versifikation‹), in: *Tezisy dokladov IV Letnej školy po vtoričnym modelirujuščim sistemam. 17-24 avgusta 1970 g.*, hg. v. Jurij Michajlovič Lotman, Tartu: Tartuskij gosudarstvennyj universitet, S. 145-147.

Reed, Terence James (1996) Art. »Grenzen der Menschheit«, in: *Goethe-Handbuch. Band 1. Gedichte*, hg. v. Regine Otto u. Bernd Witte, Stuttgart u. Wiemar: Metzler, S. 198-202.

Roloff, Hans-Gert (2001): »Drei Editionsprojekte zur neueren deutschen Literatur an der Freien Universität Berlin. Wilhelm Bölsche – Klabund – Ferdinand Bruckner« (11. 12. 2001), in: *Sichtungen online*, http://purl.org/sichtungen/roloff-hg-1a.html (besucht: 26.6.2010). – Auch in: *Sichtungen* 3 (2000), S. 186-200.

Rückert, Friedrich (1879) *Gedichte. Auswahl des Verfassers*, 20. Aufl. Frankfurt/Main: J. D. Sauerländer's Verlag.

Rühmkorf, Peter (1985) *agar agar – zaurzaurim. Zur Naturgeschiche des Reims und der menschlichen Anklangsnerven*, Frankfurt/Main: Suhrkamp.

Šapir, Maksim Il'ič (1996): »Stich i proza: prostranstvo-vremja poėtičeskogo teksta (Osnovnye položenija)« (›Vers und Prosa: Die Raum-Zeit des poetischen Textes [Grundlegende Thesen]‹), in: *Slavjanskij stich. Stichovedenie, lingvistika i poėtika. Materialy meždunarodnoj konferencii 19-23 ijunja 1995 g.*, hg. v. M. L. Gasparov u. T. V. Skulačeva, Moskva: Nauka, S. 41-49.

Saran, Franz (1907) *Deutsche Verslehre*, München: C. H. Beck'sche Verlagsbuchhandlung (= *Handbuch des Deutschen Unterrichts an Höheren Schulen*, 3. Bd., 3. Teil).

Saran, Franz (1934) *Deutsche Verskunst. Ein Handbuch für Schule, Sprechsaal, Bühne*, u. Mitw. v. Paul Habermann hg. v. Albert Riemann, Berlin: Junker & Dünnhaupt Verlag.

Schabert, Ina (Hg.) (1992) *Shakespeare-Handbuch. Die Zeit. Der Mensch. Das Werk. Die Nachwelt*, hg. v. Ina Schabert, 3. Aufl. Stuttgart: Kröner.

Scherr, Barry P. (1986) *Russian Poetry. Meter, Rhythm, and Rhyme*, Berkeley, Los Angeles u. London: University of California Press.

Schiller, Friedrich (1992) *Gedichte*, hg. v. Georg Kurscheidt, Frankfurt/Main: Deutscher Klassiker Verlag (= *Werke und Briefe in zwölf Bänden*, hg. v. Otto Dann u.a., Bd. 1).

Schiller, Friedrich (2002) *Briefe II. 1795-1805*, hg. v. Norbert Oellers, Frankfurt/ Main: Deutscher Klassiker Verlag (= *Werke und Briefe in zwölf Bänden*, hg. v. Otto Dann u.a., Bd. 12).

Schindler, Wolfgang (1994) »Analogische Wortakzentvergabe im Deutschen«, in: *Sprachtypologie und Universalienforschung* 47, H. 4, S. 355-370.

Schindler, Wolfgang (2010) »Linguistische Grundlagen metrischer Analysen« (in Vorbereitung).

Schipper, J. (1895) *Grundriss der englischen Metrik*, Wien u. Leipzig: Wilhelm Braumüller (= Wiener Beiträge zur englischen Philologie, Bd. 2).

Schlawe, Fritz (1972) *Neudeutsche Metrik*, Stuttgart: Metzler (= Sammlung Metzler, Bd. 112).

Schlütter, Hans-Jürgen (1979) *Sonett. Mit Beiträgen von Raimund Borgmeier und Heinz Willi Wittschier*, Stuttgart: Metzler (= Sammlung Metzler, Bd. 177).

Schmidt, Ernst A. (1990) *Notwehrdichtung. Moderne Jambik von Chénier bis Borchardt. Mit einer Skizze zur antiken Jambik*, München: Fink.

Schuchardt, Hugo (1875): *Ritornell und Terzine. Begrüßungsschrift der Universität Halle-Wittenberg zum sechzigjährigen Doktorjubiläum des Herrn Prof. Dr. Karl Witte*, Halle: Lippert'sche Buchhandlung (Max Niemeyer).

Sedmidubský, Miloš (1988) *Die Struktur der tschechischen Lyrik zu Beginn des 20. Jahrhunderts. Untersuchungen zum lyrischen Frühwerk von K. Toman, F. Šrámek und F. Gellner*, München: Verlag Otto Sagner (= Slavistische Beiträge, Bd. 234).

Shakespeare, William (1966) *Hamlet. Prinz von Dänemark*, übs. v. Theodor Fontane, hg. v. Joachim Krueger, Berlin u. Weimar: Aufbau-Verlag.

Shakespeare, William (1977) *Shakespeare's Sonnets*, hg. v. Stephen Booth, New Haven u. London: Yale University Press.

Shakespeare, William (1998) *Hamlet. Band 1: Text. Englisch/Deutsch*, hg. u. übs. v. Holger M. Klein, Stuttgart: Reclam.

Snell, Bruno (1982) *Griechische Metrik*, 4. Aufl. Göttingen: Vandenhoeck & Ruprecht (= Studienhefte zur Altertumswissenschaft, H. 1).

Standop, Ewald (1989) *Abriß der englischen Metrik. Mit einer Einführung in die Prosodie der Prosa (Satzintonation) und einem Aufsatz über Rhythmus von Jost Trier*, Tübingen: Francke.

Strohm, Timmo (2010) *Rettet Seiber! Eine steuerbare Flucht*, Shockwave: Michael Köppl, Java: Jörg Angrik, www.seekultur.de/edf/ilosvx/index.htm; Spaltversgedicht auf Site www.seekultur.de/edf/ilosvx/seiber/spalt.htm bzw. www.seekultur.de/edf/ilosvx/seiber/spalt_b.htm (besucht: 12.6.2010)

Taranovski, Kiril (1963) »Some Problems of Enjambement in Slavic and Western European Verse«, in: *International Journal of Slavic Linguistics and Poetics* 7, S. 80-87.

Tarlinskaja, Marina (1976) *English Verse. Theory and History*, The Hague u. Paris: Mouton (= de proprietatibus litterarum. Series Practica, Bd. 117).

Tarlinskaja, Marina (1987) *Shakespeare's Verse. Iambic Pentameter ant the Poet's Idiosyncrasies*, New York u.a.: Peter Lang (= American University Studies. Series IV. English Language and Literature, Bd. 41).

Titzmann, Michael (1997) Art. »Äquivalenzprinzip«, in: *Reallexikon der deutschen Literaturwissenschaft*, 3 Bde., hg. v. Georg Braungart u.a., Berlin u. New York: Walter de Gruyter 1997-2003, Bd. 1, S. 12f.

Tomaševskij, Boris Viktorovič (1970) *O Stiche. Stat'i* (›Über den Vers. Aufsätze‹), Leningrad: Priboj 1929, Nachdr. München: Wilhelm Fink (= Slavische Propyläen. Texte in Neu- und Nachdrucken, Bd. 75).

Trubetzkoy bzw. Trubeckoj, Nikolaj Sergeevič (1933) »Zur Struktur der mordwinischen Melodien«, in: *Gesänge russischer Kriegsgefangener. 1. Band: Finnisch-ugrische Völker. 2. Abteilung: Mordwinische Gesänge*, aufgenommen v. Robert Lach, Wien u. Leipzig: Hölder-Pichler-Tempsky (= Sitzungsberichte der Akademie der Wissenschaften in Wien. Philosophisch-historische Klasse, Bd. 205, 2. Abh.), S. 106-117.

Turville-Petre, E. O. G. (1976) *Scaldic Poetry*, Oxford: Clarendon Press.

Tynjanov, Jurij Nikolaevič (1977) *Das Problem der Verssprache. Zur Semantik des poetischen Textes*, übs. v. Inge Paulmann, München: Fink (= Theorie und Geschichte der Literatur und der schönen Künste. Texte und Abhandlungen, Bd. 25).

Ulenbrook, Jan (1985) *Haiku. Japanische Gedichte*, ausgew. u. aus d. Urtext übertragen v. Jan Ulenbrook, München: Heyne.

Ulenbrook, Jan (1987) *Tanka. Japanische Fünfzeiler*, ausgew. u. aus d. Urtext übertragen v. Jan Ulenbrook, München: Heyne.

Vennemann, Theo (1995): »Der Zusammenbruch der Quantität im Spätmittelalter und sein Einfluß auf die Metrik«, in: *Quantitätsproblematik und Metrik. Greifswalder Symposium zur germanischen Grammatik*, hg. v. Hans Fix, Amsterdam u. Atlanta: Rodopi (= Amsterdamer Beiträge zur älteren Germanistik, Bd. 42), S. 185-223.

Voß, Johann Heinrich (1802) *Zeitmessung der deutschen Sprache. Beilage zu den Oden und Elegieen*, Königsberg: Friedrich Nicolovius.

Wagenknecht, Christian (1971) *Weckherlin und Opitz. Zur Metrik der deutschen Renaissancepoesie. Mit einem Anhang: Quellenschriften zur Versgeschichte des 16. und 17. Jahrhunderts*, München: C. H. Beck.

Wagenknecht, Christian (1997) »Rudolf Borchardt und Friedrich Hölderlin«, in: *Rudolf Borchardt und seine Zeitgenossen*, hg. v. Ernst Osterkamp, Berlin u.

New York: Walter de Gruyter (= Quellen und Forschungen zur Literatur- und Kulturgeschichte, Bd. 10), S. 132-142.

Wagenknecht, Christian (2003) »Die Quadratur des Kreises – Zur Lehre von der Vierhebigkeit des Reimpaarverses«, in: *Runica – Germanica – Mediaevalia*, hg. v. Wilhelm Heizmann u. Astrid van Nahl, Berlin u. New York: Walter de Gruyter (= Ergänzungsbände zum Reallexikon der Germanischen Altertumskunde, Bd. 37), S. 892-904.

Wagenknecht, Christian (2007) *Deutsche Metrik. Eine historische Einführung*, 5. Aufl. München: C. H. Beck.

Weckherlin, Georg Rudolf (1894/1895) *Gedichte*, 2 Bde., hg. v. Hermann Fischer, Tübingen: Litterarischer Verein in Stuttgart (= Bibliothek des Litterarischen Vereins in Stuttgart, Bd. 199 u. 200).

Wegner, Matthias (1996) *Klabund und Carola Neher. Eine Geschichte von Liebe und Tod*, Berlin: Rowohlt Berlin Verlag.

West, Martin Litchfield (1987) *Introduction to Greek metre*, Oxford: Clarendon Press.

Whitman Walt (1959): *Complete Poetry and Selected Prose*, hg. v. James E. Miller jr., Boston: Houghton Mifflin (= Riverside Editions, Bd. 34).

Zifonun, Gisela u.a. (1997) *Grammatik der deutschen Sprache*, 3 Bde., Berlin u. New York: Walter de Gruyter (= Schriften des Instituts für deutsche Sprache, Bd. 7.1-7.3).

Žirmunskij, Viktor Maksimovič (1975a) *Kompozicija liričeskich stichotvorenij* (›Die Komposition lyrischer Gedichte‹), in: ders.: *Teorija sticha*, Leningrad: Sovetskij pisatel', S. 431-536.

Žirmunskij, Viktor Maksimovič (1975b) »O ritmičeskoj proze« (›Über rhythmische Prosa‹), in: ders.: *Teorija sticha*, Leningrad: Sovetskij pisatel', S. 569-586.

Žovtis, Aleksandr Lazarevič (1966) »Granicy svobodnogo sticha« (›Grenzen des freien Verses‹), in: *Voprosy literatury* 5, S. 105-123.

Žovtis, Aleksandr Lazarevič (1970a) »O kriterijach tipologičeskoj charakteristiki svobodnogo sticha (Obzor problema)« (›Über die Kriterien einer typologischen Charakterisierung des freien Verses [Überblick über das Problem]‹), in: *Voprosy jazykoznanija* 2, S. 63-77.

Žovtis, Aleksandr Lazarevič (1970b) »U istokov russkogo verlibra (Stich ›Severnogo morja‹ Gejne v perevodach M. L. Michajlova)« (›An den Ursprüngen des russischen freien Verses [Der Vers von Heines »Nordsee« in den Übersetzungen von M. L. Michajlov]‹), in: *Masterstvo perevoda*, S. 386-404.

Žovtis, Aleksandr Lazarevič (1971) Art. »Svobodnyj stich« (›Freier Vers‹), in: *Kratkaja Literaturnaja Ėnciklopedija*, 9 Bde., hg. v. A. A. Surkov u.a., Moskva: Sovetskaja Ėnciklopedija 1962-1978, Bd. 6, Sp. 709-711.

Žovtis, Aleksandr Lazarevič (1975) *Problema svobodnogo sticha i ėvoljucija stichovych form* (›Das Problem des freien Verses und die Evolution der Versformen‹), Avtoreferat dissertacii na soiskanie učenoj stepeni doktora filologičeskich nauk (Habilitationsschrift) Kiev.

# Namensregister

Albertsen, L. L. 8, 16, 23, 41, 58, 67, 102, 110, 124, 135f., 138, 152-154, 158, 160
Angelus Silesius 110
Anz, Th. 30
Archilochos 113f.
Arndt, E. 8, 45, 66, 81, 136, 140
Bachmann, I. 92
Baehr, R. 82
Baevskij, V. S. 145
Barsch, A. 59
Bashō, M. 80
Beaver, J. C. 16, 47
Becher, J. R. 45, 140
Beißner, F. 67, 82
Beloof, R. 116
Belyj, A. 49, 79, 102f., 159
Benedix, R. 15, 23
Benn, G. 106f.
Blake, W. 42, 118
Birkenhauer, K. 137
Birus, H. 21, 27, 42, 151
Blok, A. A. 145f.
Bogner, R. G. 29
Borchardt, R. 43f., 114, 127
Brecht, B. 59, 91f., 118, 136-138, 140, 149
Breuer, D. 8, 19, 136, 139
Brower, R. 80, 124f.
Buchštab, B. Ja. 7, 23, 61-65, 72f., 81
Buck, Th. 110
Bürger, G. A. 95f., 126, 132f.
Busch, W. 77
Castrop, H. 121
Cheng, F. 69, 82
Chisholm, D. 11, 15
Chlebnikov, V. 159
Chon, Y.-A. 85f.
Ciupke, M. 18, 100, 106, 122
Culler, J. 150
Cvetaeva, M. I. 77
Czerny, Z. 147

Daumer, G. F. 125
Deržavin, G. R. 11
Diller, H.-J. 22, 73, 75, 81, 115, 152
Döhl, R. 51, 92f., 97, 129
Donat, S. 23, 37, 46, 138, 140, 148f., 151
Donne, J. 77
Drommel, R. 76
Eibl, K. 46f.
Eichendorff, J. v. 71f., 97
Eliot, T. S. 75
Elwert, W. Th. 23, 78, 90, 108, 111f., 126, 156
Fedotov, O. I. 23, 26
Fittbogen, G. 146
Foley, W. A. 158
Fónagy, I. 76
Fontane, Th. 103-105
Fowler, R. 77, 157f.
Frank, H. J. 70, 89, 95, 111, 114, 117
Frey, Th. 38
Fricke, H. 25f., 28, 37
Gasparov, M. L. 7f., 10f., 19, 23, 61, 63, 80, 144, 149-151, 156, 158-160
Geibel, E. 45
Gellner, F. 144
George, St. 60
Georges, K. E. 22
Giedion-Welcker, C. 36
Glier, I. 8, 23, 66f., 72-74, 78, 82f., 100, 134-136, 154
Goethe, J. W. 10, 14f., 18, 20f., 27, 41f., 46f., 54, 59, 64, 81f., 85, 88, 93f., 100f., 106, 109-111, 122, 124-126, 128, 135f., 138, 140, 142, 145f., 156
Golomb, H. 23, 155-158
Greber, E. 22f., 37, 119
Groot, A. W. de 23
Grünbein, D. 142f.
Gryphius, A. 83f.

178

Häntzschel, G. 68
Heine, H. 94, 147f.
Heißenbüttel, H. 26, 37-40
Helm, K. 42, 93-95, 105f.
Herder, J. G. 95, 114
Heusler, A. 14, 23, 66f., 75, 84, 99, 134, 136
Hofmannsthal, H. v. 74
Hölderlin, Fr. 43f., 59, 112f., 138, 142
Hollander, J. 26f., 117
Hölty, Chr. H. 100
Hopkins, G. M. 77
Jacoby, L. 45
Jakobson, R. O. 10f., 37, 46, 61, 67-70, 72, 76, 78, 80, 108f., 118f., 121, 133, 136, 147, 149-151
Jarcho, B. I. 61
Jerome, J. K. 105
Johnson, U. 26
Jones, L. G. 118f., 121
Jünger, F. G. 136
Kaulla, G. v. 29
Kayser, W. 8, 10f., 81, 136, 144
Kelletat, A. 68
Kesting, M. 30, 34
Kiermeier-Debre, J. 30f., 34f.
Kim, J. 85-87
Kiparsky, P. 16, 44
Klabund 28-38, 119, 124, 127, 156f.
Klaj, J. 127f.
Klee, F. 36f.
Klee, P. 36
Kloepfer, R. 23
Klopsch, P. 68
Klopstock, Fr. G. 23, 59, 100, 124, 135, 138f., 143, 152f.
Knörrich, O. 22, 70, 90, 95, 99, 105f., 138, 143
Kolmogorov, A. N. 61
Král, J. 72
Kraus, K. 13
Krueger, J. 103
Küper, Chr. 7, 10, 12, 15, 19, 22, 50, 54-64, 67, 72f., 99, 145

Kurz, G. 154
Kuzmin, M. A. 146, 158f.
Lamping, D. 23, 26, 40, 107
Lebenwaldt, A. v. 20, 84
Lee, D. Y. 85-87
Lehmann, Chr. 158
Lehmann, W. P. 70, 72
Levý, J. 27, 122
Lotz, J. 7, 22f., 26, 48-56, 61-64, 67f., 70, 72-74, 79f., 98, 108f.
Lüdtke, H. 82
Lüke, U. 120
Luther, M. 89, 120
Majakovskij, V. V. 77
März, Chr. 22
McCann, D. R. 85-87
Mendoza, I. 151
Menninghaus, W. 44, 47, 100, 140
Meyer, C. F. 114f.
Michajlov, M. L. 147f.
Minor, J. 100, 135f., 158
Moennighoff, B. 8, 51, 136, 141f.
Moore, M. 99, 115f., 128
Morgenstern, Chr. 51, 77, 123f., 127, 129
Moritz, K. Ph. 12, 15
Neher, C. 32
Nietzsche, F. 139
Noel Aziz Hanna, P. 10, 15, 68
Novalis 23, 138
Opitz, M. 83, 89-91
Oppert, K. 155f.
Ostriker, A. 42
Ovčarenko, O. A. 150
Paasonen, 80, 108f., 111f.
Pak, Ch.-H. 85
Pätzold, H. 38f.
Paul, O. 8, 23, 66f., 72-74, 78, 82f., 100, 134-136, 154
Platen, A. v. 10
Primus, B. 70
Prochorov, A. V. 61
Puškin. A. S. 24f., 75f., 102
Pyl'dmjaė, Ja. 69
Reed, T. J. 46

Rilke, R. M. 28
Roloff, H.-G. 30
Rückert, F. 93, 117f., 126
Rühmkorf, P. 74
Saigyō, 125
Šapir, M. I. 23
Saran, F. 12-14, 23, 70, 76
Schabert, I. 121
Scherr, B. P. 11
Schiller, Fr. 59, 109f., 122
Schindler, W. 15f., 33, 44, 158-160
Schipper, J. 19
Schlawe, F. 14, 67, 100
Schlegel, Fr. 10
Schlütter, H.-J. 83, 96
Schmidt, E. A. 114
Schreck, J. 30, 34
Schuchardt, H. 117
Schuhmann, K. 30, 34
Sedmidubský, M. 144
Şen, R. 30, 32, 34, 36
Shakespeare, W. 95f. 98, 103-105, 118, 121
Sievers, E. 70
Skulačeva, T. V. 19, 156, 158-160
Snell, B. 12, 59, 76, 78
Standop, E. 23, 72, 75, 81, 99, 105, 116, 134, 141

Storm, Th. 118
Strohm, T. 120
Taranovski, K. 77, 156, 158
Tarlinskaja, M. 16, 19, 81
Thomas, D. M. 77
Timofeev, L. I. 61
Titzmann, M. 22
Tomaševskij, B. V. 16
Trubeckoj, N. S. 80, 108f.
Trunz, E. 47
Turville-Petre, E. O. G. 105, 118
Tynjanov, J. N. 23-25, 108, 152, 154
Ulenbrook, J. 80, 124
Vennemann, Th. 10f., 15, 67, 142
Voß, J. H. 59, 68
Wagenknecht, Chr. 7f., 10, 12, 15f., 19, 23, 37, 43, 46, 51-55, 57, 60-64, 67f., 70, 74f., 80-82, 87f., 90, 95, 129, 136-141
Weckherlin, G. R. 126
Wegner, M. 33
West, M. L. 59, 76
Whitman, W. 155
Wierzyński, K. 118
Wŏn, Ch. 86
Zifonun, G. 15, 17f.
Žirmunskij, V. M. 22, 61, 146f., 151
Žovtis, A. L. 147-151